★ 扫二维码获取赠品 ★

赠品1
赠送基础课程

赠品2
赠送考前冲刺课程

赠品3
赠送学堂1700+章节练习题

赠品4
赠送机考模拟系统

赠品5
赠送新大纲变化汇总

会计学堂懂会计、更懂你

—— 面授+实操+网课+名师就业指导+名企就业 ——

- **5万+** 课程终身更新 ❯ 涵盖会计实操、税务实操、CPA、CMA、初/中级会计职称、税务师等

- **600+** 答疑老师 ❯ 600+专属答疑老师,3分钟内快速答疑

- **1000+** 师资团队 ❯ 1000+各行业老会计、CFO分享会计实战经验

- **3**大学习终端云同步 ❯ 支持电脑、手机、平板多终端,小程序、APP同步学习

- **400+** 线下校区 ❯ smartSchool面授学习平台,线下线上切换学习,随时随地想学就学

- **AI智能题库** ❯ 自动评分,查缺补漏,智能备考,高效提分

🌐 登录官网了解更多: **WWW.ACC5.COM**　　　📞 客服热线: **400-6575-535**

名师课程 海量题库

按步骤操作，快速获取全套课程！

STEP 1

扫一扫，
下载 会计学堂APP

STEP 2

登录后在"我的"中
点击"图书激活"

STEP 3

刮学习卡的背面
输入 激活码 并激活

STEP 4

从"我的激活列表"
点击"去学习"

STEP 5

直播授课、高清录播
真题模拟、在线答疑

温馨提示：会计学堂APP赠送课程、题库、答疑服务自激活之日起**1年内有效**。

登录官网了解更多：**WWW.ACC5.COM**   客服热线：**400-6575-535**

线下校区

‹‹‹ 400+校区，覆盖全国教学 ›››

全国连锁校区覆盖广东、湖南、四川、浙江、湖北、安徽、山东等多个省（自治区、直辖市），**线下小班教学，线上名师直播授课，线上线下学习随时切换。**

2017年
- 荣获新浪教育"品牌价值在线教育机构"
- 获达晨创投4150万A轮融资，学员超120万人次

2019年
- 荣获淘宝教育年度成交卓越奖
- 荣获中国好教育"社会信赖职业教育品牌"
- 荣获深圳高新技术企业"明日之星"
- 获金蝶软件战略投资，学员超300万人次

›2017

›2019

2016

›2018

›2020

2016年
荣获淘宝教育"最受欢迎职业教育品牌"

2018年
- 荣获新浪教育"品牌实力在线教育机构"
- 荣获腾讯教育"影响力在线教育品牌"，学员超200万人次

2020年
- 荣获中国总会计师协会"合作伙伴突出贡献奖"
- 第五年获得腾讯教育"影响力在线教育品牌"
- 荣获中国好教育"社会信赖职业教育品牌"
- 荣获淘宝教育"教育行业榜年度影响力品牌"

TIMELINE

学霸高分经验谈

以往通过考试的高分学员,他们都有着不同的备考经历,那么他们是如何高效备考的呢?

付出就有回报,这是我一直相信的一句话,但我觉得最关键的是我选择对了平台。当初咨询了很多机构,最终我选择了会计学堂。

从第一步听课时满书笔记到第二步听完之后的理解记忆,再到最后的做题巩固,我从最初的小白一步一步考取了这个分数,这里面有老师的辛勤付出,也有我自己的努力。

感谢家人无条件支持我的学习,同时也感谢会计学堂的认真负责,当然也感谢认真的自己。接下来我还会跟着学堂继续向上学习,考中级、注会。

零基础小白:总分192分

我是一名宝妈兼上班族,每天上下班的时候都戴着耳机听课,实务和经济法两门精讲课里面都是很细的知识点,我都来回听了两遍,而且把难点、易错点都整理在笔记本上。虽然去年延考了,但今年我还是没松懈,一样跟着学堂老师的脚步走。

所以说,努力不会撒谎,但努力需要方向,而指引我前进的就是学堂老师。我特别喜欢劲姐和王侨老师的课,实务的话张艺老师的课也很不错。在这里我要感谢学堂老师的悉心教导,谢谢你们!现在我要向中级、税务师出发了。愿不负众望,所有美好如期而至。

宝妈上班族:总分189分

★ 2021年度会计学堂初级会计职称获奖名单(部分) ★

学号	姓名	经济法基础	初级会计实务	总分	排名	奖励名称	奖金费用
11932280	吴晓艳	99	99	198	1	状元奖	2000
11019445	李玲娜	97	100	197	2	榜眼奖	1500
12104544	张丽萍	96	99	195	3	探花奖	500
11961830	王安娜	96	99	195	4	探花奖	500
11210814	贾文莉	93	94	187	5	学霸奖	1000
9654870	周佼	94	92	186	6	学霸奖	1000
12651647	周建华	93	90	183	7	学霸奖	1000
138104	张涛	90	90	180	8	学霸奖	1000
13080489	刘欣雨	60	60	120	9	幸运奖	250
10863535	郑莉娟	60	60	120	10	幸运奖	250

备考初级

听课做题有问题解决不了?

用微信扫一扫,加入初级答疑交流群!
入群找你的班级领取以下福利:

🎁 考试咨询　　🎁 考情分析　　🎁 真题试卷　　🎁 1对1答疑

扫码入群哦

经济法基础
考点精编

JINGJIFA JICHU
KAODIAN JINGBIAN

会计专业技术资格考试辅导教材编委会　编著

SPM
南方传媒　广东人民出版社
·广州·

图书在版编目（CIP）数据

经济法基础考点精编 / 会计专业技术资格考试辅导教材编委会编著. —广州：广东人民出版社，2022.1（2022.8重印）

ISBN 978-7-218-15373-5

Ⅰ.①经… Ⅱ.①会… Ⅲ.①经济法—中国—资格考试—自学参考资料 Ⅳ.①D922.29

中国版本图书馆CIP数据核字（2021）第223741号

Jingjifa Jichu Kaodian Jingbian

经 济 法 基 础 考 点 精 编

会计专业技术资格考试辅导教材编委会　编著　　　　版权所有　翻印必究

出 版 人：肖风华

责任编辑：陈泽洪　寇　毅
文字编辑：吴瑶瑶
封面设计：范晶晶
内文设计：奔流文化
责任技编：吴彦斌

出版发行：广东人民出版社
地　　址：广州市越秀区大沙头四马路10号（邮政编码：510199）
电　　话：（020）85716809（总编室）
传　　真：（020）83289585
网　　址：http://www.gdpph.com
印　　刷：三河市中晟雅豪印务有限公司
开　　本：787毫米×1092毫米　1/16
印　　张：16.5　　插　页：2　　字　数：400千
版　　次：2022年1月第1版
印　　次：2022年8月第3次印刷
定　　价：49.80元　（随书附赠《经济法基础思维导图》）

会计专业技术资格考试辅导教材编委会

前 言

初级会计职称考试的备考已经开始啦！接下来，我们简单地介绍一下初级会计职称考试的一些基础情况，以助您顺利通关。

一、考试时间

《初级会计实务》科目考试时长为105分钟，《经济法基础》科目考试时长为75分钟，两个科目连续考试，时间不能混用。

二、题型分布

考试题型	初级会计实务			经济法基础		
	题数	分值	合计	题数	分值	合计
单项选择题	20	2	40	23	2	46
多项选择题	10	2	20	10	2	20
判断题	10	1	10	10	1	10
不定项选择题	15	2	30	12	2	24
合计	55		100	55		100

三、复习方法

1. **定好计划**。"凡事预则立，不预则废。"各位考生应事先制定好科学且符合自身实际情况的复习计划，且要不折不扣地执行。

2. **加强练习**。建议考生在学习完本系列"考点精编"的每一节内容后配合"习题精编"进行练习。如果题目第一遍做错了，没有思路，也不要害怕，就做第二遍、第三遍……如此重复，量变会引起质变，最终将知识点吸收消化。

3. **杜绝"眼高手低"**。"觉得自己会做"和"真的会做"是两回事。只看题不做题或者只看答案不亲自动手做是永远不可能真正掌握知识点的，一旦换一种考查形式，考生可能就不会了。因此，建议考生在复习过程中亲自动手做题。

在本书的编写和出版过程中，尽管编者精益求精，但由于时间紧迫，加之工作量大，书中难免有错漏和不足之处，恳请广大读者批评指正。邮件可发送至编者信箱kefu@acc5.com。

天道酬勤，有付出，定会有收获。最后，预祝所有考生顺利通过考试！

会计专业技术资格考试辅导教材编委会

目　录

Contents

第一章 总 论

第一节 法律基础

扫码听课

考点一 法的本质与特征（★★）

一、法和法律的概念

（一）法的概念

法作为一种特殊的社会规范，是人类社会发展的产物。通说认为，法是由国家制定或认可，以权利义务为主要内容，由国家强制力保证实施的社会行为规范及其相应的规范性文件的总称。

（二）法律的概念

1. 狭义：法律专指全国人大及其常委会制定的法律。

2. 广义：法律指法的整体，即"法"。

二、法的本质和特征

（一）法的本质：是统治阶级的国家意志的体现

1. 法是统治阶级的国家意志的体现。

2. 法是由统治阶级的物质生活条件决定的，是社会客观需要的反映。

3. 法体现的是统治阶级的整体意志和根本利益，而不是统治阶级中个别成员的意志，也非统治阶级中每个成员个人意志的简单相加。

4. 法体现的不是统治阶级的一般意志，而是统治阶级的国家意志。我国的法是广大人民的共同意志，体现了广大人民的根本利益。

【例题·多选题】下列关于法的本质和特征的表述中，正确的有（   ）。（2020年）

A. 法是由国家制定或认可的规范

B. 统治阶级及其成员的意志就是法

C. 法是确定人们在社会关系中的权利和义务的行为规范

D. 法凭借国家强制力的保证获得普遍遵行的效力

【答案】ACD

【解析】统治阶级的意志并不能直接成为法，它必须通过一定的组织和程序，即通过统治阶级的国家制定或认可，才能成为法。因此，选项B错误。

（二）法的特征

表1-1 法的特征

特征	基本释义
国家意志性	法是国家制定或认可的规范 【拿分要点】制定、认可，是国家创制法的两种方式
国家强制性	法凭借国家强制力的保证而获得普遍遵守的效力
规范性	法是确定人们在社会关系中的权利和义务的行为规范，具有规范性，具体又表现为： 1. 法是调整社会关系的规范，通过规范人们的行为而达到调整社会关系的目的。法具有为人们提供行为模式和标准的属性 2. 法通过规定人们的权利和义务来分配利益，从而影响人们的动机和行为，进而影响社会关系，实现统治阶级的意志和要求，维持社会秩序，因此法也具有利益导向性
明确公开性＋普遍约束性	1. 法是明确而普遍适用的规范，具有明确公开性和普遍约束性 2. 可预测性：法具有明确的内容，能使人们预知自己或他人一定行为的法律后果 3. 普遍适用性：凡是在国家权力管辖和法律调整的范围、期限内，对所有社会成员及其活动都普遍适用

【例题·多选题】下列各项中，属于法的特征的有（　　　）。（2020年）

A. 国家意志性　　B. 国家强制性

C. 利益导向性　　D. 明确公开性

【答案】ABCD

【解析】选项C：利益导向性属于法的规范性的具体表现，也体现了法的特征。

考点二　法的分类和渊源（★）

一、法的渊源

法的渊源也称法的形式，是指法的具体表现形态，即法是由何种国家机关，依照什么方式或程序创制出来的，并表现为何种形式、具有何种效力等级的规范性法律文件。

（一）我国法的主要渊源

表1-2 我国法的主要渊源

形式	制定机关	注意要点	名称规律
宪法	全国人大	国家根本大法，具有最高的法律效力	
法律	全国人大：基本法律 全国人大常委会：其他法律	全国人大及其常委会有权就有关问题作出规范性决议或者决定，与法律具有同等地位和效力	××法

（续上表）

形式		制定机关	注意要点	名称规律
法规	行政法规	国务院		××条例
	地方性法规（自治条例和单行条例）	地方人大及其常委会	省；省会，经济特区，设区的市、自治州（1+3）	××地方××条例
规章	部门规章	国务院各部委		××办法 ××条例实施细则
	地方政府规章	地方人民政府	政府规章除不得与宪法、法律和行政法规相抵触外，还不得与上级和同级地方性法规相抵触	××地方××办法
特别行政区的法		全国人大	在特别行政区实施的全国性法律，要在基本法或其附件中明确列出，除此以外不在特别行政区实施	××特别行政区基本法
国际条约属于国际法，而不属于国内法的范畴，但我国缔结和参加的国际条约对我国的国家机关、社会团体、企业、事业单位和公民也有约束力				
效力排序：宪法＞法律＞行政法规＞地方性法规＞同级地方政府规章				

（二）法的效力范围（2022变化）

法的效力范围亦称法的生效范围，是指法在什么时间和什么空间对什么人有效。

表1-3　法的效力范围

效力范围	概念
时间效力	是指法的效力的起始和终止的时限以及对其实施以前的事件和行为有无溯及力
	法规定生效期限的方式：1. 明确规定具体生效时间；2. 规定具备何种条件后开始生效
	法的终止：1. 明示终止；2. 默示终止
	法的溯及力：是指新法对其生效前发生的行为和事件是否适用
空间效力	是指法在哪些空间范围或地域范围内发生效力
	分两种情况：1. 在全国范围内有效；2. 在我国局部地区有效
对人的效力	亦称法的对象效力，是指法适用于哪些人或法适用主体的范围
	包括两个方面：1. 对中国公民的效力；2. 对外国人的效力

（三）法的效力冲突及其解决方式（2022变化）

1. 解决法的效力冲突的一般原则。

（1）根本法优于普通法。

宪法是国家的根本大法，具有最高法律效力，普通法必须以宪法为依据，不得同宪法相抵触。

（2）上位法优于下位法。

不同位阶的法之间发生冲突，遵循上位法优于下位法的原则，适用上位法。

（3）新法优于旧法。

同一国家机关在不同时期颁布的法产生冲突时，遵循新法优于旧法的原则。

（4）特别法优于一般法。

同一国家机关制定的法，适用特别法优于一般法的原则，并包括以下两个情况：一是指在适用对象上，对特定主体和特定事项的法，优于对一般主体和一般事项的法；二是指在适用空间上，对特定时间和特定区域的法，优于平时和一般地区的法。

2.解决法的效力冲突的特殊方式。

新的一般规定与旧的特殊规定不一致——能自己解决的自己解决，自己解决不了的交上级领导机构解决。

（1）法律：全国人大常委会裁决。

（2）行政法规：国务院裁决。

（3）地方性法规、规章：

同一机关制定的：制定机关裁决。

部门规章之间、部门规章与地方政府规章不一致：国务院裁决。

地方性法规与部门规章之间对同一事项的规定不一致：由国务院提出意见，认为应当适用地方性法规的，适用地方性法规；认为应当适用部门规章的，提请全国人大常委会裁决。

二、法的分类

表1-4　法的分类

划分标准	法的分类
根据法的创制方式和表现形式所作的分类（"记忆口诀"：创法成不成）	成文法和不成文法
根据法的内容、效力和制定程序划分（"记忆口诀"：那三个小子根本太普通）	根本法和普通法
根据法的内容划分（"记忆口诀"：内容很诚实）	实体法和程序法
根据法的空间效力、时间效力或对人的效力划分（"记忆口诀"：小三长得特别一般）	一般法和特别法
根据法的主体、调整对象和渊源划分（"记忆口诀"：祖国）	国际法和国内法
根据法律运用的目的划分（"记忆口诀"：目的是为了开公司）	公法和私法

拿分要点

1.公法：指调整国家与国家之间的关系，国家与自然人、法人之间的权力与服从关系的法律。

2.私法：调整国家与自然人或法人之间民事、经济关系，即调整平等主体之间的关系的法律。

考点三　法律部门与法律体系（★）

法律部门又称部门法，是指根据一定标准和原则所划定的同类法律规范的总称。法律部门划分的标准首先是法律调整的对象，即法律调整的社会关系。如调整行政主体和行政相对人之间行政管理关系的法律规范的总和构成行政法部门。

法律体系包括：宪法及宪法相关法、民商法、行政法、经济法、刑法、劳动法与社会法、诉讼与非诉讼程序法。

考点四 法律关系（★★★）

法律关系是法律规范在调整人们的行为过程中所形成的社会关系，由法律关系的主体、内容和客体三个要素构成。法律事实是能够直接引起法律关系发生、变更或者消灭的情况。

躲坑要点

受法律规范调整的，才属于法律关系；不受法律规范调整，仅受道德规范调整的，不属于法律关系。

一、法律关系的主体

法律关系主体（又称法律主体）是指参加法律关系，依法享有权利和承担义务的当事人。

（关于法律关系主体的内容在本章第二节详述）

二、法律关系的内容

法律关系的内容包括权利与义务。

法律关系的内容是指法律关系主体所享有的权利和承担的义务。

法律权利是指法律关系主体依法享有的权益，表现为权利享有者依照法律规定有权自主决定作出或者不作出某种行为（行为权）、要求他人作出或者不作出某种行为（请求权）和一旦被侵犯，有权请求国家予以法律保护（获得法律保护权）。权利可以放弃。

法律义务是指法律关系主体按照法律规定所担负的必须作出某种行为或者不得作出某种行为的负担或约束。包括积极义务（如纳税、服兵役等）和消极义务（如不得毁坏公共财物、不得侵害他人生命财产安全等）。

三、法律关系的客体

法律关系的客体是指法律关系主体的权利和义务所指向的对象，客体是确立权利和义务关系

性质和具体内容的依据，也是确定权利行使与否和义务是否履行的客观标准。法律关系客体的特征：能为人类所控制并对人类有价值。

（一）物

1. 自然物：土地、矿藏、水流、森林等。

2. 人造物：建筑、机器等。

3. 一般等价物：货币及有价证券。如支票、股票、债券等。

4. 物也可以是没有固定形态的，如天然气、电力等。

躲坑要点

物可以有固定形态也可以没有固定形态。

（二）人身、人格

1. 人身和人格代表人的物质形态和精神利益，是人之为人的两个不可或缺的要素。

2. 人的整体只能是法律关系的主体，不能作为法律关系的客体，人的部分可以作为客体的"物"。

拿分要点

当人的头发、血液、骨髓、精子和其他器官从身体中分离出去，成为与身体相分离的外部之物时，在某些情况下也可视为法律上的"物"，成为法律关系的客体。

（三）智力成果

智力成果：如作品，发明、实用新型、外观设计，商标等。

（四）信息、数据、网络虚拟财产（2022新增）

作为法律关系客体的信息，是指有价值的情报或资讯，如矿产情报、产业情报、国家机密、商业机密、个人隐私等。

（五）行为——行为的结果

指为了达到一定目的所进行的作为，包括积极行为和消极行为两大类。

1. 生产经营行为。

2. 经济管理行为。

3. 提供一定劳务的行为。

4. 完成一定工作的行为。

考点五　法律事实（★★★）

法律事实是法律关系发生、变更和消灭的直接原因。按照是否以当事人的意志为转移可分为法律事件和法律行为。

一、法律事件（不以当事人的意志为转移）

（一）绝对事件（自然现象）

地震、洪水、台风、森林大火等自然灾害或生、老、病、死及意外事故。

（二）相对事件（社会现象）

社会革命、战争、重大政策的改变等。

躲坑要点

法律事件的出现不以当事人的意志为转移，具有不可抗力的特征。

二、法律行为（以当事人的意志为转移）

法律行为能够引起法律后果，即引起法律关系发生、变更和消灭的人们有意识的活动。根据不同的标准，可以对法律行为进行如下分类：

表1-5　法律行为的分类

分类标准		分类内容	代表行为
行为是否合法		合法行为与违法行为	
行为的表现形式		积极行为与消极行为	
行为是否通过意思表示作出		意思表示行为	签订合同
		非意思表示行为	拾得遗失物、发现埋藏物
作出意思表示的主体数量		单方行为	遗嘱、行政命令
		多方行为	合同行为
行为是否需要特定形式或实质要件		要式行为与非要式行为	
主体实际参与行为的状态		自主行为与代理行为	
补充	是否存在对价的给付	有偿行为和无偿行为	
	法律行为间的依存关系	主法律行为和从法律行为	买卖＋保证合同

躲坑要点

1. 人的行为并非都是法律行为。

2. 重点掌握"法律事件"与"法律行为"的区分，并看清题目问法。

3. 法律行为的反向问法，例：订立遗嘱是合法行为、积极行为、意思表示行为、单方行为、要式行为、自主行为。

【例题·单选题】下列行为，属于法律行为的是（　　）。（2021年）

A. 战争　　　　B. 洪水

C. 地震　　　　D. 直播带货

【答案】D

【解析】选项A、B、C属于法律事件。

【例题·多选题】下列各项中，属于法律行为的有（　　）。（2019年）

A. 税务登记　　B. 签发支票

C. 爆发战争　　D. 收养孤儿

【答案】ABD

【解析】选项C属于法律事件。

【例题·单选题】甲公司与乙公司签订租赁合同，约定甲公司承租乙公司一台精密仪器，租期1个月，租金15万元。引起该租赁法律关系发生的法律事实是（　　）。

A. 租赁的精密仪器

B. 甲公司和乙公司

C. 15万元租金

D. 签订租赁合同的行为

【答案】D

【解析】租赁合同的签订，在甲公司与乙公司之间建立了租赁法律关系，属于引起法律关系产生的法律行为。

扫一扫"码"上练题

打开微信扫一扫，关注公众号，点击"会计考试GO"小程序，即可线上练题。下载安装"会计学堂"APP，体验更多课程，参与万人模考，助您顺利通关。

基础阶段，建议考生结合视频课程进行学习，消化重难点。后续可配套《习题精编》进行练习。

第二节 法律主体

考点 法律主体（★★★）（2022 新增）

法律主体，也称法律关系主体，是指参加法律关系，依法享有权利和承担义务的当事人。

一、主体的种类

（一）自然人

包括：中国公民＋外国公民＋无国籍人。

拿分要点

1. 所谓自然人，是指具有生命的个体的人，即生物学上的人，是基于出生而取得民事主体资格的人。

2. 自然人的住所：以户籍登记或者其他有效身份登记记载的居所为住所；经常居所与住所不一致的，经常居所视为住所。

（二）法人

1. 法人的相关概念。

表1-6 法人的相关概念

法人的概念	是具有民事权利能力和民事行为能力，依法独立享有民事权利和承担民事义务的组织	
法定代表人	依照法律或者章程的规定，代表法人从事民事活动的负责人	
法人设立中的责任承担	设立人为设立法人从事的民事活动，其法律后果由法人承受	
	未成立法人的	由设立人承受；设立人为二人以上的，享有连带债权，承担连带债务
	设立人为设立法人以自己的名义从事民事活动产生的民事责任	第三人有权选择请求法人或者设立人承担责任
法人的合并和分立	合并	权利和义务由合并后的法人享有和承担
	分立	权利和义务由分立后的法人享有连带债权，承担连带债务，另有约定除外
法人解散和终止	解散	指由于法人章程或者法律规定的事由出现，致使法人不能继续存在，从而停止积极活动，开始整理财产关系的程序
	终止	指法人资格的丧失
法人的清算	法人解散的，除合并或者分立的情形外，清算义务人应当及时组成清算组进行清算；清算期间法人存续，但是不得从事与清算无关的活动	
法人的分支机构	分支机构以自己的名义从事民事活动，产生的民事责任由法人承担；也可以先以该分支机构管理的财产承担，不足以承担的，由法人承担	

2. 法人的分类。

表1-7　法人的分类（营利法人＋非营利法人＋特别法人）

营利法人	组织机构：1. 应当依法制定法人章程；2. 应当设立权力机构和执行机构；3. 监事会或者监事等监督机构 出资人：1. 不得滥用出资人权利；2. 不得滥用法人独立地位和出资人有限责任；3. 不得利用其关联关系损害法人的利益；4. 可以请求人民法院撤销法人权力机构、执行机构作出的程序或内容违反法律法规和法人章程的决议	公司制营利法人	有限责任公司
			股份有限公司
		非公司制营利法人	全民所有制企业
			集体所有制企业
非营利法人	指为公益目的或者其他非营利目的成立，不向出资人、设立人或者会员分配所得利润的法人	事业单位	
		社会团体	
		基金会	
		社会服务机构	
特别法人	机关法人		
	农村集体经济组织		
	城镇农村合作经济组织		
	基层群众性自治组织		

3. 非法人组织。

表1-8　非法人组织

非法人组织	个人独资企业
	合伙企业
	不具有法人资格的专业服务机构

4. 国家：在国内，国家是国家财产所有权唯一和统一的主体；在国际法上，国家是国际法关系的主体。

二、主体资格

1. 权利能力：法律赋予公民、法人或者其他组织享有权利、承担义务的资格。（与生俱来）

分类：

（1）自然人的权利能力：自然人的民事权利能力一律平等。（2022变化）

（2）法人的权利能力：始于法人成立，终于法人消灭。（2022变化）

2. 行为能力：法律关系主体能够通过自己的行为实际取得权利和履行义务的能力。（后天情况）

判断自然人民事行为能力的标准主要有两个方面：一是年龄，二是精神状态。

表1-9 民事行为能力标准

民事主体	界定标准
无民事行为能力人	1. 不满8周岁（Y<8） 2. 完全不能辨认自己行为的精神病人
限制民事行为能力人	1. 8周岁以上不满18周岁（8≤Y<18） 2. 不能完全辨认自己行为的精神病人（成年人）
完全民事行为能力人	1. 年满18周岁（Y≥18） 2. 16周岁以上不满18周岁但以自己的劳动收入为主要生活来源（16≤Y<18）

刑事责任能力分类：

表1-10 刑事责任能力分类（2022变化）

刑事责任类型	界定标准
应当负刑事责任	1. 已满16周岁（Y≥16） 2. 精神病人在精神正常时犯罪（或尚未完全丧失辨认或控制行为的能力）
不负刑事责任	1. 不满12周岁（Y<12） 2. 经鉴定为不能控制自己行为的精神病人造成危害的结果
从轻或者减轻处罚	1. 12周岁以上不满18周岁（12≤Y<18）（应当） 2. 已满75周岁，故意犯罪（可以）、过失犯罪（应当） 3. 尚未完全丧失辨认或者控制自己行为能力的精神病人犯罪的

(((o))) 躲坑要点

1. 根据《中华人民共和国民法典》规定："以上""以下"均包括本数，"超过""不满"均不包括本数。

2. 已满12周岁不满14周岁的人，犯故意杀人、故意伤害罪，致人死亡或者以特别残忍手段致人重伤造成严重残疾，情节恶劣，经最高人民检察院核准追诉的，应当负刑事责任。

3. 已满14周岁未满16周岁的人，犯故意杀人、故意伤害致人重伤或死亡、强奸、抢劫、贩卖毒品、放火、爆炸、投放危险物质罪的，应当负刑事责任。

(((o))) 拿分要点

自然人民事行为能力的判定主要看两个因素：1. 年龄；2. 精神状态。与肢体是否残缺、智力高低情况等无关。

【举例1】"先天腿部残疾"并不影响当事人行为能力。

【举例2】自己赚钱自己花的16～18周岁的公民，具备完全民事行为能力。

【例题·多选题】下列自然人中，属于限制民事行为能力人的有（　　）。（2019年）

A. 赵某，13周岁，系大学少年班在校大学生

B. 钱某，20周岁，有精神障碍，不能辨认自己的行为

C. 孙某，7周岁，不能辨认自己的行为

D. 李某，15周岁，系省排球队专业运动员

【答案】AD

【解析】（1）7周岁，只可能是无民事行为能力人，排除选项C；

（2）20周岁，通常是完全民事行为能力人，但其不能辨认自己行为，应界定为无民事行为能力人，排除选项B；

（3）13周岁、15周岁，不可能被视为完全民事行为能力人，精神状态无异常，属于限制民事行为能力人。

扫一扫"码"上练题

打开微信扫一扫，关注公众号，点击"会计考试GO"小程序，即可线上练题。下载安装"会计学堂"APP，体验更多课程，参与万人模考，助您顺利通关。

基础阶段，建议考生结合视频课程进行学习，消化重难点。

后续可配套《习题精编》进行练习。

第三节 法律责任

考点 法律责任（★★★）

一、民事责任

定义：民事责任是指民事主体违反了约定或法定的义务所应承担的不利民事法律后果。

承担民事责任的方式包括：停止侵害、排除妨碍、消除危险、返还财产、恢复原状、赔偿损失、支付违约金等。

二、行政责任

（一）行政处罚

声誉罚：警告、通报批评。（2022变化）

财产罚：罚款、没收违法所得、没收非法财物。

行为罚：暂扣许可证件、降低资质等级、吊销许可证件、限制开展生产经营活动、责令停产停业、责令关闭、限制从业。（2022变化）

人身自由罚：行政拘留。

（二）行政处分

警告、记过、记大过、降级、撤职、开除。

三、刑事责任

（一）主刑

1. 管制：3个月以上2年以下，数罪并罚最高不超过3年。

2. 拘役：1个月以上6个月以下，数罪并罚最高不超过1年。

3. 有期徒刑：6个月以上15年以下。

4. 无期徒刑。

5. 死刑：是剥夺犯罪分子生命的刑罚。死刑只适用于罪行极其严重的犯罪分子，对于应当判处死刑的犯罪分子，如果不是必须立即执行的，可以判处死刑，同时宣告缓期2年执行。

躲坑要点

数罪并罚有期徒刑总和刑期不满35年的，最高不能超过20年；总和刑期在35年以上的，最高不能超过25年。

（二）附加刑

罚金、剥夺政治权利、没收财产、驱逐出境。

躲坑要点

1. 附加刑可以附加于主刑之后作为主刑的补充，同主刑一起适用，也可以单独适用。

2. 政治权利包括：选举权和被选举权；言论、出版、集会、结社、游行、示威自由的权利；担任国家机关职务的权利；担任国有公司、企业、事业单位和人民团体领导职务的权利。

3. "罚款；没收违法所得、没收非法财物"属于行政责任；"罚金；没收财产"属于刑事责任。

【例题·单选题】下列属于行政处罚的是（　　）。（2021年）

A. 没收违法所得　　　B. 记过

C. 返还财产　　　　　D. 管制

【答案】A

【解析】选项B：行政处分；选项C：民事责任；选项D：刑事责任。

【例题·多选题】某行政机关工作人员赵

某因犯罪被人民法院判处有期徒刑，并处罚金和没收财产，后被该行政机关开除。赵某承担的法律责任中，属于刑事责任的有（ ）。（2020年）

A．没收财产

B．罚金

C．有期徒刑

D．开除

【答案】ABC

【解析】选项D：属于行政责任——行政处分。

扫一扫"码"上练题

打开微信扫一扫，关注公众号，点击"会计考试GO"小程序，即可线上练题。下载安装"会计学堂"APP，体验更多课程，参与万人模考，助您顺利通关。

基础阶段，建议考生结合视频课程进行学习，消化重难点。后续可配套《习题精编》进行练习。

第二章 会计法律制度

第一节 会计法律制度概述

扫码听课

考点 会计法律制度概述（★）

一、会计法律制度

（一）概念

指国家权力机关和行政机关制定的调整会计关系的法律规范的总称。

（二）表现形式

包括法律、法规、规章和其他规范性文件。

（三）适用范围

国家机关、社会团体、公司、企业、事业单位和其他组织（以下统称单位）的会计事务。

二、会计关系

（一）概念

指会计机构和会计人员在办理会计事务过程中，以及国家在管理会计工作过程中发生的经济关系。

（二）主体

会计机构和会计人员。

（三）客体

与会计工作相关的具体事务。

三、会计工作管理体制

（一）行政管理

国务院财政部门主管全国的会计工作。县级以上地方各级人民政府财政部门管理本行政区域内的会计工作。

（二）单位内部管理

单位负责人对本单位的会计工作和会计资料的真实性、完整性负责。

单位负责人应当保证会计机构、会计人员依法履行职责，不得授意、指使、强令会计机构、会计人员违法办理会计事项。

第二节 会计核算与监督

扫码听课

考点一 会计核算（★★）

一、会计核算

（一）概念

是以货币为主要计量单位，运用专门的会计方法，对生产经营活动或预算执行过程及其结果进行连续、系统、全面的记录、计算、分析，定期编制并提供财务会计报告和其他会计资料，为经营决策和宏观经济管理提供依据的一项会计活动。

会计核算是会计工作的基本职能之一，是会计工作的重要环节。

（二）基本要求

1. 依法建账。

2. 根据实际发生的经济业务进行会计核算。

3. 保证会计资料的真实和完整。

4. 正确采用会计处理方法。

5. 正确使用会计记录文字。

6. 使用电子计算机进行会计核算必须符合法律规定。

（三）内容（经济业务）

1. 款项和有价证券的收付。

2. 财物的收发、增减和使用。

3. 债权债务的发生和结算。

4. 资本、基金的增减。

5. 收入、支出、费用、成本的计算。

6. 财务成果的计算和处理。

7. 需要办理会计手续、进行会计核算的其他事项。

【例题·单选题】根据会计法律制度的规定，下列各项中，不属于会计核算内容的是（　　）。

A. 递延税款的余额调整

B. 货物买卖合同的审核

C. 有价证券溢价的摊销

D. 资本公积的增减变动

【答案】B

二、会计资料

（一）概念

主要是指会计凭证、会计账簿、财务会计报告等会计核算专业资料；是会计核算的重要成果；是投资者作出投资决策，经营者进行经营管理，国家进行宏观调控的重要依据。

（二）质量要求

1. 真实性。

会计资料所反映的内容和结果应当同单位实际发生的经济业务的内容及结果一致。

2. 完整性。

构成会计资料的各项要素都必须齐全，如实、全面地记录和反映经济业务发生情况，便于会计资料使用者全面、准确地了解经济活动情况。

真实和完整是会计资料最基本的质量要求，是会计工作的生命。

三、会计年度

指以年度为单位进行会计核算的时间区间，是反映单位财务状况、核算经营成果的时间界限。我国会计年度为公历1月1日至12月31日。

四、记账本位币

指日常登记账簿和编制财务会计报告用以计量的货币，也就是单位进行会计核算业务时所使用的货币。会计核算：人民币为记账本位币；业务收支：人民币/外币为记账本位币；财务报告：人民币为记账本位币。

五、会计凭证

（一）概念

指具有一定格式、用以记录经济业务事项发生和完成情况，明确经济责任，并作为记账凭证的书面证明，是会计核算的重要会计资料。

（二）分类

1. 原始凭证。

又称单据，指在经济业务发生时，由业务经办人员直接取得或者填制，用以表明某项经济业务已经发生或完成情况并明确有关经济责任的一种原始凭据，如发票。

原始凭证是会计核算的原始依据，来源于实际发生的经济业务事项。原始凭证的内容必须具备：（1）凭证的名称；（2）填制凭证的日期；（3）填制凭证单位名称或者填制人姓名；（4）经办人员的签名或者盖章；（5）接受凭证单位名称；（6）经济业务内容；（7）数量、单价和金额。原始凭证记载的各项内容均不得涂改；原始凭证有错误的，应当由出具单位重开或者更正，更正处应当加盖出具单位印章。原始凭证金额有错误的，应当由出具单位重开，不得在原始凭证上更正。

2. 记账凭证。

亦称传票，指对经济业务事项按其性质加以归类，确定会计分录，并据以登记会计账簿的凭证。记账凭证的内容必须具备：（1）填制凭证的日期；（2）凭证编号；（3）经济业务摘要；（4）会计科目；（5）金额；（6）所附原始凭证张数；（7）填制凭证人员、稽核人员、记账人员、会计机构负责人（会计主管人员）签名或者

盖章。

具有分类归纳原始凭证和满足登记会计账簿需要的作用。

（三）会计凭证的保管

会计凭证登记完毕后，应当按照分类和编号顺序保管，不得散乱丢失。

原始凭证不得外借，其他单位如因特殊原因需要使用原始凭证时，经本单位会计机构负责人、会计主管人员批准，可以复制。

六、会计账簿

（一）概念

指全面记录和反映一个单位经济业务事项，把大量分散的数据或者资料进行归纳整理，逐步加工成有用会计信息的簿籍，它是编制财务会计报告的重要依据。

（二）种类

1. 总账。

也称总分类账，是根据会计科目开设的账簿，用于分类登记单位的全部经济业务事项。一般分为订本账和活页账。

2. 明细账。

也称明细分类账，是根据总账科目所属的明细科目设置的，用于分类登记某一类经济业务事项，提供有关明细核算资料。一般采用活页账形式。

3. 日记账。

是一种特殊的序时明细账，它是按照经济业务事项发生的时间先后顺序，逐日逐笔地进行登记的账簿。一般分为现金日记账和银行存款日记账。

4. 其他辅助账簿。

也称备查账簿，是为备忘备查而设置的。

（三）账簿记录发生错误的更正方法

1. 登记账簿时发生错误，应当将错误的文字或者数字划红线注销，但必须使原有字迹仍可辨认；然后在划线上方填写正确的文字或者数字，

并由记账人员在更正处盖章。对于错误的数字，应当全部划红线更正，不得只更正其中的错误数字。对于文字错误，可只划去错误的部分。

2．由于记账凭证错误而使账簿记录发生错误，应当按更正的记账凭证登记账簿。

七、财务会计报告

财务会计报告，也称财务报告，是指单位对外提供的、反映单位某一特定日期财务状况和某一会计期间经营成果、现金流量等会计信息的文件。

编制财务会计报告，是对单位会计核算工作的全面总结，也是及时提供真实、完整会计资料的重要环节。

（一）企业财务会计报告的构成

表2-1　企业财务会计报告的构成

企业财务会计报告	内容	会计报表	资产负债表
			利润表
			现金流量表
			相关附表
		会计报表附注	
		财务情况说明书	
	分类	年度	会计报表＋附注＋财务情况说明书
		半年度	会计报表＋附注＋财务情况说明书
		季度	会计报表
		月度	会计报表

（二）企业财务会计报告的对外提供

企业应当依照法律、行政法规和国家统一的会计制度关于财务会计报告的编制要求、提供对象和提供期限的规定，及时对外提供财务报告。

企业对外提供的财务会计报告应当由单位负责人和主管会计工作的负责人、会计机构负责人（会计主管人员）签名并盖章，设置总会计师的单位，还须由总会计师签名并盖章。单位负责人应当保证财务会计报告真实、完整。

国有企业、国有控股或者占主导地位的企业，应当至少每年一次向本企业的职工代表大会公布财务会计报告，重点说明下列事项：1．反映与职工利益密切相关的信息，包括管理费用构成，管理人员和职工的工资及福利的发放、使用和结余情况，公益金的提取及使用情况，利润分配的情况以及其他；2．内部审计发现的问题及纠正情况；3．注册会计师审计的情况；4．国家审计机关发现的问题及纠正情况；5．重大的投资、融资和资产处置决策及其原因的说明等；6．其他。

财务会计报告须经注册会计师审计的，企业应当将注册会计师及其会计师事务所出具的审计报告随同财务会计报告一并对外提供。

接受企业财务会计报告的组织或者个人，在企业财务会计报告未正式对外披露前，应当对其内容保密。

八、账务核对及财产清查

（一）账务核对

账务核对，又称对账，是保证会计账簿记录

质量的重要程序。包括账证核对、账账核对、账实核对。

（二）财产清查

财产清查制度是通过定期或不定期、全面或部分地对各项财产物资进行如实盘点和对库存现金、银行存款、债权债务进行清查核实的一种制度。

通过清查，可以发现财产管理工作中存在的问题，以便查清原因，改善经营管理，保护财产的完整和安全；可以确定各项财产的实存数，以便查明实存数与账面数是否相符，并查明不符的原因和责任，制定相应措施，做到账实相符，保证会计资料的真实性。

考点二　会计档案管理（★★）

会计档案是记录和反映经济业务事项的重要史料和证据。

单位应当保证会计档案的真实、完整、可用、安全。

的，记录和反映单位经济业务事项的，具有保存价值的文字、图表等各种形式的会计资料。包括电子会计档案。各单位的预算、计划、制度等不属于会计档案。

一、会计档案的概念

指单位在进行会计核算等过程中接收或形成

二、会计档案的归档

表2-2　会计档案的归档

范围	会计凭证	原始凭证；记账凭证	
	会计账簿	总账；明细账；日记账；固定资产卡片；其他辅助账簿	
	账务报告	月度；季度；半年度；年度	
	其他会计资料	银行存款余额调节表；银行对账单；纳税申报表；会计档案移交清册；会计档案保管清册；会计档案销毁清册；会计档案鉴定意见书；其他	
归档	要求	可仅以电子形式保存的会计档案要求（除此之外，纸质保存）	1. 来源真实有效，由计算机等电子设备形成和传输 2. 会计核算系统能够准确、完整、有效接收和读取电子会计资料，能够输出符合国家标准归档格式的会计凭证、会计账簿、财务会计报表等会计资料，设定了经办、审核、审批等必要的审签程序 3. 能够有效接收、管理、利用电子会计档案，符合电子档案的长期保管要求，并建立了电子会计档案与相关联的其他纸质会计档案的检索关系 4. 采取有效措施，防止电子会计档案被篡改 5. 建立电子会计档案备份制度 6. 不属于具有永久保存价值或者其他重要保存价值的会计档案
		按照归档范围和归档要求，负责定期将应当归档的会计资料整理立卷，编制会计档案保管清册 当年形成的会计档案，在会计年度终了后，可由单位会计管理机构临时保管一年，再移交单位档案管理机构保管	

三、会计档案的移交和利用

（一）会计档案的移交

单位会计管理机构在办理会计档案移交时，应当编制会计档案移交清册，并按照国家档案管理的有关规定办理移交手续。

单位档案管理机构接收电子会计档案时，应当对电子会计档案的准确性、完整性、可用性、安全性进行检测，符合要求的才能接收。

（二）会计档案的利用

单位应当严格按照相关制度利用会计档案，

在进行会计档案查阅、复制、借出时履行登记手续，严禁篡改和损坏。

四、会计档案的保管期限

会计档案保管期限分为永久、定期两类。会计档案的保管期限是从会计年度终了后的第一天算起。永久，即是指会计档案须永久保存；定期，是指会计档案保存应达到法定的时间，一般分为10年和30年。

表2-3　企业和其他组织会计档案保管期限表

档案名称		保管期限	备注
会计凭证	原始凭证	30年	
	记账凭证	30年	
会计账簿	总账	30年	
	明细账	30年	
	日记账	30年	
	固定资产卡片		固定资产清理后保管5年
	其他辅助性账簿	30年	
财务报告	月度	10年	
	季度	10年	
	半年度	10年	
	年度	永久	
其他会计资料	银行存款余额调节表	10年	
	银行对账单	10年	
	纳税申报表	10年	
	会计档案移交清册	30年	
	会计档案保管清册	永久	
	会计档案销毁清册	永久	
	会计档案鉴定意见书	永久	

表2-4　财政总预算、行政单位、事业单位和税收会计档案保管期限表

档案名称		保管期限			备注
		财政总预算	行政、事业单位	税收会计	
会计凭证	国家金库编送的各种报表及缴库退库凭证	10年		10年	
	各收入机关编送的报表	10年			
	行政单位和事业单位的各种会计凭证		30年		包括：原始凭证、记账凭证、传票汇总表
	财政总预算拨款凭证和其他会计凭证	30年			包括：拨款凭证、其他会计凭证
会计账簿	日记账		30年	30年	
	总账	30年	30年	30年	
	税收日记账（总账）			30年	
	明细分类、分户账或登记簿	30年	30年	30年	
	行政单位和事业单位固定资产卡片				固定资产报废清理后保管5年
财务会计报告	政府综合财务报告	永久			下级财政、本级部门和单位报送的保管2年
	部门财务报告		永久		所属单位报送的保管2年
	财政总决算	永久			下级财政、本级部门和单位报送的保管2年
	部门决算		永久		所属单位报送的保管2年
	税收年报（决算）			永久	
	国家金库年报（决算）	10年			
	基本建设拨款、贷款年报（决算）	10年			
	行政单位和事业单位会计月、季度报表		10年		所属单位报送的保管2年
	税收会计报表			10年	所属税务机关报送的保管2年

（续上表）

档案名称		保管期限			备注
		财政总预算	行政、事业单位	税收会计	
其他会计资料	银行存款余额调节表	10年	10年		
	银行对账单	10年	10年	10年	
	会计档案移交清册	30年	30年	30年	
	会计档案保管清册	永久	永久	永久	
	会计档案销毁清册	永久	永久	永久	
	会计档案鉴定意见书	永久	永久	永久	

((o)) 躲坑要点

税务机关的税务经费会计档案保管期限，按行政单位会计档案保管期限规定办理。

【例题·单选题】根据《会计档案管理办法》的规定，下列会计档案应永久保存的是（　　）。（2021年）

A. 记账凭证

B. 原始凭证

C. 会计档案保管清册

D. 半年度财务报告

【答案】C

【解析】记账凭证和原始凭证的最低保管期限为30年；半年度财务报告的最低保管期限为10年；会计档案保管清册应永久保存。

五、会计档案的鉴定和销毁

（一）会计档案的鉴定

单位应当定期对已到保管期限的会计档案进行鉴定，并形成会计档案鉴定意见书。

经鉴定，仍需继续保存的会计档案，应当重新划定保管期限；对保管期满，确无保存价值的

会计档案，可以销毁。会计档案鉴定工作应当由单位档案管理机构牵头，组织单位会计、审计、纪检监察等机构或人员共同进行。

（二）会计档案的销毁

经鉴定可以销毁的会计档案，销毁的基本程序和要求是：

1. 单位档案管理机构编制会计档案销毁清册。

2. 单位负责人、档案管理机构负责人、会计管理机构负责人、档案管理机构经办人、会计管理机构经办人在会计档案销毁清册上签署意见。

3. 单位档案管理机构负责组织会计档案销毁工作，并与会计管理机构共同派员监销。监销人在会计档案销毁前应当按照会计档案销毁清册所列内容进行清点核对；在会计档案销毁后，应当在会计档案销毁清册上签名或盖章。

电子会计档案的销毁由单位档案管理机构＋会计管理机构＋信息系统管理机构共同派员监销。

（三）不得销毁的会计档案

1. 保管期满但未结清的债权债务会计凭证和涉及其他未了事项的会计凭证不得销毁。

2. 特殊情况下的会计档案处置：

表2-5 单位分立／合并情况下的会计档案处置

分立续存	续存方	统一保管
	其他方	查阅＋复制
分立解散	协商后一方	代为保管
	其他方	查阅＋复制
业务移交	原单位	保管
	承接方	查阅＋复制
未结清事项	承接业务单位	保管
合并后解散	合并后单位	统一保管
合并后续存	原单位	保管

（四）建设单位项目建设会计档案的交接

建设单位在项目建设期间形成的会计档案，需要移交给建设项目接受单位的，应当在办理竣工财务决算后及时移交，并按照规定办理交接手续。

（五）单位之间会计档案的交接

单位之间交接会计档案时，交接双方应当办理会计档案交接手续。

交接会计档案时，交接双方应当按照会计档案移交清册所列内容逐项交接，并由交接双方的单位有关负责人负责监督。

交接完毕后，交接双方经办人和监督人应当在会计档案移交清册上签名或盖章。

电子会计档案应当与其元数据一并移交，特殊格式的电子会计档案应当与其读取平台一并移交。档案接受单位应当对保存电子会计档案的载体及其技术环境进行检验，确保所接收电子会计档案的准确、完整、可用和安全。

【例题·单选题】根据会计法律制度的规定，下列机构中，属于单位会计档案鉴定工作牵头机构的是（ ）。（2020年）

A. 审计机构　　　B. 纪检监察机构

C. 档案管理机构　　D. 会计机构

【答案】C

【解析】会计档案鉴定工作应当由单位档案管理机构牵头，组织单位会计、审计、纪检监察等机构或人员共同进行。

考点三 会计监督（★★）

会计监督是会计的基本职能之一，是对经济活动本身进行的检查监督，借以控制经济活动，使经济活动能够根据一定的方向、目标、计划，遵循一定的原则正常进行。

会计监督可分为单位内部监督、社会监督和政府监督。

一、单位内部会计监督

指为了保护其资产的安全、完整，保证其经营活动符合国家法律、法规和内部有关管理制度，提高经营管理水平和效率，而在单位内部采取的一系列相互制约、相互监督的制度与方法。

（一）单位内部会计监督的概念和要求

1. 概念。

单位内部会计监督是指各单位的会计机构、会计人员依据法律、法规、制度规定，通过会计手段对本单位经济活动的合法性、合理性和有效性进行监督。

2. 主体。

各单位的会计机构、会计人员。

3. 对象。

单位的经济活动。

4. 要求。

各单位应当根据实际情况建立、健全本单位内部会计监督制度。

（二）单位内部控制制度

1. 概念。

单位内部控制制度是指单位为实现控制目标，通过制定制度、实施措施和执行程序，对经济活动的风险进行防范和管控的制度。

2. 原则。

（1）单位。

①全面性原则。②重要性原则。③制衡性原则。④适应性原则。⑤成本效益原则。

（2）小企业。

①风险导向原则。②适应性原则。③实质重于形式原则。④成本效益原则。

3. 措施。

（1）不相容职务分离控制。（2）授权审批控制。（3）会计系统控制。（4）财产保护控制。（5）预算控制。（6）运营分析控制。（7）绩效考评控制。

4. 行政事业单位内部控制方法。

（1）不相容岗位相互分离。（2）内部授权审批控制。（3）归口管理。（4）预算控制。（5）财产保护控制。（6）会计控制。（7）单据控制。（8）信息内部公开。

二、会计工作的社会监督

（一）会计工作社会监督的概念

会计工作的社会监督，主要是指由注册会计师及其所在的会计师事务所等中介机构接受委托，依法对单位的经济活动进行审计，出具审计报告，发表审计意见的一种监督制度。

任何单位和个人检举会计违法行为，也属于会计工作社会监督的范畴。

（二）注册会计师审计报告

1. 概念。

指注册会计师根据《中国注册会计师审计准则》的规定，在执行审计工作的基础上，对被审计单位财务报表发表审计意见的书面文件。

注册会计师应当就财务报表是否在所有重大方面按照适用的财务报告编制基础编制并实现公允反映形成审计意见。

2. 要素。

（1）标题。（2）收件人。（3）审计意见。（4）形成审计意见的基础。（5）管理层对财务报表的责任。（6）注册会计师对财务报表审计的责任。（7）按照相关法律法规的要求报告的事项。（8）注册会计师的签名和签章。（9）会计师事务所的名称、地址和签章。（10）报告日期。

3. 种类。

（1）无保留意见审计报告。

（2）保留意见审计报告。

（3）否定意见审计报告。

（4）无法表示意见审计报告。

（5）带强调事项段的审计报告。指审计报告中含有的一个段落，该段落提及已在财务报表中恰当列报或披露的事项，根据注册会计师的职业判断，该事项对财务报表使用者理解财务报表至关重要。

（6）带其他事项段的审计报告。指审计报告中含有的一个段落，该段落提及未在财务报表中列报或披露的事项，根据注册会计师的职业判断，该事项与财务报表使用者理解审计工作、注册会计师的责任或审计报告相关。

4. 审计意见。

（1）无保留意见。

指当注册会计师认为财务报表在所有重大方面按照适用的财务报告编制基础的规定编制并实现公允反映时发表的审计意见。

（2）非无保留意见。

①保留意见，分为两种情况：

一是在获取充分、适当的审计证据后，注册会计师认为错报单独或汇总起来对财务报表影响重大，但不具有广泛性；

二是注册会计师无法获取充分、适当的审计证据以作为形成审计意见的基础，但认为未发现的错报（如存在）对财务报表可能产生的影响重大，但不具有广泛性。

②否定意见：

获取充分、适当的审计证据以作为形成审计意见的基础，但认为未发现的错报（如存在）对财务报表可能产生的影响重大且具有广泛性。

③无法表示意见：

如果无法获取充分、适当的审计证据以作为形成审计意见的基础，但认为未发现的错报（如存在）对财务报表可能产生的影响重大且具有广泛性。

【例题·单选题】根据会计法律制度的规定，下列行为中，属于会计工作政府监督的是（　　）。（2019年）

A. 个人检举会计违法行为

B. 会计师事务所对单位经济活动进行审计

C. 单位内部会计机构审核本单位会计账簿

D. 财政部门对各单位的会计工作进行监督检查

【答案】D

【解析】选项A、B：属于会计工作的社会监督；选项C：属于单位内部会计监督。

三、会计工作的政府监督

（一）概念

指财政部门代表国家对各单位和单位中相关人员的会计行为实施的监督检查，以及对发现的会计违法行为实施行政处罚。

（二）财政部门

国务院财政部门、省级以上人民政府财政部门派出机构、县级以上人民政府财政部门。

财政部门按照行政区域对会计事项实施监督。

（三）监督内容

1. 是否依法设置会计账簿。

2. 会计资料是否真实、完整。

3. 会计核算是否合法合规。

4. 会计人员是否具备专业能力和职业道德。

依法对有关单位的会计资料实施监督检查的部门及其工作人员对在监督检查中知悉的国家秘密和商业秘密负有保密的义务。

扫一扫"码"上练题

打开微信扫一扫，关注公众号，点击"会计考试GO"小程序，即可线上练题。下载安装"会计学堂"APP，体验更多课程，参与万人模考，助您顺利通关。

第三节　会计机构和会计人员

考点一　会计机构（★）

指各单位办理会计事务的职能部门。不具备设置条件的，应当委托经批准从事会计代理记账业务的中介机构代理记账。

考点二　代理记账（★）

代理记账，是指代理记账机构接受委托办理会计业务。

代理记账机构是指依法取得代理记账资格，从事代理记账业务的机构。

一、代理记账机构的审批

除会计师事务所以外的机构代理记账，应经县级以上人民政府财政部门批准，领取由财政部统一规定样式的代理记账许可证书。

会计师事务所及其分所可以依法从事代理记账业务。

申请代理记账资格的机构应当同时具备以下条件：（2022新增）

1. 为依法设立的企业；

2. 专职从业人员不少于3名，专职从业人员是指仅在一个代理记账机构从事代理记账业务的人员；

3. 主管代理记账业务的负责人具有会计师以上专业技术职务资格或者从事会计工作不少于3年，且为专职从业人员；

4. 有健全的代理记账业务内部规范。

二、代理记账的业务范围

1. 根据委托人提供的原始凭证和其他资料，按照国家统一的会计制度的规定进行会计核算，包括审核原始凭证、填制记账凭证、登记会计账簿、编制财务会计报告等。

2. 对外提供财务会计报告。

3. 向税务机关提供税务资料。

4. 其他。

三、委托人、代理记账机构及其从业人员各自的义务

（一）订立书面委托合同

合同内容包括：

1. 双方对会计资料真实性、完整性各自应当承担的责任；

2. 会计资料传递程序和签收手续；

3. 编制和提供财务会计报告的要求；

4. 会计档案的保管要求及相应的责任；

5. 终止委托合同应当办理的会计交接事宜。

（二）委托人义务

1. 对本单位发生的经济业务事项，应当填制或者取得合规的原始凭证。

2. 应当配备专人负责日常货币收支和保管。

3. 及时向代理记账机构提供真实、完整的原始凭证和其他相关资料。

4. 对于代理记账机构退回的，要求按规定需进行更正、补充的原始凭证应当及时予以更正、补充。

（三）代理记账义务

1. 遵法合规地按照委托合同办理代理记账业务。

2. 保密。

3. 对委托人要求的不合法不合规的行为或事宜，予以拒绝。

4. 对委托人提出的有关会计处理相关问题予以解释。

代理记账机构为委托人编制的财务会计报告，经代理记账机构负责人、委托人负责人签名、盖章后，按照有关法律、法规和国家统一的会计制度的规定对外提供。

（四）对代理记账机构的管理（2022新增）

1. 代理记账机构应当于每年4月30日之前，向审批机关报送材料。

2. 县级以上人民政府财政部门对代理记账机构及其从事代理记账业务情况实施监督。

3. 代理记账机构有下列情形之一的，审批机关应当办理注销手续，收回代理记账许可证书并予以公告：（1）代理记账机构依法终止的；（2）代理记账资格被依法撤销或撤回的；（3）法律、法规规定的应当注销的其他情形。

考点三　会计岗位的设置（★★）

一、会计工作岗位设置要求

1. 会计工作岗位，可以一人一岗、一人多岗或者一岗多人。但出纳人员不得兼任稽核、会计档案保管和收入、支出、费用、债权债务账目的登记工作。

2. 会计人员的工作岗位应当有计划地进行轮换。

二、会计人员回避制度

1. 国家机关、国有企业、事业单位任用会计人员应当实行回避制度。

2. 单位领导人的直系亲属不得担任本单位的会计机构负责人、会计主管人员。

3. 会计机构负责人、会计主管人员的直系亲属不得在本单位会计机构中担任出纳工作。

((•)) 躲坑要点

直系亲属为：夫妻关系、直系血亲关系、三代以内旁系血亲以及姻亲关系。（2022变化）

三、会计人员

会计人员包括从事下列具体会计工作的人员：1. 出纳；2. 稽核；3. 资产、负债和所有者权益（净资产）的核算；4. 收入、费用（支出）的核算；5. 财务成果（政府预算执行结果）的核算；6. 财务会计报告（决算报告）编制；7. 会计监督；8. 会计机构内会计档案管理；9. 其他会计工作。担任单位会计机构负责人（会计主管人员）、总会计师的人员，属于会计人员。

会计人员从事会计工作，应当符合下列要求：1. 遵守《中华人民共和国会计法》（以下简称《会计法》）和国家统一的会计制度等法律法规；2. 具备良好的职业道德；3. 按照国家有关规定参加继续教育；4. 具备从事会计工作所需要的专业能力。

会计机构负责人、会计主管人员应当具备下列基本条件：1. 坚持原则，廉洁奉公；2. 具备会计师以上专业技术职务资格或者从事会计工作不少于3年；3. 熟悉国家财经法律、法规、规章和方针、政策，掌握本行业业务管理的有关知识；4. 有较强的组织能力；5. 身体状况能够适应本职工作的要求。

因有提供虚假财务会计报告，做假账，隐匿或者故意销毁会计凭证、会计账簿、财务会计报告，贪污，挪用公款，职务侵占等与会计职务有关的违法行为被依法追究刑事责任的人员，不得再从事会计工作；因伪造、变造会计凭证、会计账簿，编制虚假财务会计报告，隐匿或者故意销毁依法应当保存的会计凭证、会计账簿、财务会计报告，尚不构成犯罪的，5年内不得从事会计工作；会计人员具有违反国家统一的会计制度的一般违法行为，情节严重的，5年内不得从事会计工作。

四、会计专业职务与会计专业技术资格

（一）会计专业职务

会计人员职称层级分为初级、中级、副高级和正高级。

（二）会计专业技术资格

会计专业技术资格，是指担任会计专业职务的任职资格。会计专业技术资格分为初级资格、中级资格和高级资格三个级别。目前，初级、中级会计资格实行全国统一考试制度，高级会计师资格实行考试与评审相结合制度。

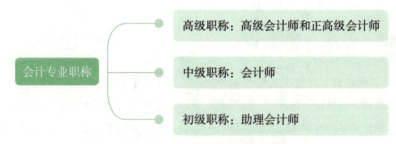

图2-1 会计专业职称

会计专业职称
- 高级职称：高级会计师和正高级会计师
- 中级职称：会计师
- 初级职称：助理会计师

五、会计专业技术人员继续教育

国家机关、企业、事业单位以及社会团体等组织具有会计专业技术资格的人员，或不具有会计专业技术资格但从事会计工作的人员享有参加继续教育的权利和接受继续教育的义务。用人单位应当保障本单位会计专业技术人员参加继续教育的权利。

继续教育内容包括公需科目和专业科目。

公需科目包括专业技术人员应当普遍掌握的法律法规、政策理论、职业道德、技术信息等基本知识。

专业科目包括会计专业技术人员从事会计工作应当掌握的财务会计、管理会计、财务管理、内部控制与风险管理、会计信息化、会计职业道德、财税金融、会计法律法规等相关专业知识。

会计专业技术人员参加继续教育实行学分制管理，每年参加继续教育取得的学分不少于90学分。其中，专业科目一般不少于总学分的三分之二。

会计专业技术人员参加继续教育取得的学分，在全国范围内当年度有效，不得结转以后年度。

对会计专业技术人员参加继续教育情况实行登记管理。

六、总会计师

总会计师是主管本单位会计工作的行政领导，是单位行政领导成员，协助单位主要行政领导人工作，直接对单位主要行政领导人负责。

国有的和国有资产占控股地位或者主导地位的大、中型企业必须设置总会计师。

七、会计工作交接

会计工作交接，是指会计人员工作调动或

因故离职时与接管人员办理交接手续的一种工作程序。

会计人员工作调动或者因故离职,必须将本人所经管的会计工作全部移交给接替人员。没有办清交接手续的,不得调动或者离职。

单位撤销时,必须留有必要的会计人员,会同有关人员办理清理工作,编制决算。未移交前,不得离职。

一般会计人员办理交接手续,由会计机构负责人(会计主管人员)监交。

会计机构负责人(会计主管人员)办理交接手续,由单位负责人负责监交,必要时主管单位可以派人会同监交。

移交人员在办理移交时,要按移交清册逐项移交;接替人员要逐项核对点收。

交接完毕后,交接双方和监交人要在移交清册上签名或者盖章,并应在移交清册上注明单位名称,交接日期,交接双方和监交人的职务、姓名,移交清册页数以及需要说明的问题和意见等。

移交清册一般应当填制一式三份,交接双方各执一份,存档一份。

接替人员应当继续使用移交的会计账簿,不得自行另立新账,以保持会计记录的连续性。

移交人员对所移交的会计凭证、会计账簿、会计报表和其他有关资料的合法性、真实性承担法律责任。

【例题·多选题】根据会计法律制度的规定,下列关于会计工作交接的表述中,正确的有(　　)。(2020年)

A. 会计人员办理交接手续的,无须监交

B. 会计人员没有办清交接手续的,不得离职

C. 移交人员因病不能亲自办理移交的,经单位领导人批准,可由移交人员委托他人代办移交

D. 移交人员在办理移交时,要按移交清册逐项移交

【答案】BCD

【解析】选项A:一般会计人员办理交接手续,由会计机构负责人(会计主管人员)监交;会计机构负责人(会计主管人员)办理交接手续,由单位负责人监交,必要时主管单位可以派人会同监交。

扫一扫"码"上练题

打开微信扫一扫,关注公众号,点击"会计考试GO"小程序,即可线上练题。下载安装"会计学堂"APP,体验更多课程,参与万人模考,助您顺利通关。

基础阶段,建议考生结合视频课程进行学习,消化重难点。后续可配套《习题精编》进行练习。

第四节　会计法律责任

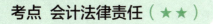

考点　会计法律责任（★★）

一、违反国家统一的会计制度的行为的法律责任

表2-6　违反国家统一的会计制度的行为的法律责任

违法行为	单位	主管＋责任人	国家工作人员	会计人员
不依法设置会计账簿	责令限期改正＋罚款（3 000元以上5万元以下）	罚款（2 000元以上2万元以下）	罚款＋行政处分	情节严重的，5年内不得从事会计工作
私设会计账簿				
未按照规定填制、取得原始凭证／填制、取得的原始凭证不合规				
以未经审核的会计凭证为依据登记会计账簿／登记的会计账簿不合规				
随意变更会计处理方法				
向不同的会计资料使用者提供的财务会计报告编制依据不一致				
未按照规定使用会计记录文字／记账本位币				
未按照规定保管会计资料，致使会计资料毁损、灭失				
未按照规定建立并实施单位内部会计监督制度／拒绝依法实施的监督／不如实提供有关会计资料及有关情况的				
其他				
责令限期改正：县级以上人民政府财政部门				

构成犯罪的，依法追究刑事责任。

二、有关会计凭证、会计账簿、财务会计报告的法律责任

表2-7　有关会计凭证、会计账簿、财务会计报告的法律责任

违法行为	单位	主管＋责任人	国家工作人员	会计人员	构成犯罪
伪造、变造会计凭证、会计账簿，编制虚假财务会计报告	通报＋罚款（5 000元以上10万元以下）	罚款（3 000元以上5万元以下）	罚款＋撤职／开除的行政处分	5年内不得从事会计工作	依法追究刑事责任
隐匿或者故意销毁依法应当保存的会计凭证、会计账簿、财务会计报告					情节严重的：有期徒刑／拘役（5年以下），并处／单处罚金（2万元以上20万元以下）

（续上表）

违法行为	单位	主管＋责任人	国家工作人员	会计人员	构成犯罪
授意、指使、强令会计机构／人员进行上述两项违法行为的		罚款（5 000元以上5万元以下）	罚款＋降级／撤职／开除的行政处分		依法追究刑事责任
予以通报：县级以上人民政府财政部门					

【例题·多选题】根据会计法律制度的规定，下列情形中，属于违法行为的有（　　）。（2019年）

　　A. 指使会计人员编制虚假财务会计报告

　　B. 变造会计账簿

　　C. 隐匿依法应当保存的会计凭证

　　D. 拒绝接收金额记载错误的原始凭证

【答案】ABC

【解析】选项D：会计机构、会计人员必须按照国家统一的会计制度的规定对原始凭证进行审核，对不真实、不合法的原始凭证有权不予接受，并向单位负责人报告；对记载不准确、不完整的原始凭证予以退回，并要求按照国家统一的会计制度的规定更正、补充（原始凭证金额有错误的，应当由出具单位重开，不得在原始凭证上更正）。

三、单位负责人打击报复会计人员的法律责任

单位负责人对依法履行职责、抵制违反《会计法》规定行为的会计人员以降级、撤职、调离工作岗位、解聘或者开除等方式实行打击报复，构成犯罪的，依法追究刑事责任。尚不构成犯罪的，由其所在单位或者有关单位依法给予行政处分。对受打击报复的会计人员，应当恢复其名誉和原有职务、级别。

根据《中华人民共和国刑法》第二百五十五条规定，公司、企业、事业单位、机关、团体的领导人，对依法履行职责、抵制违反《会计法》行为的会计人员实行打击报复，情节恶劣的，处3年以下有期徒刑或者拘役。

四、财政部门及有关行政部门工作人员职务违法行为的法律责任

财政部门及有关行政部门的工作人员在实施监督管理中滥用职权、玩忽职守、徇私舞弊或者泄露国家秘密、商业秘密，构成犯罪的，依法追究刑事责任。尚不构成犯罪的，依法给予行政处分。

收到对违反《会计法》和国家统一的会计制度规定的行为检举的部门及负责处理检举的部门，将检举人姓名和检举材料转给被检举单位和被检举人个人的，由所在单位或有关单位依法给予行政处分。

第三章 支付结算法律制度

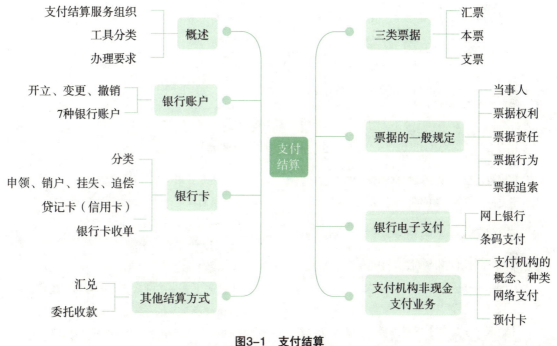

图3-1 支付结算

第一节 支付结算概述

扫码听课

考点一 支付结算的概念、支付工具、原则（★★）

一、概念和支付结算服务组织

支付结算是指单位、个人在社会经济活动中使用票据、银行卡和汇兑、托收承付、委托收款以及电子支付等结算方式进行货币给付及资金清算的行为。

我国的支付结算服务组织主要有中央银行、银行业金融机构、特许清算机构、非金融支付机构等。（2022新增）

二、支付结算工具的分类

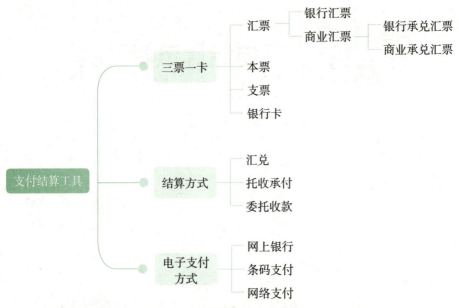

图3-2　支付结算工具的分类

我国目前已形成了以票据和银行卡为主体，以电子支付为发展方向的非现金支付工具体系。

三、原则

1. 恪守信用，履约付款。
2. 谁的钱进谁的账，由谁支配。
3. 银行不垫款。

【例题·多选题】下列各项中，属于支付结算时应遵循的原则有（　　　）。（2020年）

A. 恪守信用，履约付款原则

B. 谁的钱进谁的账，由谁支配原则

C. 银行不垫款原则

D. 存款信息保密原则

【答案】ABC

【解析】根据支付结算办法的相关规定，存款信息保密原则是银行结算账户管理的原则。故选项D错误，选项A、B、C均符合规定。

考点二　办理支付结算的基本要求（★★★）

一、使用合规凭证

单位、个人和银行办理支付结算，必须使用按中国人民银行统一规定印制的票据凭证和结算凭证；否则，票据无效，结算凭证银行不予受理。

二、票据和结算凭证的伪造、变造、更改

（一）伪造

指无权限人假冒他人或虚构他人名义签章的行为。

躲坑要点

伪造人不承担票据责任，而应追究其民事、行政或刑事责任。

（二）变造

指无权更改票据内容的人，对票据上签章以外的记载事项加以改变的行为。

（三）更改

1. 出票金额、出票日期、收款人名称不得更改，更改的票据无效；更改的结算凭证，银行不予受理。

2. 对票据和结算凭证上的其他记载事项，原记载人可以更改，更改时应当由原记载人在更改处签章证明。

（四）签章要求

1. 单位、银行在票据和结算凭证上的签章，为该单位、银行的盖章，加其法定代表人或其授权的代理人的签名或者盖章。

2. 个人在票据和结算凭证上的签章，为该个人本人的签名或者盖章。

三、填写规范

（一）关于收款人名称

单位和银行的名称应当记载全称或规范化简称。

（二）关于出票日期

1. 出票日期必须使用中文大写。

2. 规范写法：在填写月、日时，月为壹、贰和壹拾的，日为壹至玖和壹拾、贰拾和叁拾的，应当在其前加零；日为拾壹至拾玖的，应当在其前加壹。

躲坑要点

日期写法应满足三大要求：汉语语言的规律、数字金额的构成、防止涂改的要求。

【举例】1月15日，应写成零壹月壹拾伍日；10月20日，应写成零壹拾月零贰拾日。

【思考】"3月"前是否应当加零？

（三）关于金额

票据和结算凭证金额以中文大写和阿拉伯数码同时记载，二者必须一致。

躲坑要点

二者不一致的票据无效；二者不一致的结算凭证，银行不予受理。

【例题·单选题】某票据的出票日期为"2020年7月15日"，其规范写法是（　　）。（2019年）

A. 贰零贰零年零柒月壹拾伍日

B. 贰零贰零年柒月壹拾伍日

C. 贰零贰零年零柒月壹拾伍日

D. 贰零贰零年柒月拾伍日

【答案】B

【解析】在填写月、日时，月为壹、贰和壹拾的，日为壹至玖和壹拾、贰拾和叁拾的，应当在其前加零，柒月前面不用加零；日为拾壹至拾玖的，应当在其前加壹，本题日期前应当加"壹"，如果不加"壹"，很容易被变造为"贰拾伍日"。

【例题·多选题】根据票据法律制度的规定，下列属于变造票据行为的有（　　）。（2020年）

A. 涂改出票金额

B. 虚构他人名义签章

C. 原记载人更改付款人名称并在更改处签章证明

D. 挖补票据，非法改变票据记载事项

【答案】AD

【解析】选项B：属于票据的伪造；选项C：属于票据的更改。

【小结】

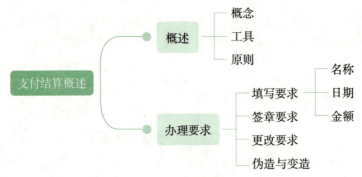

图3-3　支付结算概述

扫一扫"码"上练题

　　打开微信扫一扫，关注公众号，点击"会计考试GO"小程序，即可线上练题。下载安装"会计学堂"APP，体验更多课程，参与万人模考，助您顺利通关。

　　基础阶段，建议考生结合视频课程进行学习，消化重难点。后续可配套《习题精编》进行练习。

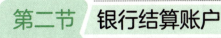 **第二节 银行结算账户**

考点一 银行结算账户的概念和类型（★）

一、概念

银行结算账户是指银行为存款人开立的办理资金收付结算的活期存款账户。

二、类型

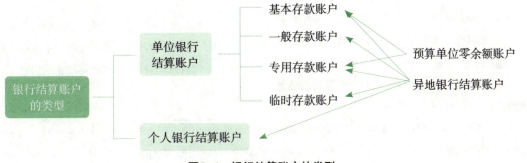

图3-4 银行结算账户的类型

考点二 银行结算账户的开立、变更和撤销（★★）

一、开立

（一）核准类账户

1. 需要中国人民银行核准的账户如下表所示。

表3-1 核准类账户

企业	非企业法人
（1）预算单位专用存款账户 （2）QFII（合格的境外投资者）专用存款账户	（1）基本存款账户 （2）临时存款账户（因注册验资和增资验资开立的临时存款账户除外） （3）预算单位专用存款账户 （4）QFII（合格的境外投资者）专用存款账户

躲坑要点

非企业法人是指不以营利为目的，主要从事非生产经营活动的法人，包括基金会、事业单位法人、社会团体、社会服务机构法人。

2. 对核准类账户，银行应将存款人的开户申请书、相关的证明文件和银行审核意见等开户资料报送中国人民银行当地分支机构，经其核准并核发开户许可证后办理开户手续。

3. 中国人民银行当地分支机构应于2个工作日内对开户银行报送的核准类账户的开户资料的合规性予以审核,符合开户条件的,予以核准,颁发基本(或临时、或专用)存款账户开户许可证。

(二)备案类账户

申请开立一般存款账户、其他专用存款账户和个人银行结算账户的,银行应办理开户手续,并向中国人民银行当地分支机构备案。

银行完成基本存款账户信息备案后,账户管理系统生成基本存款账户编号。持有基本存款账户编号的企业申请开立一般存款账户、专用存款账户、临时存款账户时,应向银行提供基本存款账户编号。

(三)单位银行结算账户开始办理付款业务的时间

1. 企业:企业银行结算账户自开立之日即可办理收付款业务。

非企业法人:存款人开立单位银行结算账户,自正式开立之日起3个工作日后,方可使用该账户办理付款业务,但注册验资的临时存款账户转为基本存款账户和因借款转存开立的一般存款账户除外。

2. "正式开立之日"的确定:

(1)对于核准类银行结算账户,"正式开立之日"为中国人民银行当地分支机构的核准日期。

(2)对于备案类银行结算账户,"正式开立之日"为开户银行为存款人办理开户手续的日期。

(四)签订账户管理协议

1. 对存在法定代表人/负责人对单位经营规模及业务背景等情况不清楚、注册地和经营地均在异地等情况的单位,银行应当与其法定代表人/负责人面签银行结算账户管理协议,并留存视频、音频资料等。

2. 银行为存款人开通非柜面转账业务时,双方应签订协议,约定日累计限额、笔数和年累计限额等,超出限额,应到柜面办理。

二、变更

1. 存款人变更账户名称、单位的法定代表人或主要负责人、地址等其他开户资料后,应及时(5个工作日内)向开户银行办理变更手续。

((•)) 拿分要点

如果存款人拟改变开户银行及账号,不属于银行结算账户的变更。

2. 对企业名称、法定代表人或者单位负责人变更的,账户管理系统重新生成新的基本存款账户编号,银行应当打印"基本存款账户信息"并交付企业。

三、撤销

(一)法定情形

有下列情形之一的,存款人应向开户银行提出撤销银行结算账户的申请:

1. 被撤并、解散、宣告破产或关闭的。

2. 注销、被吊销营业执照的。

3. 因迁址需要变更开户银行的。

4. 其他原因需要撤销银行结算账户的。

(二)撤销顺序

撤销银行结算账户时,应当先撤销一般存款账户、专用存款账户、临时存款账户,将账户资金转入基本存款账户后,方可办理基本存款账户的撤销。

(三)其他规定

1. 存款人尚未清偿其开户银行债务的,不得申请撤销该银行结算账户。

2. 对按规定应撤销而未办理销户手续的单位银行结算账户,银行应通知存款人,自发出通知之日起30日内到开户银行办理销户手续,逾期视同自愿销户。

第三章

考点三　各类银行结算账户的开立和使用（★★★）

一、基本存款账户

（一）可以申请开立基本存款账户的存款人

1. 企业法人。

2. 非法人企业。

3. 机关、事业单位。

4. 团级（含）以上军队、武警部队及分散执勤的支（分）队。

5. 社会团体。

6. 民办非企业组织。

7. 异地常设机构。

8. 外国驻华机构。

9. 个体工商户。

10. 居民委员会、村民委员会、社区委员会。

11. 单位设立的独立核算的附属机构，包括食堂、招待所、幼儿园。

12. 其他组织（如业主委员会、村民小组等）。

13. 境外机构。（2022新增）

（二）证明文件

营业执照、法定代表人身份证、法定代表人授权书、代办人员身份证。

（三）使用规定

基本存款账户是存款人的主办账户，一个单位只能开立一个基本存款账户。

存款人日常经营活动的资金收付，以及存款人的工资、奖金和现金的支取应通过该账户办理。

二、一般存款账户

（一）概念

一般存款账户是指存款人因借款或其他结算需要，在基本存款账户开户银行以外的银行营业机构开立的银行结算账户。

（二）开户要求——开户证明文件

1. 开立基本存款账户规定的证明文件。

2. 基本存款账户开户许可证或企业基本存款账户编号。

3. 存款人因向银行借款需要，应出具借款合同。

4. 存款人因其他结算需要，应出具有关证明。

（三）使用范围

一般存款账户用于办理存款人借款转存、借款归还和其他结算的资金收付。

该账户可以办理现金缴存，但不得办理现金支取。

((o)) 拿分要点

开立一般存款账户没有数量限制。

三、专用存款账户

（一）使用规定

表3-2　专用存款账户使用规定

	适用范围	使用要求
1	基本建设资金	对应专用存款账户需要支取现金的，应在开户时报中国人民银行当地分支行批准
	更新改造资金	
	政策性房地产开发资金	

（续上表）

	适用范围	使用要求
2	证券交易结算资金	对应专用存款账户不得支取现金
	期货交易保证金	
	信托基金	
3	粮、棉、油收购资金	对应专用存款账户支取现金应按照国家现金管理的规定办理
	住房基金	
	社会保障基金	
	党、团、工会设在单位的组织机构经费	
4	收入汇缴资金	收入汇缴账户除向其基本存款账户或者预算外资金财政专用存款账户划缴款项外，只收不付，不得支取现金
	业务支出资金	业务支出账户除从其基本存款账户拨入款项外，只付不收，其现金支取必须按照国家现金管理的规定办理

（二）开户证明文件

出具其开立基本存款账户规定的证明文件、基本存款账户开户许可证或企业基本存款账户编号和各项专用资金的有关证明文件（如主管部门的批文）。

四、预算单位零余额账户

预算单位使用财政性资金，应当按照规定的程序和要求，向财政部门提出设立零余额账户的申请，财政部门同意预算单位开设零余额账户后通知代理银行。

（一）开户要求

一个基层预算单位开设一个零余额账户。

躲坑要点

预算单位零余额账户按基本存款账户或专用存款账户管理。

（二）使用规定

1. 预算单位零余额账户用于财政授权支付。

2. 可以办理转账、提取现金等结算业务。

3. 可以向本单位按账户管理规定保留的相应账户划拨工会经费、住房公积金及提租补贴，以及财政部门批准的特殊款项。

4. 不得违反规定向本单位其他账户和上级主管单位、所属下级单位账户划拨资金。

【例题·单选题】未在银行开立账户的P市园林绿化局经批准在Q银行开立了预算单位零余额账户。该零余额账户应按（   ）管理。（2020年）

A. 基本存款账户

B. 一般存款账户

C. 临时存款账户

D. 专用存款账户

【答案】A

【解析】预算单位未开立基本存款账户（P市园林绿化局未在银行开立任何账户），或者原基本存款账户在国库集中支付改革后已按照财政部门的要求撤销的，经同级财政部门批准，预算单位零余额账户作为"基本存款账户"管理；除上述情况外，预算单位零余额账户作为"专用存款账户"管理。

五、临时存款账户

（一）使用范围

1. 设立临时机构：如工程指挥部、摄制组、筹备领导小组等。

2. 异地临时经营活动：如建筑施工及安装单位等在异地的临时经营活动。

3. 注册验资、增资。

4. 军队、武警单位承担基本建设或者异地执行作战、演习、抢险救灾、应对突发事件等临时任务。

【例题·多选题】下列各项中，属于临时存款账户适用范围的有（　　）。（2021年）

A. 异地临时经营活动

B. 借款归还

C. 公司设立时注册验资

D. 预算单位使用财政性资金

【答案】AC

【解析】临时存款账户的适用范围包括：（1）设立临时机构；（2）异地临时经营活动（选项A）；（3）注册验资、增资（选项C）；（4）军队、武警单位承担基本建设或异地执行作战、演习、抢险救灾、应对突发事件等临时任务。

躲坑要点

设立异地常设机构可以申请开立基本存款账户；异地临时经营活动可以申请开立临时存款账户。

（二）使用规定

1. 临时存款账户的有效期最长不得超过2年。

2. 因异地临时经营活动、增资验资开立临时存款账户的，应当出具基本存款账户开户许可证或基本存款账户编号，外国及港、澳、台地区建筑施工及安装单位除外。

3. 注册验资的临时存款账户在验资期间只收不付。

4. 临时存款账户无数量限制。

六、个人银行结算账户

（一）分类及功能

表3-3　银行可提供的主要服务种类

	Ⅰ类户	Ⅱ类户（可以配发实体卡）	Ⅲ类户
银行可提供的主要服务种类	1. 存款 2. 购买投资理财产品等金融产品 3. 转账 4. 消费和缴费支付 5. 支取现金	1. 存款 2. 购买投资理财产品等金融产品 3. 限额消费和缴费 4. 限额向非绑定账户转出资金 5. 存取现金（现场面对面确认身份后才可） 6. 非绑定账户资金转入（现场面对面确认身份后才可）	1. 限额消费和缴费 2. 限额向非绑定账户转出资金 3. 非绑定账户资金转入（现场面对面确认身份后才可）
		限额：日累计限额1万元；年累计限额20万元 发放贷款和银行资金归还不受限额规定	任一时点账户余额不得超过2 000元

（二）开户程序

表3-4　各类账户的开户程序

方式		可开立账户
柜面开户		Ⅰ、Ⅱ、Ⅲ
自助机具开户	工作人员现场核验	Ⅰ、Ⅱ、Ⅲ
	工作人员未现场核验	Ⅱ、Ⅲ
电子渠道开户		Ⅱ、Ⅲ

（三）代理开户

1. 由他人代理开户。

（1）开户申请人开立个人银行账户或者办理其他个人银行账户业务，原则上应当由开户申请人本人亲自办理；符合条件的，可以由他人代理办理。

（2）他人代理开立个人银行账户的，银行应要求代理人出具代理人、被代理人的有效身份证件以及合法的委托书等。银行认为有必要的，应要求代理人出具证明代理关系的公证书。

2. 所在单位代理开户。

（1）存款人开立代发工资、教育、社会保障（如社保、医保、军保）、公共管理（如公共事业、拆迁、捐助、助农扶农）等特殊用途个人银行账户时，可由所在单位代理办理。

（2）单位代理个人开立银行账户的，应提供单位证明材料、被代理人有效身份证件的复印件或影印件。

（3）单位代理开立的个人银行账户，在被代理人持本人有效身份证件到开户银行办理身份确认、密码设（重）置等激活手续前，该银行账户只收不付。

3. 无民事行为能力或限制民事行为能力的开户申请人，由法定代理人或者人民法院、有关部门依法指定的人员代理办理。

4. 因身患重病、行动不便、无自理能力等无法自行前往银行的存款人办理挂失、密码重置、销户等业务时，银行可采取上门服务方式办理，

也可由配偶、父母或成年子女凭合法的委托书、代理人与被代理人的关系证明文件、被代理人所在社区居委会（村民委员会）及以上组织或县级以上医院出具的特殊情况证明代理办理。

（四）开户证明文件

根据个人银行账户实名制的要求，存款人申请开立个人银行结算账户时，应向银行出具本人有效身份证件，银行通过有效身份证件仍无法准确判断开户申请人身份的，应要求其出具辅助身份证明材料。

（五）个人银行结算账户的使用

1. 下列款项（个人的合法收入）可以转入个人银行结算账户：

（1）工资、奖金收入；

（2）稿费、演出费等劳务收入；

（3）债券、期货、信托等投资的本金和收益；

（4）个人债权或产权转让收益；

（5）个人贷款转存；

（6）证券交易结算资金和期货交易保证金；

（7）继承、赠与款项；

（8）保险理赔、保费退还等款项；

（9）纳税退还；

（10）农、副、矿产品销售收入。

2. 单位向个人银行结算账户付款的特殊要求：

（1）从单位银行结算账户支付给个人银行结算账户的款项应纳税的，税收代扣单位付款时应

向其开户银行提供完税证明。

（2）单位从其银行结算账户支付给个人银行结算账户的款项，每笔超过5万元（不包含5万元）的，应向其开户银行提供相应的付款依据。但付款单位若在付款用途栏或备注栏注明事由，可不再另行出具付款依据，但付款单位应对支付款项事由的真实性、合法性负责。

（3）个人持出票人为单位的支票向开户银行委托收款，将款项转入其个人银行结算账户的，或者个人持申请人为单位的银行汇票和银行本票向开户银行提示付款，将款项转入其个人银行结算账户的，个人应当出具有关收款依据。存款人应对其提供的收款依据或付款依据的真实性、合法性负责。

（4）具有可疑交易的，银行应关闭单位银行结算账户的网上银行转账功能，要求存款人到银行网点柜台办理转账业务，并出具书面付款依据或相关证明文件。如存款人未提供相关依据或相关依据不合规的，银行应拒绝办理转账业务。（2022新增）

【例题·多选题】根据支付结算法律制度的规定，下列款项中，可以转入个人银行结算账户的有（　　）。

A.工资、奖金收入

B.继承、赠与款项

C.农、副、矿产品销售收入

D.个人贷款转存

【答案】ABCD

七、异地银行结算账户

存款人应在注册地或者住所地开立银行结算账户，符合异地开户条件的，也可以在异地开立银行结算账户。

适用范围：

1. 营业执照注册地与经营地不在同一行政区域（跨省、市、县）需要开立基本存款账户的；

2. 办理异地借款和其他结算需要开立一般存款账户的；

3. 存款人因附属的非独立核算单位或派出机构发生的收入汇缴或业务支出需要开立专用存款账户的；

4. 异地临时经营活动需要开立临时存款账户的；

5. 自然人根据需要在异地开立个人银行结算账户的。

【总结】各类账户的现金收付规定如下表所示。

表3-5　各类账户的现金收付规定

账户名称		存现	取现
基本存款账户		√	√
一般存款账户		√	×
专用存款账户	证券交易结算资金	√	×
	期货交易保证金	√	×
	信托基金	√	×
	收入汇缴	√	×
	业务支出	×	√
临时存款账户	验资	√	×
	其他	√	√

（续上表）

账户名称		存现	取现
预算单位零余额账户		×	√
个人银行结算账户	I	√	√
	II（现场面对面确认身份后）	√	√
	III	×	×

【小结】

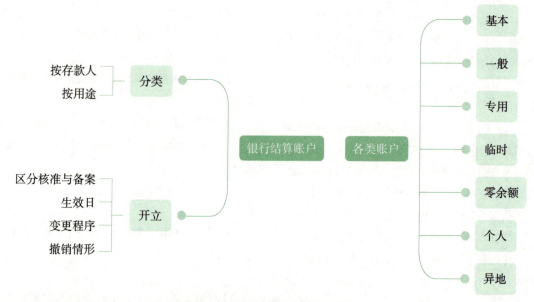

图3-5　银行结算账户相关内容汇总

考点四　银行结算账户的管理（★）

表3-6　银行结算账户的管理

项目	内容
实名制管理	1. 开立：存款人应以实名开立银行结算账户，并对其出具的开户（变更、撤销）申请资料实质内容的真实性负责 2. 使用：存款人应按规定使用银行结算账户办理结算业务，不得出租、出借银行结算账户，不得利用银行结算账户套取银行信用或进行洗钱活动
资金管理	1. 单位、个人和银行按照规定开立、使用账户，账户内须有足额的资金保证支付 2. 银行依法为存款保密，维护存款人账户内资金的自主支配权 3. 除国家法律、行政法规另有规定外，银行不得为任何单位或者个人查询账户情况，不得为任何单位或者个人冻结、划扣款项，不得停止单位、个人存款的正常支付

（续上表）

项目	内容	
变更事项管理	申请临时存款账户展期，变更、撤销单位银行结算账户及补（换）发开户许可证时，可由法定代表人或单位负责人直接办理，也可授权他人办理	
	法定代表人或单位负责人直接办理	1. 出具相应的证明文件 2. 出具法定代表人或单位负责人的身份证件
	授权他人办理	1. 出具相应的证明文件 2. 出具法定代表人或单位负责人的身份证件及其授权书，以及被授权人的身份证件
预留签章管理	单位遗失预留公章或财务专用章	出具书面申请、开户许可证、营业执照等证明文件
	单位更换预留公章或财务专用章	出具书面申请、原预留公章或财务专用章等相关证明文件
	个人遗失或更换预留个人印章或更换签字人	出具经签名确认的书面申请，以及原预留印章或签字人的个人身份证件
对账管理	存款人收到对账单或对账信息后，应及时核对账务并在规定期限内向银行发出对账回单或确认信息	

 扫一扫"码"上练题

　　打开微信扫一扫，关注公众号，点击"会计考试GO"小程序，即可线上练题。下载安装"会计学堂"APP，体验更多课程，参与万人模考，助您顺利通关。

　　基础阶段，建议考生结合视频课程进行学习，消化重难点。后续可配套《习题精编》进行练习。

扫码听课

第三节 银行非现金支付业务

考点一 票据（★★★）

一、票据的概念和种类

1. 广义上的票据：泛指各种有价证券和凭证，如股票、企业债券、发票、提单等。

2. 狭义上的票据：指由出票人签发、约定自己或委托付款人在见票时或指定的日期向收款人或持票人无条件支付一定金额的有价证券，包括汇票、银行本票和支票。

3. 《中华人民共和国票据法》（以下简称《票据法》）中规定的"票据"特指狭义上的票据。

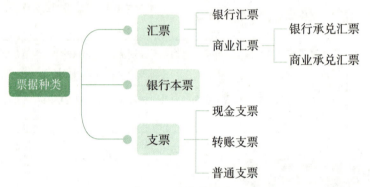

图3-6 票据的种类

二、票据的当事人

票据当事人是指在票据法律关系中，享有票据权利、承担票据义务的主体。票据当事人分为基本当事人和非基本当事人。

（一）基本当事人

在票据作成和交付时就已经存在的当事人，包括出票人、收款人和付款人。

1. 出票人，是指依法定方式签发票据并将票据交付给收款人的人。银行汇票的出票人为银行；商业汇票的出票人为银行以外的企业和其他组织；银行本票的出票人为出票银行；支票的出票人，为在银行开立支票存款账户的企业、其他组织和个人。

2. 收款人，是指票据正面记载的到期后有权收取票据所载金额的人。

3. 付款人，是指由出票人委托付款或自行承担付款责任的人。商业承兑汇票的付款人是合同中应给付款项的一方当事人，也是该汇票的承兑人；银行承兑汇票的付款人是承兑银行；支票的付款人是出票人的开户银行；本票的付款人是出票人。

躲坑要点

1. 基本当事人是构成票据法律关系的必要主体。

2. 因为本票的基本当事人"付款人"与"出票人"是"同一个人"，即都是出票银行，所以本票的基本当事人只有出票人与收款人。

（二）非基本当事人

在票据作成并交付后，通过一定的票据行

为加入票据关系而享有一定权利、承担一定义务的当事人，包括承兑人、背书人、被背书人、保证人。

1. 承兑人，是指接受汇票出票人的付款委托，同意承担支付票款义务的人，是汇票主债务人。

2. 背书人与被背书人。背书人是指在转让票据时，在票据背面或粘单上签字或盖章，并将该票据交付给受让人的票据收款人或持有人。被背书人是指被记名受让票据或接受票据转让的人。背书后，被背书人成为票据新的持有人，享有票据的所有权利。

3. 保证人，是指为票据债务提供担保的人，

由票据债务人以外的第三人担当。保证人在被保证人不能履行票据付款责任时，以自己的金钱履行票据付款义务，然后取得持票人的权利，向票据债务人追索。

【例题·多选题】根据支付结算法律制度的规定，下列各项中，属于票据基本当事人的有（　　）。（2019年）

A. 出票人　　　　B. 背书人

C. 付款人　　　　D. 保证人

【答案】AC

【解析】根据票据法的规定，出票人、付款人和收款人是票据基本当事人。背书人和保证人都属于非基本当事人。

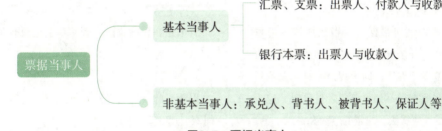

图3-7　票据当事人

三、票据行为

票据行为是指票据当事人以发生票据债务为目的的、以在票据上签名或盖章为权利义务成立要件的法律行为。票据行为包括出票、背书、承兑、保证。

躲坑要点

不包括提示付款和付款，且请与失票救济措施进行区分。

（一）出票

出票是指出票人签发票据并将其交付给收款人的票据行为。

1. 票据的记载事项

表3-7　票据记载事项的类型和特点

类型	特点
必须记载事项	不记载票据无效
相对记载事项	不记载按法律规定执行
任意记载事项	不记载不产生法律效力，记载则产生法律效力
记载不产生票据法上的效力的事项	该记载事项不具有票据上的效力，银行不负审查责任

2. 必须记载事项

表3-8 票据必须记载事项

票据类型 记载事项	银行汇票	商业汇票	本票	支票
表明"××票"字样	√	√	√	√
无条件支付的委托	承诺	√	承诺	√
出票金额	√	√	√	√（可补记）
付款人名称	√	√	×	√
收款人名称	√	√	√	×（可补记）
出票人签章	√	√	√	√
出票日期	√	√	√	√

3. 出票的效力

票据出票人制作票据，应当按照法定条件在票据上签章，并按照所记载的事项承担票据责任。出票人签发票据后，即承担该票据承兑或付款的责任。在票据得不到承兑或者付款时，应当向持票人清偿《票据法》规定的金额和费用。

（二）背书

背书是在票据背面或者粘单上记载有关事项并签章的行为。

1. 背书的种类

以背书的目的为标准，将背书分为转让背书和非转让背书。

表3-9 背书的种类

种类		目的
转让背书		转让票据权利
非转让背书	委托收款背书	被背书人有权代背书人行使被委托的票据权利，但被背书人不得再背书转让票据权利
	质押背书	为担保债务而在票据上设定质权，被背书人依法实现其质权时，可以行使票据权利

躲坑要点

债务人履行债务，质权人只需返还票据，无须再次作成背书。

2. 背书记载事项

（1）必须记载事项（未记载背书行为无效）：背书人签章，委托收款背书和质押背书还应当记载"委托收款""质押"字样。

（2）相对记载事项（未记载适用法律推定）：背书日期；背书未记载日期的，视为在票据到期日前背书。

（3）可以补记事项：被背书人名称。背书人未记载被背书人名称即将票据交付他人的，持票人在票据被背书人栏内记载自己的名称与背书人记载具有同等法律效力。

3. 粘单的使用

粘单上的第一记载人，应当在票据和粘单的粘接处签章。

4.背书连续

（1）以背书转让的票据，背书应当连续。持票人以背书的连续，证明其票据权利。

（2）非经背书转让，而以其他合法方式取得票据的，依法举证，证明其票据权利。

躲坑要点

非转让背书，不影响背书的连续性。

5.不得进行的背书

（1）附条件背书——条件无效。

背书不得附有条件，背书附有条件的，所附条件不具票据上的效力。

（2）部分背书——背书无效。

部分背书是指将票据金额的一部分转让或者将票据金额分别转让给两人以上的背书。

（3）不得转让——禁转背书。（2022变化）

出票人记载"不得转让"字样，票据不得背书转让。（丧失流通性）

背书人在汇票上记载"不得转让"字样，其后手再背书转让的，原背书人对后手的被背书人不承担保证责任，其只对直接的被背书人承担责任。

（4）期后背书。

被拒绝承兑、被拒绝付款或者超过付款提示期限，不得背书转让；背书转让的，背书人应当承担票据责任。

6.背书效力

背书人以背书转让票据后，即承担保证其后手所持票据承兑和付款的责任。

（三）承兑

承兑是指汇票付款人承诺在汇票到期日支付汇票金额并签章的行为。

1.承兑仅适用于商业汇票。

2.承兑程序：见表3-10。

表3-10　承兑程序

程序	内容
提示承兑	是指持票人向付款人出示汇票，并要求付款人承诺付款的行为
	1.定日付款或者出票后定期付款的汇票，持票人应当在汇票到期日前向付款人提示承兑 2.见票定期付款的汇票，持票人应当自出票日起1个月内向付款人提示承兑
受理承兑	1.付款人收到持票人提示承兑的汇票时，应当向持票人签发收到汇票的回单。回单上应当记明汇票提示承兑日期并签章 2.付款人对向其提示承兑的汇票，应当自收到提示承兑的汇票之日起3日内承兑或者拒绝承兑
记载承兑事项	1.付款人承兑汇票的，应当在汇票正面记载"承兑"字样和承兑日期并签章 2.见票后定期付款的汇票，应当在承兑时记载付款日期 3.汇票上未记载承兑日期的，应当以收到提示承兑的汇票之日起3日内的最后一日为承兑日期
承兑效力	1.付款人承兑汇票，不得附有条件；承兑附有条件的，视为拒绝承兑 2.付款人承兑汇票后，应当承担到期付款的责任

躲坑要点

汇票未按照规定期限提示承兑的，丧失对其前手的追索权，但不丧失对出票人的权利。

```
                          ┌── 定日付款的汇票
提示承兑的  ──────  远期商业汇票 ──┼── 出票后定期付款的汇票
票据类型                  └── 见票后定期付款的汇票
```

图3-8　提示承兑的票据类型

躲坑要点

与背书附有条件进行区分，背书附有条件的，所附条件不具票据上的效力。

（四）保证

1. 保证的概念

（1）保证是指票据债务人以外的人，为担保特定债务人履行票据债务而在票据上记载有关事项并签章的行为。

（2）国家机关、以公益为目的的事业单位、社会团体作为票据保证人的，票据保证无效。

躲坑要点

经国务院批准，为使用外国政府或者国际经济组织贷款进行转贷，国家机关提供票据保证的除外。

2. 记载事项

表3-11　保证的记载事项

必须记载事项	表明"保证"的字样；保证人签章
相对记载事项	1. 保证人名称和住所：未记载的，以保证人的营业场所、住所或者经常居住地为保证人住所 2. 被保证人的名称：未记载的，已承兑的汇票，承兑人为被保证人。未承兑的汇票，出票人为被保证人 3. 保证日期：未记载的，出票日期为保证日期

躲坑要点

1. 保证人必须在票据或粘单上记载上表所列事项。

2. 保证人未在票据或者粘单上记载"保证"字样而另行签订保证合同或者保证条款的，不属于票据保证。

3. 保证责任

（1）保证人的责任

保证人对合法取得汇票的持票人所享有的汇票权利，承担保证责任。但是，被保证人的债务因汇票记载事项欠缺而无效的除外。被保证的汇票，保证人应当与被保证人对持票人承担连带责任。

（2）共同保证人的责任

保证人为两人以上的，保证人之间承担连带责任。

4. 附条件的保证

保证不得附有条件，附有条件的，不影响对汇票的保证责任。

躲坑要点

背书附有条件的，背书有效，条件无效；承兑附有条件的，视为拒绝承兑。

5. 保证效力

保证人清偿汇票债务后，可以行使持票人对被保证人及其前手的追索权。

【例题·多选题】根据票据法律制度的规定，下列各项中，属于票据行为的有（　　）。（2020年）

A. 背书　B. 付款　C. 承兑　D. 保证

【答案】ACD

【解析】选项B：付款请求权、追索权属于票据权利。

四、票据权利与责任

（一）票据权利的概念

持票人向票据债务人请求支付票据金额的权利，包括付款请求权和票据追索权。

表3-12 票据权利的概念

票据权利	内容
付款请求权（第一顺序权利）	1. 是指持票人向汇票的承兑人、本票的出票人、支票的付款人出示票据要求付款的权利 2. 行使付款请求权的持票人可以是票据记载的收款人或最后的被背书人 3. 担负付款义务的主要是主债务人
票据追索权（第二顺序权利）	1. 指票据当事人行使付款请求权遭到拒绝或有其他法定原因存在时，向其前手请求偿还票据金额及其他法定费用的权利 2. 行使追索权的当事人除票据记载的收款人和最后被背书人外，还可能是代为清偿票据债务的保证人、背书人

【躲坑要点】
1. 持票人应先向付款人或承兑人行使付款请求权，不能越过付款请求权直接行使追索权
2. 持票人可以不按照票据债务人的先后顺序，对其中任何一人、数人或者全体行使追索权。持票人对票据债务人中的一人或者数人已经进行追索的，对其他票据债务人仍可以行使追索权。被追索人清偿债务后，与持票人享有同一权利

（二）票据权利的取得

1. 取得票据权利的基本要求

（1）应当遵守诚实信用的原则，具有真实的交易关系和债权债务关系。

（2）票据的取得，应当给付票据双方当事人认可的相对应的代价；但如果是因税收、继承、赠与可以依法无偿取得票据的，则不受给付对价的限制，但是所享有的票据权利不得优于其前手的权利。

2. 取得票据但不享有票据权利的情形

（1）以欺诈、偷盗或者胁迫等手段取得票据的，或者明知有上列情形，出于恶意取得票据的。

（2）持票人因重大过失取得不符合《票据法》规定的票据的。

【例题·单选题】赵某因采购货物签发一张票据给钱某，孙某从钱某处窃取该票据，李某明知孙某系窃取所得但仍受让该票据，并将其赠与不知情的周某，下列取得票据的当事人中，享有票据权利的是（ ）。（2020年）

A. 钱某　B. 孙某　C. 李某　D. 周某

【答案】A

【解析】持票人以欺诈、偷盗或者胁迫等手段取得票据的（孙某），或者明知有上述情形，出于恶意取得票据的（李某），不享有票据权利。因税收、继承、赠与可以依法无偿取得票据的，所享有的票据权利不得优于其前手；在本题中，周某依法无对价取得票据，其是否享有票据权利取决于其前手李某；如前所述，李某系恶意持票人，不享有票据权利，周某相应不享有票据权利。

（三）票据权利的行使与保全

1. 票据权利的行使

票据权利的行使是指持票人请求票据的付款人支付票据金额的行为。例如，行使付款请求权和追索权。

2. 票据权利的保全

票据权利的保全是指持票人为了防止票据权利的丧失而采取的措施。例如，依据《票据法》的规定，按照规定期限提示承兑，要求承兑人或付款人提供拒绝承兑或拒绝付款的证明以保全追索权等。

表3-13 票据权利的保全

方法	内容
按期提示	1. 指按规定期限向票据债务人提示票据，包括提示承兑或提示付款 2. 未按规定期限提示承兑：汇票持票人丧失对其前手的追索权 3. 未按规定期限提示见票：本票持票人丧失对出票人以外的前手的追索权
依法证明	1. 指持票人为了证明自己曾经依法行使票据权利而遭拒绝或根本无法行使票据权利而以法律规定的时间和方式取得相关的证据 2. 持票人不能出示拒绝证明、退票理由书或未按规定期限提供其他合法证明的，丧失对其前手的追索权

（四）票据权利丧失补救

票据丧失是指票据因灭失（如不慎被烧毁）、遗失（如不慎丢失）、被盗等原因而使票据权利人脱离其对票据的占有。票据一旦丧失，票据的债权人不采取措施补救就不能阻止债务人向拾获者履行义务，从而造成正当票据权利人经济上的损失。因此，需要进行票据丧失的补救。票据丧失后可以采取挂失止付、公示催告、普通诉讼三种形式进行补救。

1. 挂失止付

挂失止付是指失票人将丧失票据的情况通知付款人或代理付款人，由接受通知的付款人或代理付款人审查后暂停支付的一种方式。

（1）可以挂失止付的票据种类

只有确定付款人或代理付款人的票据丧失时才可进行挂失止付，包括：

① 已承兑的商业汇票；

② 支票；

③ 填明"现金"字样和代理付款人的银行汇票；

④ 填明"现金"字样的银行本票。

（2）申请：挂失止付通知书

失票人需要挂失止付的，应填写挂失止付通知书并签章。挂失止付通知书应当记载下列事项：

① 票据丧失的时间、地点、原因；

② 票据的种类、号码、金额、出票日期、付款日期、收款人名称、付款人名称；

③ 挂失止付人的姓名、营业场所或者住所以及联系方法。

（3）受理：止付期

付款人或者代理付款人自收到挂失止付通知书之日起12日内没有收到人民法院的止付通知书的，自第13日起，不再承担止付责任，持票人提示付款即依法向持票人付款。

承兑人或者承兑人开户行收到挂失止付通知或者公示催告等司法文书并确认相关票据未付款的，应当于当日依法暂停支付并在中国人民银行指定的票据市场基础设施（上海票据交换所）登记或者委托开户行在票据市场基础设施登记相关信息。

 躲坑要点

挂失止付不是丧失票据后采取的必经措施，而是一种暂时的预防措施。

2. 公示催告

公示催告是指在票据丧失后由失票人向人民法院提出申请，请求人民法院以公告方式通知不确定的利害关系人限期申报权利，逾期未申报者，则权利失效，而由法院通过除权判决宣告所丧失的票据无效的制度或程序。

失票人应当在通知挂失止付后的3日内，也可以在票据丧失后，依法向票据支付地人民法院申请公示催告。申请公示催告的主体必须是可以背书转让的票据的最后持票人。

具体程序为：

（1）申请

失票人申请公示催告的，应填写公示催告申请书。

（2）受理

人民法院决定受理公示催告申请，应当同时通知付款人及代理付款人停止支付，并自立案之日起3日内发出公告，催促利害关系人申报权利。

付款人或者代理付款人收到人民法院发出的止付通知，应当立即停止支付，直至公示催告程序终结。非经发出止付通知的人民法院许可，擅自解付的，不得免除票据责任。

（3）公告

人民法院决定受理公示催告申请后发布的公告应当在全国性的报纸或者其他媒体上登载，并于同日公布于人民法院公告栏内。人民法院所在地有证券交易所的，还应当同日在该交易所公布。（2022新增）

公示期间不得少于60日，且公示催告期届满日不得早于票据付款日后15日。（2022变化）

在公示催告期间，转让票据权利的行为无效，以公示催告的票据质押、贴现，因质押、贴现而接受该票据的持票人主张票据权利的，人民法院不予支持，但公示催告期间届满以后人民法院作出除权判决以前取得该票据的除外。

（4）判决

利害关系人应当在公示催告期间向人民法院申报。人民法院收到利害关系人的申报后，应当裁定终结公示催告程序，并通知申请人和支付人。申请人或者申报人可以向人民法院起诉，以主张自己的权利。

没有人申报的，人民法院应当根据申请人的申请，作出除权判决，宣告票据无效。判决应当公告，并通知支付人。自判决公告之日起，申请人有权向支付人请求支付。利害关系人因正当理由不能在判决前向人民法院申报的，自知道或者应当知道判决公告之日起1年内，可以向作出判决的人民法院起诉。

3. 普通诉讼

普通诉讼，是指丧失票据的人为原告，以承兑人或出票人为被告，请求法院判决其向失票人付款的诉讼活动。如果与票据上的权利有利害关系的人是明确的，无须公示催告，可按一般的票据纠纷向人民法院提起诉讼。

【例题·多选题】下列各项中，属于票据丧失后，可以采取的补救方式的有（　　　）。（2019年）

A. 公示催告　　　　　B. 挂失止付

C. 民事仲裁　　　　　D. 普通诉讼

【答案】ABD

【解析】票据丧失后，可以采取挂失止付、公示催告和普通诉讼三种形式进行补救。

（五）票据权利时效

票据权利在下列期限内不行使而消灭：

1. 持票人对票据的出票人和承兑人的权利，自票据到期日起2年；

2. 见票即付的汇票、本票，自出票日起2年；

3. 持票人对支票出票人的权利，自出票日起6个月；

4. 持票人对前手的追索权，自被拒绝承兑或者被拒绝付款之日起6个月；

5. 持票人对前手的再追索权，自清偿或者被提起诉讼之日起3个月。

躲坑要点

1. 票据权利丧失但仍然享有民事权利。

2. 第4、5种情况所指的追索权，不包括对出票人、承兑人的追索权。

（六）票据责任

票据责任是指票据债务人向持票人支付票据金额的义务。

1. 票据债务人承担票据义务的四种情况

（1）汇票承兑人因承兑而承担付款义务。

（2）本票的出票人因出票而承担自己付款的义务。

（3）支票的付款人在与出票人有资金关系时承担付款义务。

（4）汇票、本票、支票的背书人，汇票、支票的出票人、保证人，在票据不获承兑或不获付款时承担清偿义务。

2. 票据的提示付款期限

表3-14　票据的提示付款期限

票据类型			起算点	期限
商业汇票	见票即付		出票日起	1个月
	非见票即付	定日付款	到期日起	10日
		出票后定期付款		
		见票后定期付款		
银行汇票			出票日起	1个月
银行本票			出票日起	2个月
支票			出票日起	10日

逾期提示付款的，将丧失对前手的追索权，但不丧失对出票人、承兑人（如果有）的追索权。

【例题·单选题】A企业向B企业签发一张出票日期为2020年6月1日的银行本票，则该银行本票的提示付款期限的最后日期为（　　）。（2020年）

A. 2020年8月1日

B. 2020年7月1日

C. 2020年10月1日

D. 2020年8月10日

【答案】A

【解析】根据《票据法》的规定，银行本票的提示付款期限自出票日期最长不得超过2个月。

3. 票据责任的内容

表3-15　票据责任的内容

项目	责任内容
提示付款	持票人应当按照上述期限提示付款
付款人付款	1. 持票人依照规定提示付款的，付款人必须在当日足额付款 2. 付款人及其代理付款人付款时，应当审查票据背书的连续，并审查提示付款人合法身份证明或者有效证件 3. 票据金额为外币的，按照付款日的市场汇价，以人民币支付。票据当事人对票据支付的货币种类另有约定的，从其约定
拒绝付款	1. 对物的抗辩：如果存在背书不连续等合理事由，票据债务人可以对票据债权人拒绝履行义务，这就是所谓的票据"抗辩" 2. 对人的抗辩：票据债务人可以对不履行约定义务的与自己有直接债权债务关系的持票人进行抗辩 3. 票据抗辩的限制：票据债务人不得以自己与出票人或者与持票人的前手之间的抗辩事由，对抗持票人。当然，若持票人明知存在抗辩事由而取得票据的除外
获得付款	1. 持票人获得付款的，应当在票据上签收，并将票据交给付款人 2. 持票人委托银行收款的，受委托的银行将代收的票据金额转账收入持票人账户，视同签收 3. 电子商业汇票的持票人可委托接入机构即银行代为发出提示付款、逾期提示付款行为申请
相关银行的责任	1. 持票人委托的收款银行的责任，限于按照票据上记载事项将票据金额转入持票人账户 2. 付款人委托的付款银行的责任，限于按照票据上记载事项从付款人账户支付票据金额 3. 付款人及其代理付款人以恶意或者有重大过失付款的，应当自行承担责任 4. 对定日付款、出票后定期付款或者见票后定期付款的票据，付款人在到期日前付款的，由付款人自行承担所产生的责任
票据责任解除	付款人依法足额付款后，全体票据债务人的责任解除

【例题·多选题】下列主体中，属于应当向持票人承担票据责任的有（　　）。（2019年）

A. 空头支票出票人的开户行甲银行

B. 不获承兑的汇票出票人A公司

C. 签发银行本票的乙银行

D. 对汇票予以承兑的B公司

【答案】BCD

【解析】选项A：出票人签发空头支票的，出票人的开户行（该支票的付款行），不承担票据责任。

五、票据追索

（一）适用情形

1. 到期后追索——到期后被拒绝付款。

2. 到期前追索——被拒绝承兑；承兑人或付款人死亡、逃匿；承兑人或付款人被依法宣告破产或者因违法被责令终止业务活动等。

（二）被追索人的确定

1. 票据的出票人、背书人、承兑人和保证人对持票人承担连带责任。

2. 持票人行使追索权，可以不按照票据债务人的先后顺序，对其中任何一人、数人或者全体行使追索权。

3. 持票人对票据债务人中的一人或者数人已经进行追索的，对其他票据债务人仍可以行使追索权。

（三）追索内容

1. 追索人的追索内容

（1）被拒绝付款的汇票金额。（本金）

（2）汇票金额从到期日或者提示付款日起至清偿日止，按照中国人民银行规定的利率计算的利息。（利息）

（3）取得有关拒绝证明和发出通知书的费用。（费用）

【例题·多选题】持票人行使追索权，可以请求被追索人支付的金额和费用的有（　　）。（2020年）

A. 被拒绝付款的票据金额

B. 票据金额自到期日或者提示付款日起至清偿日止，按照中国人民银行规定的利率计算的利息

C. 取得有关拒绝证明和发出通知书的费用

D. 因被拒绝付款造成的损失

【答案】ABC

【解析】持票人行使追索权，可以请求被追索人支付下列金额和费用：（1）被拒绝付款的票据金额；（2）票据金额自到期日或者提示付款日起至清偿日止，按照中国人民银行规定的利率计算的利息；（3）取得有关拒绝证明和发出通知书的费用。

(??) 躲坑要点

> 追索金额不包括持票人的间接损失。

2. 被追索人的再追索权

被追索人依照前述规定清偿后，可以向其他票据债务人行使再追索权，请求其他票据债务人支付下列金额和费用：

（1）已经清偿的全部金额。（新本金）

（2）再发生的利息。（新利息）

（3）发出通知书的费用。（新费用）

（四）行使追索权

1. 获得有关证明

（1）持票人提示承兑或提示付款被拒绝的，承兑人或付款人必须出具拒绝证明，或出具退票理由书，未出具拒绝证明或退票理由书的，应承担由此产生的民事责任。

（2）持票人不能出示拒绝证明、退票理由书或未按规定期限提供其他合法证明的，丧失对其前手的追索权。但是，承兑人或付款人仍应对持票人承担责任。

（3）持票人若取得法律规定的其他合法证明的，也可以行使追索权。

2. 行使追索权

（1）持票人应自收到被拒绝承兑或被拒绝付款的有关证明之日起3日内，将被拒绝事由书面通知其前手；其前手应当自收到通知之日起3日内书面通知其再前手。持票人也可以同时向各票据债务人发出书面通知，该书面通知应记明汇票的主要记载事项，并说明该汇票已被退票。

（2）未按规定期限通知的，持票人仍可以行使追索权。因延期通知给其前手或出票人造成损失的，由没有按规定期限通知的票据当事人承担对该损失的赔偿责任，但是所赔偿的金额以汇票金额为限。在规定期限内将通知按法定地址或约定的地址邮寄的，视为已经发出通知。

（五）追索的效力

被追索人依照规定清偿债务后，其责任解除，与持票人享有同一权利。

【小结】

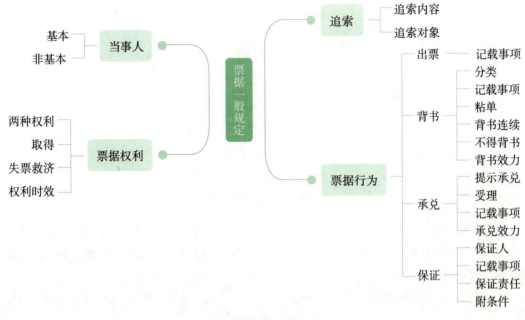

图3-9 票据一般规定

六、银行汇票

（一）概念

银行汇票是出票银行签发的，由其在见票时按照实际结算金额无条件支付给收款人或者持票人的票据。如图3-10所示。

图3-10 银行汇票（1）

图3-10 银行汇票（2）

（二）适用范围

1. 银行汇票可用于转账，填明"现金"字样的银行汇票也可以支取现金。

2. 单位和个人各种款项结算，均可使用银行汇票。

（三）出票

1. 申请人或者收款人有一方为单位的，不得申请现金银行汇票。

2. 必须记载事项：表明"银行汇票"的字样；无条件支付的承诺；出票金额；付款人名称；收款人名称；出票日期；出票人签章。欠缺上述记载事项之一的，银行汇票无效。

躲坑要点

共计7项内容，与本票和支票进行区分，本票的必须记载事项无"付款人名称"，支票的必须记载事项无"收款人名称"。

3. 申请人应将银行汇票和解讫通知一并交付给汇票上记明的收款人。

（四）实际结算金额

1. 未填明实际结算金额和多余金额或者实际结算金额超过出票金额的，银行不予受理。

2. 实际结算金额一经填写不得更改，更改实际结算金额的银行汇票无效。

（五）背书

银行汇票（限于转账银行汇票）的背书转让

以不超过出票金额的实际结算金额为准，未填写实际结算金额或实际结算金额超过出票金额的银行汇票不得背书转让。

（六）提示付款——提交银行汇票和解讫通知

1. 提示付款期限：自出票之日起1个月。

2. 持票人超过付款期限提示付款的，代理付款银行不予受理。

拿分要点

持票人超过期限向代理付款银行提示付款不获付款的，可在票据权利期内，向出票银行作出说明并提供证件，持汇票联和解讫通知联向出票行请求付款。

（七）退款或丧失

1. 申请人因银行汇票超过付款提示期限或其他原因要求退款时，应将银行汇票和解讫通知同时提交到出票银行。

2. 出票银行对于转账银行汇票的退款，只能转入原申请人账户。对于符合规定填明"现金"字样银行汇票的退款，才能退付现金。

3. 申请人缺少解讫通知要求退款的，出票银行应于银行汇票提示付款期满1个月后办理。

4. 银行汇票丧失，失票人可以凭人民法院出具的其享有票据权利的证明，向出票银行请求付款或退款。

【例题·单选题】下列各项中，可以使用现金银行汇票进行结算的是（　　）。（2019年）

A. 甲公司支付给乙公司的货款30万

B. 孙某向丙公司支付货款25万

C. 丁公司向刘某支付劳务费8万

D. 赵某向张某支付购房款35万

【答案】D

【解析】现金银行汇票的"申请人和收款人"应当均为个人。

七、商业汇票

（一）概念、种类和适用范围

1. 概念

商业汇票：出票人签发的，委托付款人在指定日期无条件支付确定的金额给收款人或者持票人的票据。

电子商业汇票：出票人依托上海票据交易所电子商业汇票系统，以数据电文形式制作的，委托付款人在指定日期无条件支付确定的金额给收款人或者持票人的票据。

2. 种类

商业汇票按承兑人的不同，可以分为商业承兑汇票和银行承兑汇票两种。

（1）商业承兑汇票，由银行以外的付款人承兑。

（2）银行承兑汇票，由银行承兑。

电子商业汇票分为电子商业承兑汇票、电子银行承兑汇票。

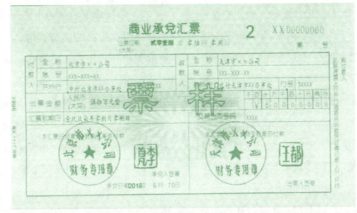

图3-11　商业汇票

躲坑要点

商业汇票的付款人为承兑人。

3. 适用范围

在银行开立存款账户的法人以及其他组织之间，必须具有真实的交易关系或债权债务关系，才能使用商业汇票。

（二）出票

1. 出票人的资格

（1）在（承兑）银行开立存款账户。

（2）与付款人（承兑银行）具有真实的委托付款关系。

（3）有支付汇票金额的可靠资金来源。

签发电子商业汇票还应具备的条件：

具备签约开办对公业务的企业网银等电子服务渠道、与银行签订《电子商业汇票业务服务协议》。

（4）单张出票金额在100万元以上的商业汇票原则上应全部通过电子商业汇票办理；单张出票金额在300万元以上的商业汇票应全部通过电子商业汇票办理。

2. 出票人的确定

（1）商业承兑汇票可以由付款人签发并承兑，也可以由收款人签发交付款人承兑。

（2）银行承兑汇票应由在承兑银行开立存款账户的存款人签发。

3. 必须记载事项

（1）签发商业汇票必须记载的事项：

表明"商业承兑汇票"或"银行承兑汇票"的字样；无条件支付的委托；确定的金额；付款人名称；收款人名称；出票日期；出票人签章。

（2）电子商业汇票必须记载的事项：

表明"电子商业承兑汇票"或"电子银行承兑汇票"的字样；无条件支付的委托；确定的金额；出票人名称；付款人名称；收款人名称；出票日期；票据到期日；出票人签章。

躲坑要点

1. 出票人签章：指单位的财务专用章或者公章加其法定代表人或其授权的代理人的签名或者盖章。

2. 电子汇票比纸质汇票多了"票据到期日""出票人名称"。

3. 电子商业汇票信息以电子商业汇票系统的记录为准。

（三）承兑

1. 商业汇票可以在出票时向付款人提示承兑后使用，也可以在出票后先使用再向付款人提示承兑。付款人拒绝承兑的，必须出具拒绝承兑的证明。付款人承兑汇票后，应承担到期付款的责任。

2. 银行承兑汇票的出票人或持票人向银行提示承兑时，银行的信贷部门负责按有关规定和审批程序，对出票人的资格、资信、购销合同和汇票记载的内容进行认真审查，必要时可由出票人提供担保。符合规定和承兑条件的，与出票人签订承兑协议。银行承兑汇票的承兑银行，应按票面金额的一定比例向出票人收取手续费，银行承兑汇票手续费为市场调节价。

3. 电子商业承兑汇票由金融机构以外的法人或其他组织承兑。电子银行承兑汇票由银行业金融机构、财务公司承兑。

（四）票据信息登记与电子化

1. 纸质票据贴现前，金融机构办理承兑、质押、保证等业务，应当不晚于业务办理的次一工作日在票据市场基础设施完成相关信息登记工作。

2. 纸质商业承兑汇票完成承兑后，承兑人开户行应当根据承兑人委托代其进行承兑信息登记。承兑信息未能及时登记的，持票人有权要求承兑人补充登记承兑信息。纸质票据票面信息与登记信息不一致的，以纸质票据票面信息为准。

3. 电子商业汇票签发、承兑、质押、保证、贴现等信息应当通过电子商业汇票系统同步传送至票据市场基础设施。

> **躲坑要点**
>
> 票据市场基础设施，即上海票据交易所，是中国人民银行指定的提供票据交易、登记托管、清算结算和信息服务的机构。

（五）商业汇票的信息披露（2022新增）

1. 商业承兑汇票的承兑人应当于承兑完成日次一个工作日内，在中国人民银行认可的票据信息披露平台披露每张票据的承兑相关信息。

2. 承兑人对披露信息的真实性、准确性、及时性和完整性负责。

（六）商业汇票的贴现

1. 概念

贴现：票据持票人在票据未到期前为获得现金向银行贴付一定利息而发生的票据转让行为。

按交易方式，分为买断式、回购式。

2. 贴现条件

（1）票据未到期。

（2）未记载"不得转让"字样。

（3）持票人是在银行开立存款账户的企业法人以及其他组织。

（4）持票人与出票人或者直接前手之间具有真实的商品交易关系。

> **躲坑要点**
>
> 电子商业汇票贴现必须记载：贴出人名称；贴入人名称；贴现日期；贴现类型；贴现利率；实付金额；贴出人签章。

3. 登记信息查询

贴现人办理纸质票据贴现时，应当通过票据市场基础设施查询票据承兑信息，并在确认纸质票据必须记载事项与已登记承兑信息一致后，为贴现申请人办理贴现，贴现申请人无须提供合同、发票等资料；信息不存在或者纸质票据必须记载事项与已登记承兑信息不一致的，不得办理

贴现。

4. 贴现利息的计算（必须掌握）

贴现利息＝票面金额×贴现率×贴现期÷360

贴现期：贴现日至汇票到期日止。

> **躲坑要点**
>
> 承兑人在异地的，贴现的期限应另加3天的划款日期。

贴现期简易计算：

（1）不跨月：到期日－贴现日。

【举例】贴现日4月6日，到期日为4月30日，则贴现期＝30－6＝24（日）。

（2）跨1个月：贴现当月天数－贴现日＋到期日。

【举例】贴现日4月6日，到期日为5月10日，则贴现期＝30－6＋10＝34（日）。

（3）跨2个月：贴现当月天数－贴现日＋整月天数＋到期日。

【举例】贴现日4月6日，到期日为6月1日，则贴现期＝30－6＋31＋1＝56（日）。

【例题·单选题】甲公司向乙企业购买一批原材料，开出一张票面金额为60万元的银行承兑汇票。出票日期为4月10日，到期日为同年7月10日。同年6月6日，乙企业持此汇票及有关发票和原材料发运单据复印件向银行办理了贴现。已知同期银行年贴现率为3.6%，一年按360天计算，贴现银行与承兑银行在同一城市。根据票据法律制度的有关规定，银行实付乙企业贴现金额为（　　）元。（2019年）

A. 581 680

B. 597 960

C. 578 950

D. 598 960

【答案】B

【解析】实付贴现金额按票面金额扣除贴现日至汇票到期前1日的利息计算。本题中贴现日是6月6日，汇票到期前1日是7月9日，一共是34天。

企业从银行取出的金额=600 000−600 000×3.6%×（34÷360）=597 960（元）。

5. 收款

（1）贴现到期，贴现银行应向付款人收取票款。

（2）不获付款的，贴现银行应向其前手追索票款。

（3）贴现银行追索票款时可从申请人的存款账户直接收取票款。

（七）商业汇票的到期处理

1. 票据到期后偿付顺序如下

（1）票据未经承兑人付款确认和保证增信即交易的，若承兑人未付款，应当由贴现人先行偿付。

（2）票据经承兑人付款确认且未保证增信即交易的，应当由承兑人付款。

（3）票据保证增信后即交易且未经承兑人付款确认的，若承兑人未付款，应当由保证增信行先行偿付。

（4）票据保证增信后且经承兑人付款确认的，应当由承兑人付款。

拿分要点

如果承兑人未付款或保证增信行未偿付的，由贴现人先行偿付。

2. 提示付款

（1）付款期限

纸质商业汇票的付款期限，自出票日起最长不得超过6个月。

电子商业汇票的付款期限，自出票日至到期日最长不得超过1年。

（2）提示付款期限

商业汇票的提示付款期限，自汇票到期日起10日。

躲坑要点

持票人未按规定期限提示付款，持票人开户银行不予受理，但在作出说明后，承兑人或者付款人仍应当继续对持票人承担付款责任。

电子商业汇票的"提示付款日"，是指提示付款申请的指令进入人民银行电子商业汇票系统的日期。

（3）办理付款或拒绝付款

商业承兑汇票：付款人接到通知日的次日起3日内未通知银行付款的，视同付款人承诺付款。

承兑银行应在汇票到期日或到期日后的见票当日支付票款。

八、银行本票

（一）概念和适用范围

1. 概念

银行本票是出票人（银行）签发的，承诺自己在见票时无条件支付确定的金额给收款人或持票人的票据。如图3-12所示。

图3-12　银行本票

躲坑要点

银行本票的基本当事人只有出票人和收款人。

2. 适用范围

单位和个人在同一票据交换区域支付各种款项时，均可以使用银行本票。

银行本票可以用于转账，注明"现金"字样的银行本票可以用于支取现金。

（二）出票

银行本票的出票的内容见表3-16。

表3-16　银行本票的出票

项目	内容
申请	1. 申请人使用银行本票，应向银行填写"银行本票申请书"，填明收款人名称、申请人名称、支付金额、申请日期等事项并签章 2. 申请人和收款人均为个人需要支取现金的，应在"金额"栏先填写"现金"字样，后填写支付金额
受理	1. 出票银行受理"银行本票申请书"，收妥款项，签发银行本票交给申请人 2. 签发银行本票必须记载下列事项：表明"银行本票"的字样；无条件支付的承诺；确定的金额；收款人名称；出票日期；出票人签章。欠缺记载上列事项之一的，银行本票无效 3. 申请人或收款人为单位的，银行不得为其签发现金银行本票 4. 出票银行必须具有支付本票金额的可靠资金来源，并保证支付
交付	1. 申请人应将银行本票交付给本票上记明的收款人 2. 收款人受理银行本票时，应审查下列事项：（1）收款人是否确为本单位或本人；（2）银行本票是否在提示付款期限内；（3）必须记载的事项是否齐全；（4）出票人签章是否符合规定，大小写出票金额是否一致；（5）出票金额、出票日期、收款人名称是否更改，更改的其他记载事项是否由原记载人签章证明

躲坑要点

本票的必须记载事项为六项，无"付款人名称"。

（三）付款

提示付款期限：自出票日起最长不得超过2个月。

躲坑要点

持票人超过提示付款期限不获付款的，在票据权利时效内向出票银行作出说明，并提供本人身份证件或单位证明，可持银行本票向出票银行请求付款。

【例题·单选题】根据支付结算法律制度的规定，下列各项票据中，"付款人"名字不是必须记载事项的是（　　）。（2021年）

A. 银行汇票　　B. 银行本票

C. 商业汇票　　D. 支票

【答案】B

【解析】选项B：在我国，本票仅限于银行本票，即银行出票、银行付款；签发银行本票必须记载下列事项：表明"银行本票"的字样；无条件支付的承诺；确定的金额；收款人名称；出票日期；出票人签章。欠缺记载上列事项之一的，银行本票无效。

九、支票

（一）概念、种类及适用范围

1. 概念

支票是出票人签发的、委托办理支票存款业务的银行在见票时无条件支付确定的金额给收款人或者持票人的票据。

2. 种类

（1）现金支票：只能用于支取现金。

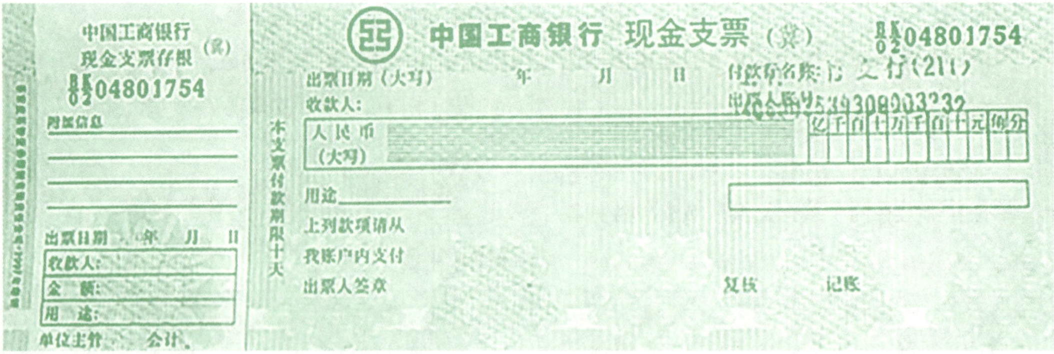

图3-13　现金支票

（2）转账支票：只能用于转账。

图3-14　转账支票

（3）普通支票：可以用于支取现金，也可用于转账。在普通支票左上角划两条平行线的，为划线支票，划线支票只能用于转账，不能支取现金。

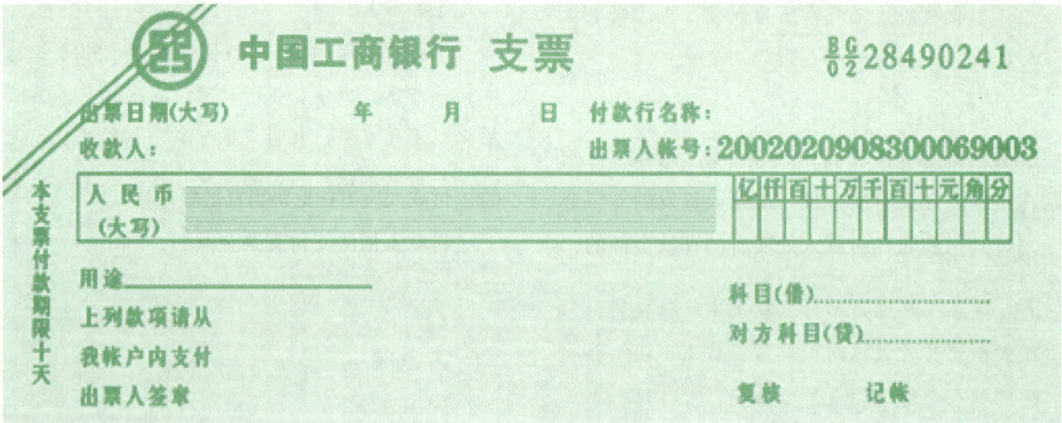

图3-15　划线支票

躲坑要点

划线支票仅为普通支票的特殊形式，不包括在支票的种类当中。

3. 适用范围

单位和个人在同一票据交换区域的各种款项结算，均可以使用支票。

使用支票影像业务可以在全国通用。

（二）出票

1. 开立支票存款账户

开立支票存款账户，申请人必须使用本名，提交证明其身份的合法证件，并应当预留其本名的签名式样和印鉴。

2. 出票

（1）必须记载事项

表明"支票"的字样；无条件支付的委托；确定的金额；付款人名称；出票日期；出票人签章。缺少任一事项，支票无效。

((·)) 躲坑要点

> 支票的必须记载事项有六项，无"收款人名称"。

（2）授权补记事项（支票独有）：金额、收款人名称

((·)) 躲坑要点

> 1. 未补记前不得背书转让和提示付款。
> 2. 出票人可以在支票上记载自己为收款人。

（3）相对记载事项：付款地、出票地

支票上未记载付款地的，付款地为付款人的营业场所；支票上未记载出票地的，出票地为出票人的营业场所、住所地或经常居住地。

3. 签发注意事项

支票的出票人签发支票的金额不得超过付款时在付款人处实有的金额。出票人签发的支票金额超过其付款时在付款人处实有的存款金额的，为空头支票。禁止签发空头支票。

【理解】 支票的出票人签发空头支票或者签发与其预留的签章不符的支票，不以骗取财物为

目的的，由中国人民银行处以票面金额5%但不低于1 000元的罚款；持票人有权要求出票人赔偿支票金额2%的赔偿金；对屡次签发的，银行应停止其签发支票。

【例题·单选题】 根据支付结算法律制度的规定，签发票面金额1.8万元的空头支票，不以骗取财物为目的的，应由中国人民银行处以罚款（　　）元。（2020年）

A. 400　B. 600　C. 1 000　D. 1500

【答案】 C

【解析】 票面金额为18 000元，18 000×5%＝900（元），低于1 000元，罚款1 000元。

（三）付款

1. 支票的持票人应当 自出票日起10日内 **提示付款**

持票人可以委托开户银行收款或直接向付款人提示付款，用于支取现金的支票仅限于收款人向付款人提示付款。

【补充1】 支票的持票人超过提示付款期限提示付款的，出票人的开户银行不予受理，付款人不予付款。

【补充2】 支票的持票人超过提示付款期限提示付款的，丧失对前手的追索权，但出票人仍应当承担付款责任。

2. 出票人必须按照签发的支票金额承担保证向该持票人付款的责任

出票人在付款人处的存款足以支付支票金额时，付款人应当在见票当日足额付款。

付款人依法支付支票金额的，对出票人不再承担受委托付款的责任，对持票人不再承担付款的责任。但付款人以恶意或者有重大过失付款的除外。

【总结1】票据的时间

表3-17　票据的时间

票据种类			提示承兑期限	提示付款期限	票据权利时效
汇票	银行汇票	见票即付	无须	出票日起1个月	出票日起2年
	商业汇票	定日付款	到期日前提示承兑	到期日起10日	到期日起2年
		出票后定期付款			
		见票后定期付款	出票日起1个月		
本票			无须	出票日起2个月	出票日起2年
支票			无须	出票日起10日	出票日起6个月
追索权					6个月
再追索权					3个月
商业汇票的付款期限				一般	不超过6个月
				电子	不超过1年

【总结2】各类结算方式的适用范围

表3-18　各类结算方式的适用范围

结算方式	单位	个人	同城	异地
支票	√	√	√	√
商业汇票	√	×	√	√
银行汇票	√	√	√	√
本票	√	√	√	×
银行卡	√	√	√	√
汇兑	√	√	—	√
委托收款	√	√	√	√
网上银行	√	√	√	√
条码支付	√	√	√	√
网络支付	√	√	√	√

【小结】

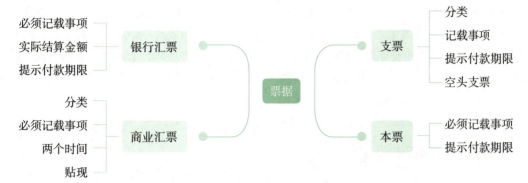

图3-16　票据相关内容汇总

考点二　其他结算方式（★）

一、汇兑

（一）概念和分类

1. 概念

汇兑是汇款人委托银行将其款项支付给收款人的结算方式。

2. 分类

汇兑分为信汇、电汇。单位、个人的各种款项结算均可使用。

（二）办理汇兑的程序

1. 签发

必须记载事项：表明"信汇"或"电汇"的字样；无条件支付的委托；金额；收款人；汇款人；汇入地点或汇入行；汇出地点或汇出行；委托日期；汇款人签章。（汇款人或收款人开立了账户的需填写账号）

2. 受理

汇款回单只能作为汇出银行受理汇款的依据，不能作为该笔汇款已转入收款人账户的证明。

3. 汇入

收账通知是银行将款项确已收入收款人账户的凭据。

（三）汇兑的撤销

汇款人对汇出银行尚未汇出的款项可以申请撤销。

二、委托收款

委托收款是收款人委托银行向付款人收取款项的结算方式。

（一）适用范围

单位和个人凭已承兑商业汇票、债券、存单等付款人债务证明办理款项的结算，均可以使用委托收款结算方式。同城、异地均可使用。

（二）程序

1. 签发托收凭证

((·)) **躲坑要点**

未在银行开立存款账户的个人为收款人，委托收款凭证必须记载被委托银行名称。

2. 委托

收款人办理委托收款应向银行提交委托收款凭证和有关债务证明。

3. 付款

（1）以银行为付款人的，银行应当在当日将款项主动支付给收款人。

（2）以单位为付款人的，银行应及时通知付款人，付款人应于接到通知的当日书面通知银行付款，如果付款人未在接到通知的次日起3日内通知银行付款的，视为同意付款。银行在办理划款时，付款人存款账户不足支付的，应通过被委托

银行向收款人发出未付款项通知书。

（3）付款人（包括银行和单位）审查有关债务证明后，对收款人委托收取的款项需要拒绝付款的，可以办理拒绝付款，但应当按照规定出具拒绝证明（3日内）。

考点三　银行卡（★★）

一、银行卡的概念和分类

（一）概念

银行卡是指经批准由商业银行（含邮政金融机构）向社会发行的具有消费信用、转账结算、

存取现金等全部或部分功能的信用支付工具。

（二）分类

1. 按是否具有透支功能分：信用卡和借记卡。

表3-19　银行卡的分类

卡片种类		能否透支	是否计息
信用卡	贷记卡	先透支，后还款	对信用卡溢缴款是否计付利息及其利率标准，由发卡机构自主确定
	准贷记卡	先存入备用金，备用金不足支付时可以透支	按中国人民银行规定的同期同档次存款利率及计息办法计付利息
借记卡	转账卡（含储蓄卡）	不得透支使用	
	专用卡	不得透支使用	
	储值卡	不得透支使用	不计息

2. 按币种不同分：人民币卡和外币卡。

3. 按发行对象不同分：单位卡（商务卡）和个人卡。

4. 按信息载体不同分：磁条卡、芯片（IC）卡。

 拿分要点

联名（认同）卡：商业银行与营利性机构／非营利性机构合作发行的银行卡附属产品。

【例题·单选题】根据支付结算法律制度的规定，下列关于银行卡分类的表述中，不正确的是（　）。（2019年）

A. 按是否具有透支功能分为信用卡和贷记卡

B. 按发行对象分为单位卡和个人卡

C. 按币种分为人民币卡和外币卡

D. 按信息载体分为磁条卡和芯片卡

【答案】A

【解析】按是否具有透支功能分为信用卡和借记卡。

二、银行卡账户和交易

（一）银行卡申领、注销和丧失

表3-20　银行卡申领、注销、丧失

项目	内容
申领	发卡银行可根据申请人的资信程度，要求其提供担保
注销	1. 持卡人在还清全部交易款项、透支本息和有关费用后，可申请办理销户 2. 对于持卡人因死亡等原因而需办理的注销和清户，应按照《民法典》和《中华人民共和国公证法》等法规办理
清户	发卡行受理注销之日起45日后，被注销信用卡账户方能清户
丧失	持卡人丧失银行卡，应立即持本人身份证件或其他有效证明，并按规定提供有关情况，向发卡银行或代办银行申请挂失，发卡银行或代办银行审核后办理挂失手续

（二）银行卡交易的基本规定

1. 信用卡预借现金业务

包括现金提取、现金转账和现金充值。

表3-21　信用卡预借现金业务

种类		限额	其他
现金提取	ATM	每卡每日累计不得超过人民币1万元	—
	柜面	协议约定	—
现金转账	各渠道	协议约定	—
现金充值	各渠道	协议约定	发卡机构可以自主确定是否提供现金充值服务

发卡机构不得将持卡人信用卡预借现金额度内资金划转至其他信用卡，以及非持卡人的银行结算账户或支付账户。

发卡银行应当对借记卡持卡人在自动柜员机（ATM）取款设定交易上限，每卡每日累计提款不得超过2万元人民币。储值卡的面值或卡内币值不得超过1 000元人民币。

【例题·单选题】下列选项正确的是（　　）。（2021年）

A. 将信用卡提取现金额度转账到非本人支付账户

B. 将信用卡提取现金额度转账到另一张信用卡上

C. 信用卡提取现金额度由发卡机构与个人协议约定

D. 信用卡不得在ATM上自助提现

【答案】C

【解析】发卡机构不得将持卡人信用卡预借现金额度内资金划转至其他信用卡，以及非持卡人的银行结算账户或支付账户，选项A、B错误；持卡人通过柜面办理现金提取业务，通过各类渠道办理现金转账业务的每卡每日限额，由发卡机构与持卡人通过协议约定，选项C正确；信用卡持卡人可通过ATM等自助机具办理现金提取业务，每卡每日累计不得超过人民币1万元，选项D错误。

2. 贷记卡持卡人的待遇

可享受免息还款期（银行记账日至到期还款

日）或最低还款额待遇。

3. 发卡银行追偿的途径

发卡银行通过下列途径追偿透支款项和诈骗款项：

（1）扣减持卡人保证金；

（2）依法处理抵押物和质押物；

（3）向保证人追偿透支款项；

（4）通过司法机关的诉讼程序进行追偿。

三、银行卡计息与收费

1. 发卡银行对准贷记卡及借记卡（不含储值卡）账户内的存款计息。

2. 自2021年1月1日起，信用卡透支利率由发卡机构与持卡人自主协商确定，取消信用卡透支利率上下限管理。（2022变化）

3. 信用卡利率调整：发卡机构至少提前45日通知，持卡人有权在新利率标准生效之日前选择销户。

4. 信用卡协议中应同时注明日利率和年利率。

5. 不得收取的款项：

（1）滞纳金，对于持卡人违约逾期未还款的行为，发卡机构应与持卡人通过协议约定是否收取违约金，以及相关收取方式和标准。

（2）发卡机构向持卡人提供超过授信额度用卡服务的，不得收取超限费。

（3）发卡机构对向持卡人收取的违约金和年费、取现手续费、货币兑换费等服务费用不得计收利息。

((•)) 躲坑要点

由发卡机构自主决定的事项：1. 免息还款期和最低还款额待遇的条件和标准；2. 信用卡透支的计结息方式；3. 信用卡溢缴款收费计付利息及利率标准；4. 持卡人违约逾期未还款是否收取违约金；5. 是否提供信用卡卡片位置往上调整现金充值服务。

四、银行卡收单

（一）银行卡收单业务

指持卡人在银行签约商户处刷卡消费，银行将持卡人刷卡消费的资金在规定周期内结算给商户，并从中扣取一定比例的手续费。

（二）银行卡收单机构及特约商户

1. 银行卡收单机构

（1）从事银行卡收单业务的银行业金融机构。

（2）获得银行卡收单业务许可、为实体特约商户提供银行卡受理并完成资金结算服务的支付机构。

（3）获得网络支付业务许可、为网络特约商户提供银行卡受理并完成资金结算服务的支付机构。

2. 特约商户

（1）与收单机构签订协议的企事业单位、个体工商户或其他组织。

（2）符合规定开展网络商品交易等经营活动的自然人。

（三）银行卡收单业务管理规定

1. 特约商户管理

（1）实名制管理。

（2）与特约商户签订银行卡受理协议。

① 协议内容：可受理银行卡种类、开通的交易类型、收单银行结算账户的设置和变更、资金结算周期、结算手续费标准、差错和纠纷处置。

② 特约商户的收单银行结算账户：

单位：同名单位银行结算账户，或其指定的、与其存在合法资金管理关系的单位银行结算账户。

个体户或自然人：同名个人银行结算账户。

（3）收单机构应当对实体特约商户收单业务进行本地化经营和管理，不得跨省（自治区、直辖市）域开展收单业务。

2. 业务与风险管理

（1）风险应对措施：银行卡收单业务风险时

点及应对措施见表3-22。

表3-22　银行卡收单业务风险时点及应对措施

时点	措施
认定为风险等级较高商户时	对开通的受理卡种和交易类型进行限制、强化交易监测、设置交易限额、延迟结算、增加检查频率、建立风险准备金 【躲坑要点】并不停止其交易
发生风险事件时	延迟资金结算、暂停银行卡交易、回收受理终端、关闭网络支付接口、涉嫌违法及时报案 【躲坑要点】收单机构承担因未采取措施导致的风险损失

（2）风险事件：套现、洗钱、欺诈、移机、留存或泄露持卡人账户信息。

3. 资金结算收单机构应及时与特约商户结算资金，资金结算时间最迟不得超过持卡人确认可直接向特约商户付款的支付指令生效日（刷卡日）后30个自然日，因涉嫌违法违规等风险交易需延迟结算的除外。

4. 差错及退货处理：收单机构应当根据交易发生时的原交易信息发起银行卡交易差错处理、退货交易，将资金退至持卡人原银行卡账户。

躲坑要点

若持卡人原银行卡账户已撤销的，退至持卡人指定的本人其他银行账户。

（四）结算收费

表3-23　银行卡POS收单业务交易及结算收费

收费项目	收费方式	费率及封顶标准
收单服务费	收单机构向商户收取	实行市场调节价，由收单机构与商户协商确定具体费率
发卡行服务费	发卡机构向收单机构收取	借记卡：不高于0.35%（单笔封顶13元）
		贷记卡：不高于0.45%（不实行单笔封顶控制）
网络服务费	银行卡清算机构向发卡机构收取	实行政府指导价、上限管理，不高于0.065%，由发卡、收单机构各承担50%（2022新增）
	银行卡清算机构向收单机构收取	

躲坑要点

非营利性的医疗机构、教育机构、社会福利机构、养老机构、慈善机构刷卡交易，发卡行服务费、网络服务费全额减免。

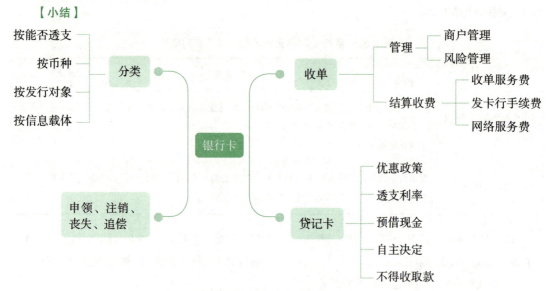

图3-17　银行卡相关内容汇总

考点四　银行电子支付（★）

电子支付服务的主要提供方有银行和支付机构，银行的电子支付方式主要有网上银行、手机银行和条码支付等，支付机构的电子支付方式主要有网络支付、条码支付等。

一、网上银行

（一）特点

能够在任何时间、任何地点、以任何方式为客户提供金融服务。

（二）分类

1. 按服务对象

企业网上银行、个人网上银行。

2. 按经营组织

分支型网上银行、纯网上银行。

（三）功能

1. 企业网上银行子系统

（1）账户信息查询。

（2）支付指令。

（3）B2B网上支付。

（4）批量支付。

2. 个人网上银行子系统

（1）账户信息查询。

（2）人民币转账业务。

（3）银证转账业务。

（4）外汇买卖业务。

（5）账户管理业务。

（6）B2C网上支付。

二、条码支付（2022新增）

（一）概念

条码支付业务包括付款扫码和收款扫码。

常见的条码支付：银行及支付机构的条码支付，中国银联携手银行、支付机构的便民支付服务，聚合支付。

（二）条码支付的交易验证及限额

1. 交易验证

可以组合选用下列三种要素进行交易验证：

（1）仅客户本人知悉的要素，如静态密码等；

（2）仅客户本人持有并特有的，不可复制或者不可重复利用的要素，如经过安全认证的数字证书、电子签名，以及通过安全渠道生成和传输的一次性密码等；

（3）客户本人生物特征要素，如指纹等。

2．银行、支付机构提供收款扫码服务的，应使用动态条码，设置条码有效期、使用次数等方式，防止条码被重复使用导致重复扣款，确保条码真实有效。

（三）商户管理

原则：了解你的客户。

（四）风险管理

银行、支付机构应提升风险识别能力，采取有效措施防范风险，及时发现、处理可疑交易信息及风险事件；应建立条码支付交易风险监测体系，及时发现可疑交易，并采取阻断交易、联系客户核实交易等方式防范交易风险。

【小结】

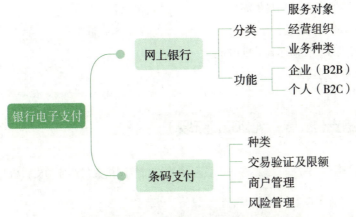

图3-18　银行电子支付相关内容汇总

扫一扫"码"上练题

打开微信扫一扫，关注公众号，点击"会计考试GO"小程序，即可线上练题。下载安装"会计学堂"APP，体验更多课程，参与万人模考，助您顺利通关。

基础阶段，建议考生结合视频课程进行学习，消化重难点。后续可配套《习题精编》进行练习。

第四节 支付机构非现金支付业务

考点一 支付机构的概念和支付服务的种类（★）（2022新增）

一、支付机构的概念

支付机构是指依法取得《支付业务许可证》，在收付款人之间作为中介机构提供部分或全部货币资金转移服务的非金融机构。

未经中国人民银行批准，任何非金融机构和个人不得从事或变相从事支付业务。

二、支付服务的种类

1. 网络支付
2. 预付卡
3. 银行卡收单

考点二 网络支付（★）（2022新增）

一、网络支付机构

依法取得《支付业务许可证》，获准办理互联网支付、移动电话支付、固定电话支付、数字电视支付等网络支付业务的支付机构可以办理网络支付业务。

表3-24 网络支付机构的分类

种类	服务对象	是否负有担保功能
金融型支付企业	立足于企业端	×
互联网支付企业	立足于个人消费者端	√

二、支付账户

1. 要求

支付账户不得透支，不得出借、出租、出售，不得利用支付账户从事或者协助他人从事非法活动。

2. 开户要求

（1）应当实行实名制管理，不得开立匿名、假名支付账户。

（2）开户时，应当约定日累计转账限额和笔数，超过限额和笔数的，不得再办理转账业务。

三、网络支付的相关规定

1. 实行交易验证及限额管理
2. 实行业务与风险管理

考点三 预付卡（★★★）

一、预付卡的概念和分类

（一）概念

预付卡是指发卡机构以特定载体和形式发行的、可在发卡机构之外购买商品或服务的预付价值。

（二）分类

按发行途径的不同，可分为以下两类。

1. 专营发卡机构发行：可跨地区、跨行业、跨法人使用的多用途预付卡。

2. 商业企业发行：只在本企业或同一品牌连锁商业企业购买商品、服务的单用途预付卡。

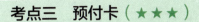 躲坑要点

1. 多用途预付卡由中国人民银行实行集中存管，单用途预付卡在商务部门进行备案。（2022新增）

2. 本章讲述的是多用途预付卡。

3. 预付卡发卡机构必须是经中国人民银行核准，取得《支付业务许可证》的支付机构。

4. 预付卡按是否记载持卡人身份信息分为记名预付卡和不记名预付卡。

二、记名预付卡与不记名预付卡的区别

表3-25 记名预付卡与不记名预付卡的区别

区别＼类型	记名预付卡	不记名预付卡
区分标准	记载持卡人身份信息	不记载持卡人身份信息
单张限额	5 000元	1 000元
挂失	可挂失	不可挂失
赎回	购卡后3个月可赎回	不可赎回
有效期	无	1. 不得低于3年 2. 超期可延期、激活、换卡
提供身份证	需要	一次性购买1万元以上需要
使用信用卡购买及充值	×	×
转账购买	单位：一次性购买5 000元以上	
	个人：一次性购买5万元以上	
转账充值	一次性充值5 000元以上	
使用规定	1. 特约商户中使用 2. 不得用于或变相用于提现 3. 不得用于购买非本机构发行的预付卡 4. 卡内资金不得向银行账户或非本发卡机构开立的网络支付账户转移	

（续上表）

区别 ＼ 类型	记名预付卡	不记名预付卡
发卡机构的资金管理	发卡机构必须在商业银行开立备付金专用存款账户存放预付资金，不得挪用、挤占 发卡机构对客户备付金需100%集中交存中国人民银行	

【例题·多选题】根据支付结算法律制度的规定，关于预付卡的下列表述中，正确的有（　　）。

A. 单张记名预付卡资金限额不得超过 5 000元

B. 个人购买记名预付卡可不使用实名

C. 预付卡以人民币计价，不具有透支功能

D. 单张不记名预付卡资金限额不得超过 1 000元

【答案】ACD

【解析】选项B：购买记名预付卡，不论单位还是个人，均应实名。

扫一扫"码"上练题

打开微信扫一扫，关注公众号，点击"会计考试GO"小程序，即可线上练题。下载安装"会计学堂"APP，体验更多课程，参与万人模考，助您顺利通关。

基础阶段，建议考生结合视频课程进行学习，消化重难点。后续可配套《习题精编》进行练习。

第五节 支付结算纪律与法律责任

扫码听课

考点一 支付结算纪律（★）

结算纪律是银行、单位和个人办理支付结算业务所应遵守的基本规定。

一、单位和个人办理支付结算业务应遵守的结算纪律

1. 不准签发没有资金保证的票据或远期支票，套取银行信用。

2. 不准签发、取得和转让没有真实交易和债权债务的票据，套取银行和他人资金。

3. 不准无理拒绝付款，任意占用他人资金。

4. 不准违反规定开立和使用账户。

二、银行办理支付结算应遵守的纪律

1. 不准以任何理由压票、任意退票、截留挪用客户和他行资金。

2. 不准无理拒绝支付应由银行支付的票据款项。

3. 不准受理无理拒付、不扣少扣滞纳金。

4. 不准违章签发、承兑、贴现票据，套取银行资金。

5. 不准签发空头银行汇票、银行本票和办理空头汇款。

6. 不准在支付结算制度之外规定附加条件，影响汇路畅通。

7. 不准违反规定为单位和个人开立账户。

8. 不准拒绝受理、代理他行正常结算业务。

考点二 违反支付结算法律制度的法律责任（★）

一、单位或个人签发空头支票、签发与预留印鉴不符、使用支付密码但支付密码错误的支票

不以骗取财物为目的的，由中国人民银行处以票面金额5%但不低于1 000元的罚款；持票人有权要求出票人赔偿支票金额2%的赔偿金。

二、无理拒付，占用他人资金行为

银行机构责任，由国务院银行保险监督管理机构责令改正，没收违法所得，违法所得5万元以上的，并处违法所得1倍以上5倍以下罚款；没有违法所得或者违法所得不足5万元的，处5万元以上50万元以下罚款。

三、违反账户规定行为

（一）区分"非经营性存款人"和"经营性存款人"

((๑)) 躲坑要点

非经营存款人不一定是个人，经营性存款人也不一定是企业。

1. 对非经营性的存款人的罚款金额都是1 000元。

2. 对经营性的存款人的罚款金额有3种：

（1）1 000元；（2）5 000元以上3万元以下；（3）1万元以上3万元以下。

（二）具体处罚规定

表3-26　违反银行账户结算管理制度的具体处罚规定

违反银行账户结算管理制度事项	经营性存款人处罚金额	非经营性存款人处罚金额
法定代表人或主要负责人、存款人地址以及其他开户资料的变更事项未在规定期限内通知银行	1 000元	1 000元
违反规定开立银行结算账户	1万元以上3万元以下	
伪造、变造证明文件欺骗银行开立银行结算账户		
违反规定不及时撤销银行结算账户		
伪造、变造、私自印制开户许可证		
违反规定将单位款项转入个人银行结算账户	5 000元以上3万元以下	
违反规定支取现金		
利用开立银行结算账户逃废银行债务		
出租、出借银行结算账户		
从基本存款账户之外的银行结算账户转账存入、将销货收入存入或现金存入单位信用卡账户		

拿分要点

变更违规罚1 000元；伪造、变造开户许可证及开立、撤销违规罚1万～3万元；使用违规罚5 000元～3万元。

考点三　票据欺诈等行为的法律责任（★）

表3-27　票据欺诈等行为应负的法律责任

违法行为	一般违法（数额较大）	情节严重的（数额巨大）	情节特别严重的（数额特别巨大）
伪造/变造票据、托收凭证、汇款凭证、信用证	有期徒刑/拘役≤5年；并处/单处2万元≤罚金≤20万元	5年＜有期徒刑≤10年；并处5万元≤罚金≤50万元	有期徒刑≥10年/无期；并处5万元≤罚金≤50万元/没收财产
伪造信用卡			
信用卡诈骗			

（续上表）

违法行为	一般违法（数额较大）	情节严重的 （数额巨大）	情节特别严重的 （数额特别巨大）
妨害信用卡管理	有期徒刑／拘役≤3年； 并处／单处1万元≤罚金 ≤10万元	3年≤有期徒刑≤10年； 并处2万元≤罚金≤20万元	—

考点四　非法出租、出借、出售、购买银行结算账户或支付账户行为的法律责任（★）（2022新增）

1. 银行和支付机构对经认定的出租、出借、出售、购买银行结算账户（含银行卡）或者支付账户的单位和个人及相关组织者，假冒他人身份或者虚构代理关系开立银行结算账户或支付账户的单位和个人，5年内暂停其银行账户非柜面业务、支付账户所有业务，并不得为其新开立账户。

2. 惩戒期满后，受惩戒的单位和个人办理新开立账户业务的，银行和支付机构应加大审核力度。

3. 中国人民银行将上述单位和个人信息移送金融信用信息基础数据库并向社会公布。

扫一扫"码"上练题

打开微信扫一扫，关注公众号，点击"会计考试GO"小程序，即可线上练题。下载安装"会计学堂"APP，体验更多课程，参与万人模考，助您顺利通关。

基础阶段，建议考生结合视频课程进行学习，消化重难点。
后续可配套《习题精编》进行练习。

第四章 税法概述及货物和劳务税法律制度

第一节 税收法律制度概述

扫码听课

第四章

考点一 税收与税收法律关系（★）

一、税收与税法

（一）税收

税收是指以国家为主体，为实现国家职能，凭借政治权力，按照法定标准，无偿取得财政收入的一种特定分配形式。

税收是国家收入的最重要来源。

特征：强制性、无偿性、固定性。

（二）税法

即税收法律制度，是调整税收关系的法律规范的总称，是国家法律体系的重要组成部分。

二、税收法律关系

指税法在调整征税主体与纳税主体之间的税收征纳关系过程中形成的税收权利与税收义务关系。

（一）主体（2022变化）

包括征税主体和纳税主体。

征税主体：代表国家行使征税职责的税务机关和海关。

纳税主体：包括纳税人和扣缴义务人，具体表现形式有自然人、法人和其他组织。

（二）客体

征税对象。

（三）内容

主体所享受的权利和所应承担的义务，是税收法律关系中最实质的东西，也是税法的核心。

考点二 税法要素（★★）（2022变化）

税法要素是指各单行税法共同具有的基本要素。

税法要素一般包括纳税义务人、征税对象、税率、计税依据、纳税环节、纳税期限、纳税地点、税收优惠、法律责任等。

一、纳税义务人（2022变化）

纳税义务人简称"纳税人"，是指法律、行

政法规规定负有纳税义务的单位和个人。扣缴义务人是税法规定的，在其经营活动中负有代扣或代收税款并向国库缴纳义务的单位。

二、征税对象

征税对象又称课税对象，是纳税的客体。它是指税收法律关系中权利义务所指的对象，即对什么征税。不同的征税对象是区别不同税种的重要标志。

税目是税法中具体规定应当征税的项目，是征税对象的具体化。

目的：（1）为了明确征税的具体范围；（2）为了对不同的征税项目加以区分，从而制定高低不同的税率。

三、税率

税率是指应征税额与计税金额（或数量单位）之间的比例，是计算税额的尺度。

我国现行税法规定的税率有：（1）比例税率；（2）累进税率：超额累进税率、超率累进税率；（3）定额税率：又称固定税额。

四、计税依据

1. 从价计征。

2. 从量计征。

五、纳税环节

纳税环节主要是指税法规定的征税对象在从生产到消费的流转过程中应当缴纳税款的环节。

六、纳税期限

纳税期限是指纳税人的纳税义务发生后应依法缴纳税款的期限，包括纳税义务发生时间、纳税期限、缴库期限。

七、纳税地点

纳税地点指根据各税种的纳税环节和有利于对税款的源泉控制而规定的纳税人具体申报缴纳税收的地方。

八、税收优惠

税收优惠是指国家对某些纳税人和征税对象给予鼓励和照顾的一种特殊规定。

主要包括：（1）减税和免税；（2）起征点，也称"征税起点"，是指对征税对象开始征税的数额界限；（3）免征额。

九、法律责任

违法行为（作为或不作为）＋法律责任（行政责任＋刑事责任）。

【例题·多选题】下列各项中，属于税法要素的有（　　）。（2019年）

A. 计税依据　　　B. 税收优惠

C. 纳税人　　　　D. 税率

【答案】ABCD

考点三 现行税种与征收机关（★★）

征收管理机关：税务机关和海关。

一、税务机关负责征收和管理

税务机关负责征收和管理的税种有：

（1）增值税；（2）消费税；（3）企业所得税；（4）个人所得税；（5）资源税；（6）城镇土地使用税；（7）城市维护建设税；（8）印花税；（9）土地增值税；（10）房产税；（11）车船税；（12）车辆购置税；（13）烟叶税；（14）耕地占用税；（15）契税；（16）环境保护税。

拿分要点

出口产品退税（增值税、消费税）由税务机关负责办理，部分非税收入和社会保险费的征收也由税务机关负责。

二、海关负责征收和管理

海关负责征收和管理的税种有：

（1）关税；（2）船舶吨税；（3）进口环节增值税、消费税（委托代征）。

【例题·单选题】下列税种中，由海关负责征收和管理的是（　　）。

A. 关税

B. 车船税

C. 环境保护税

D. 资源税

【答案】A

扫一扫"码"上练题

打开微信扫一扫，关注公众号，点击"会计考试GO"小程序，即可线上练题。下载安装"会计学堂"APP，体验更多课程，参与万人模考，助您顺利通关。

基础阶段，建议考生结合视频课程进行学习，消化重难点。

后续可配套《习题精编》进行练习。

第二节　增值税法律制度

扫码听课

增值税是对销售商品或者劳务过程中实现的增值额征收的一种税。增值税是我国现阶段税收收入规模最大的税种。

考点一　纳税人和扣缴义务人（★★）

一、纳税人

（一）概念

在中国境内销售货物或者加工、修理修配劳务（以下简称劳务），销售服务、无形资产、不动产以及进口货物的单位和个人，为增值税的纳税人。

（二）分类

单位以承包、承租、挂靠方式经营的，承包人以发包人名义对外经营并由发包人承担相关法律责任的，以该发包人为纳税人。否则，以承包人为纳税人。

资管产品运营过程中发生的增值税应税行为，以资管产品管理人为增值税纳税人。

表4-1　增值税纳税人的分类

分类	标准（年应税销售额）	特殊情况	计税规定
小规模纳税人	500万元（含）以下	1. 按照政策规定，选择按照小规模纳税人纳税的 2. 年应税销售额超过规定标准的其他个人	简易征税；小规模纳税人（其他个人除外）发生增值税应税行为，需要开具增值税专用发票的，可以自愿使用增值税发票管理系统自行开具
一般纳税人	超过小规模纳税人认定标准	小规模纳税人会计核算健全，可以申请登记为一般纳税人	执行税款抵扣制 可以使用增值税专用发票

躲坑要点

除国家税务总局另有规定外，纳税人一经登记为一般纳税人后，不得转为小规模纳税人。

二、扣缴义务人

中国境外的单位或者个人在境内销售劳务，在境内未设有经营机构的，以其境内代理人为扣缴义务人；在境内没有代理人的，以购买方为扣缴义务人。

【例题·判断题】除个体工商户以外的其他个人不属于增值税一般纳税人。（　　）（2020年）

【答案】√

考点二 征税范围（★★★）

征税范围：在中国境内销售货物或者劳务，销售服务、无形资产、不动产以及进口货物。

一、销售货物

指在中国境内（起运地／所在地）有偿转让货物的所有权。

拿分要点

1. 货物，是指有形动产，包括电力、热力、气体在内。

2. 有偿，是指从购买方取得货币、货物或者其他经济利益。

二、销售劳务

1. 在中国境内提供加工、修理修配劳务。

2. 单位或个体工商户聘用的员工为本单位或雇主提供加工、修理修配劳务不包括在内。

三、进口货物

指申报进入中国海关境内的货物。只要是报关进口的应税货物，均属于增值税的征税范围，除享受免税政策外，在进口环节缴纳增值税。

四、销售服务、无形资产或者不动产

表4-2　销售服务、无形资产或者不动产

税目	分类	范围	备注
销售服务	交通运输服务	陆路／水路／航空／管道运输，无运输工具承运	1. 出租车公司向使用本公司自有出租车的出租车司机收取的管理费用，属于"陆路运输服务" 2. 水路运输的"程租""期租"业务属于"水路运输服务"；航空运输的"湿租"业务属于"航空运输服务" 3. 水路运输的"光租"业务；航空运输的"干租"业务属"现代服务——租赁服务"税目 4. 无运输工具承运业务，按"交通运输服务"缴纳增值税
	邮政服务	邮政普遍／特殊／其他	"邮政储蓄业务"按"金融服务"征收增值税
	电信服务	基础／增值电信	1. 基础：通话；出租带宽等 2. 增值：短信；互联网接入；卫星电视信号落地转接
	建筑服务	工程、安装、修缮、装饰、其他	固定电话、有线电视、宽带、水、电、燃气、暖气、扩容费以及类似收费，按照"建筑服务——安装服务"缴纳增值税
	金融服务	贷款、直接收费、保险、金融商品转让	1. "融资性售后回租"属于"金融服务——贷款服务"；"融资租赁"属于"现代服务——租赁服务" 2. 以"货币投资"收取"固定利润或保底利润"按照贷款服务缴纳增值税

第四章

（续上表）

税目	分类	范围	备注
销售服务	现代服务	1. 研发和技术； 2. 信息技术； 3. 文化创意； 4. 物流辅助； 5. 租赁服务（融资／经营）； 6. 鉴证咨询； 7. 广播影视； 8. 商务辅助； 9. 其他	1. "货运客运站服务"中的"车辆停放服务"属于"不动产租赁服务" 2. 租赁："租赁服务"分为"动产租赁"和"不动产租赁"，分别适用不同税率；"车辆停放服务""道路通行服务（过路费、过桥费、过闸费）"属于"不动产经营租赁服务"；将动产、不动产的广告位出租，属于"经营租赁服务"
	生活服务	1. 文化体育； 2. 教育医疗； 3. 旅游娱乐； 4. 餐饮住宿； 5. 居民日常； 6. 其他	
销售无形资产		技术、商标、著作权、商誉、自然资源使用权和其他权益性无形资产	"土地使用权""技术转让"属于此税目
销售不动产		建筑物、构筑物	转让不动产时一并转让其所占土地的使用权的，按照"销售不动产"缴纳增值税

【例题·单选题】根据增值税相关规定，不属于"建筑服务"的是（　　）。（2021年）

A. 平整土地服务

B. 园林绿化

C. 生产设备安置工程作业

D. 修理修配劳务

【答案】D

【解析】修理修配劳务属于企业销售劳务，不是建筑服务。

五、非经营活动的界定

销售服务、无形资产或者不动产，是指有偿提供服务、有偿转让无形资产或者不动产。

以下非经营性活动除外：

（1）行政单位收取的符合条件的政府性基金、事业性收费。

（2）员工为本单位、雇主提供取得工资的服务。

（3）单位、个体户为聘用的员工提供服务。

（4）其他。

六、境内销售服务、无形资产或者不动产的界定

1. 在境内销售服务、无形资产或者不动产，是指：

（1）服务（不包括不动产租赁）、无形资产（不包括自然资源使用权）的销售方或购买方在

境内。

（2）所销售或租赁的不动产在境内。

（3）所销售自然资源使用权的自然资源在境内。

（4）其他。

2. 境外单位或个人向境内单位或个人销售完全在境外发生的服务、完全在境外使用的无形资产、出租完全在境外使用的有形动产，不属于在境内的情况。

七、视同销售

（一）视同销售货物行为

1. 将货物交付其他单位或者个人代销。

2. 销售代销货物。

3. 设有两个以上机构并实行统一核算的纳税人，将货物从一个机构移送至其他机构用于销售，但相关机构设在同一县（市）的除外。

4. 将自产、委托加工的货物用于非增值税应税项目。

5. 将自产、委托加工的货物用于集体福利／个人消费。

6. 将自产、委托加工或者购进的货物作为投资，提供给其他单位或者个体工商户。

7. 将自产、委托加工或者购进的货物分配给股东或者投资者。

8. 将自产、委托加工或者购进的货物无偿赠送其他单位或者个人。

【理解】税收公平原则；纳税链条的完整；内外有别。

【例题·单选题】根据增值税法律制度的规定，下列行为中，属于视同销售货物行为的是

（　　　）。（2020年）

A. 甲商贸公司将外购的矿泉水用于交际应酬

B. 乙超市将外购的洗衣粉作为集体福利发给员工

C. 丙玩具厂将自产的玩具无偿赠送给养老院

D. 丁服装厂将外购的面料用于生产服装

【答案】C

【解析】选项A、B：将购进的货物用于集体福利、个人消费（纳税人的交际应酬消费属于个人消费）的，不视同销售货物；选项C：将自产、委托加工或者购进的货物无偿赠送给其他单位或者个人，视同销售货物；选项D：属于采购原材料的行为，如果取得了合法的扣税凭证，对应的进项税额可以抵扣。

((·)) 拿分要点

1. 购进货物用于集体福利或者个人消费的，不视同销售货物，不需要计算增值税，对应的进项税额也不得抵扣。

2. 视同销售货物的行为一般不以资金形式反映出来，因而会出现无直接销售额的情况，主管税务机关有权核定其销售额。

（二）视同销售服务、无形资产、不动产

1. 单位或者个体工商户向其他单位或者个人无偿提供服务，但用于公益事业或者以社会公众为对象的除外。

2. 单位或者个人向其他单位或者个人无偿转让无形资产或者不动产，但用于公益事业或者以社会公众为对象的除外。

3. 其他。

八、混合销售与兼营

（一）混合销售与兼营

表4-3　混合销售与兼营

	行为特征	判定标准	税务处理	典型案例
混合销售	一项销售行为既涉及货物又涉及服务	"经营主体"从事货物生产、批发或零售	按销售货物缴纳增值税	超市销售货物同时提供送货服务
		"经营主体"从事其他行业	按销售服务缴纳增值税	娱乐场所销售烟、酒、饮料
兼营	多元化经营同等地位	不同时发生在同一购买者身上，也不发生在同一项销售行为中	分别核算分别缴纳；未分别核算，从高适用税率	商场经营美食城

躲坑要点

1. 判断混合销售的关键是"同时"；判断兼营的关键是"并"。

2. "混"从主业交税。

（二）不属于混合销售的情形

纳税人销售活动板房、机器设备、钢结构件等自产货物的同时提供建筑、安装服务，不属于混合销售，应分别核算货物和建筑服务的销售额，分别适用不同的税率或征收率。

九、不征收增值税的项目

1. 根据国家指令无偿提供的铁路运输服务、航空运输服务，属于《营业税改征增值税试点实施办法》规定的用于公益事业的服务。

2. 存款利息。

3. 被保险人获得的保险赔付。

4. 房地产主管部门或者其指定机构、公积金管理中心、开发企业以及物业管理单位代收的住宅专项维修资金。

5. 在资产重组过程中，通过合并、分立、出售、置换等方式，将全部或者部分实物资产以及与其相关联的债权、负债和劳动力一并转让给其他单位和个人，其中涉及的不动产、土地使用权转让行为。

6. 纳税人在资产重组过程中，通过合并、分立、出售、置换等方式，将全部或者部分实物资产以及与其相关联的债权、负债和劳动力一并转让给其他单位和个人，其中涉及的货物转让。

考点三　税率与征收率（★★）

一、税率

（一）基本税率为13%的适用范围

除有特殊规定外，一般纳税人销售货物、劳务、有形动产租赁服务或者进口货物，税率为13%。

（二）低税率为9%和6%

适用于一般纳税人的以下应税行为：

第四章

表4-4 9%和6%税率的适用范围

税率	适用范围
9%	粮食等农产品、食用植物油、食用盐
	自来水、暖气、冷气、热水、煤气、石油液化气、天然气、沼气、二甲醚、居民用煤炭制品
	图书、报纸、杂志、音像制品、电子出版物
	饲料、化肥、农药、农机、农膜
	交通运输、邮政、基础电信、建筑、不动产租赁服务、销售不动产、转让土地使用权
6%	增值电信、金融、现代服务（租赁除外）、生活服务、销售无形资产（除转让土地使用权）

【例题·单选题】增值税一般纳税人的下列行为中，应采用增值税税率为13%的是（　　）。（2019年）

A. 销售不动产

B. 销售不动产租赁服务

C. 提供有形动产租赁服务

D. 销售无形资产

【答案】C

【解析】纳税人销售货物、劳务、有形动产租赁服务或者进口货物，除有特殊规定外，税率为13%。选项A、B税率为9%，选项D税率为6%。

（三）零税率

1. 纳税人出口货物，税率为零；但是，国务院另有规定的除外。

2. 境内的单位和个人销售下列服务和无形资产：

（1）国际运输服务。

（2）航天运输服务。

（3）向境外单位提供的完全在境外消费的下列服务：研发、合同能源管理、设计、广播影视节目（作品）的制作和发行、软件、电路设计及测试、信息系统、业务流程管理、离岸服务外包、转让技术。

（4）国务院规定的其他服务。

【说明】零税率不等于免税，免税仅指不征收，零税率除了不征收，还对之前已收的进行退税。

表4-5 增值税的税率概表

税目（项目）		税率
销售、进口货物		13%
		9%
出口货物		零税率（另有规定除外）
销售劳务		13%
其他	提供有形动产租赁服务	13%
	"交邮基建不租不销转土"	9%
	销售其他服务	6%（按照规定适用零税率的除外）

二、征收率

小规模纳税人以及一般纳税人采用简易办法征收增值税，征收率为3%。另有规定除外。

（一）一般规定

表4-6　征收率的一般规定

纳税人类型	应税行为		征收率
一般纳税人	销售自己使用过的，不得抵扣且未抵扣进项税额的固定资产		按3%征收率减按2%征收
	销售自产的下列货物，可选择简易办法征收（36个月内不得变更）	1．县级及以下小型水力发电单位生产的电力；2．建筑用和生产建筑材料所用的砂、土、石料；3．以自己采掘的砂、土、石料或其他矿物连续生产的砖、瓦、石灰；4．用微生物、人或动物的血液或组织等制成的生物制品；5．自来水；6．商品混凝土	3%
	销售下列服务，可选择简易办法征收（36个月内不得变更）	1.公共交通运输服务；2.动漫产品的设计、制作服务，以及在境内转让动漫版权；3.电影放映服务；4.仓储服务；5.装卸搬运服务；6.收派服务；7.文化体育服务；8.以营改增试点前取得的有形动产，提供的"有形动产经营租赁服务"；9.营改增试点前签订的，尚未执行完毕的"有形动产租赁"合同	
	销售暂按简易办法征收的货物	1．寄售商店代销寄售物品；2．典当业销售死当物品	
	建筑企业可选择简易征收的	提供建筑服务属于老项目的	
小规模纳税人	销售自己使用过的固定资产		减按2%征收率征收
	其他应税行为（除上、下两种应税行为）		3%
纳税人	销售旧货	旧货：指进入二次流通的具有部分使用价值的货物，不包括自己使用过的物品	按3%征收率减按2%征收

拿分要点

1. 一般纳税人销售自己使用过的不得抵扣且未抵扣进项税额的固定资产，选择放弃减免税，按照简易办法依照3%征收率缴纳增值税的，可以开具增值税专用发票。

2. 小规模纳税人销售自己使用过的固定资产，选择放弃减免税，按照3%征收率缴纳增值税的，可以开具增值税专用发票。

3. 自2020年5月1日至2023年12月31日，从事二手车经销业务的纳税人销售其收购的二手车，由原按照简易办法依3%征收率减按2%征收增值税，改为减按0.5%征收增值税。

（二）特殊规定

表4-7 征收率的特殊规定

纳税人类型	应税行为	备注	征收率
小规模纳税人	转让、出租其取得的不动产	不含个人出租住房	5%
一般纳税人	转让、出租其2016年4月30日前取得的不动产	选择简易计税的	
房地产开发企业	销售自行开发的房地产项目	一般纳税人老项目（选择简易计税的）	
		小规模所有项目	
纳税人	提供劳务派遣	选择差额纳税的	

拿分要点

自2021年10月1日起，住房租赁企业中的增值税一般纳税人向个人出租住房取得的全部出租收入，可以选择适用简易计税方法，按照5%的征收率减按1.5%计算缴纳增值税，或适用一般计税方法计算缴纳增值税；住房租赁企业中的增值税小规模纳税人向个人出租住房，按照5%的征收率减按1.5%计算缴纳增值税。（2022新增）

考点四 应纳税额计算（★★★）

一、应纳税额的计算

（一）一般计税方法

当期应纳税额＝当期销项税额－当期准予抵扣的进项税额

当期销项税额＝不含增值税销售额×适用税率＝含增值税销售额÷（1＋适用税率）×适用税率

当期销项税额小于当期进项税额不足抵扣时，其不足部分可以结转下期继续抵扣。

（二）简易计税方法

应纳税额＝不含税销售额×征收率＝含税销售额÷（1＋征收率）×征收率

（三）进口环节增值税

1. 进口非应税消费品

应纳税额＝组成计税价格×税率＝（关税完税价格＋关税税额）×税率

2. 进口应税消费品

应纳税额＝组成计税价格×税率＝（关税完税价格＋关税税额＋消费税税额）×税率

（四）扣缴计税方法

境外单位或者个人在境内发生应税行为，在境内未设经营机构的，扣缴义务人应扣缴：

应扣缴税额＝购买方支付的价款÷（1＋税率）×税率

二、销售额

（一）概念

销售额是指纳税人发生应税销售行为向购买方收取的全部价款和价外费用，不包括收取的销项税额。

价外费用，包括价外向购买方收取的手续费、补贴、基金、集资费、返还利润、奖励费、违约金、滞纳金、延期付款利息、赔偿金、代收款项、代垫款项、包装费、包装物租金、储备费、优质费、运输装卸费以及其他各种性质的价外收费。

销售额不包括下列项目：

（1）受托加工应征消费税的消费品所代收代缴的消费税。

（2）代为收取的政府性基金或者行政事业性收费。

（3）销售货物的同时代办保险等而向购买方收取的保险费，以及向购买方收取的代购买方缴纳的车辆购置税、车辆牌照费。

（4）以委托方名义开具发票代委托方收取的款项。

((·)) 躲坑要点

> 价外费用全部为价税合计金额，需进行价税分离。

（二）含税销售额的换算

不含增值税销售额＝含增值税销售额÷（1＋适用税率／征收率）

((·)) 躲坑要点

> 题目出现以下说法则给出的金额为含税销售额：（1）含税销售额；（2）零售价；（3）价外费用；（4）普通发票；（5）需要并入销售额一并缴纳增值税的包装物押金，属于含税收入。

（三）视同销售货物行为销售额的确定

纳税人销售价格明显偏低且无正当理由或者偏高且不具有合理商业目的的，或视同销售货物而无销售额的，按下列顺序确定销售额：

（1）按纳税人最近时期同类货物的平均销售

价格确定。

（2）按其他纳税人最近时期同类货物的平均销售价格确定。

（3）按组成计税价格确定。

非应税消费品，其计算公式为：

组成计税价格＝成本×（1＋成本利润率）

应税消费品，其计算公式为：

组成计税价格＝成本×（1＋成本利润率）＋消费税税额

组成计税价格＝成本×（1＋成本利润率）÷（1－消费税税率）

成本利润率由国家税务总局确定。

（四）混合销售、兼营

1. 混合销售额＝货物销售额＋服务销售额

2. 兼营：不同税率分别核算销售额，未分别核算的，从高适用税率。

（五）特殊销售方式下销售额的确定

1. 折扣销售：

（1）如果销售额和折扣额在同一张发票上的金额栏分别注明的，可按冲减折扣额后的销售额征收增值税。

（2）将折扣额另开发票（或者将折扣额在同一张发票的备注栏分别注明）的，不论财务上如何处理，在征收增值税时，折扣额均不得冲减销售额。

2. 以旧换新：销售额＝新货物的同期销售价格，不得扣减旧货物的收购价格（金银首饰例外）。

3. 还本销售：销售额＝货物销售价格，不得在销售额中减除还本支出。

4. 以物易物：双方都应作购销处理，以各自发出的货物核算销售额并计算销项税额，以各自收到的货物按规定核算购货额并计算进项税额。

5. 直销：收取的全部价款＋价外费用。

6. 兼营免税、减税项目的，应当分别核算销售额，未分别核算的，不得减免。

（六）包装物押金

表4-8 包装物押金的处理

包装物押金	增值税	
	取得时	逾期时
一般货物	×	√
除啤酒、黄酒外的其他酒	√	×
啤酒、黄酒	×	√

躲坑要点

1. 逾期时指按照合同约定逾期或者1年以上。

2. 与包装物租金进行区分，租金属于价外费用。

3. 包装物押金是含税收入。

（七）"营改增"行业销售额的规定

表4-9 差额计税的计税情形

项目	计算公式	备注
金融商品转让	销售额＝卖出价－买入价	1. 若相抵后出现负差，可结转下一纳税期相抵，但年末时，不得转入下一个会计年度 2. 买入价，可以选择加权平均法／移动加权平均法进行核算，36个月内不得变更 3. 不得开具增值税专用发票
经纪代理服务	销售额＝全部价款＋价外费用－代收的政府性基金／行政事业性收费	向委托方收取的政府性基金或者行政事业性收费，不得开具增值税专用发票
航空运输企业	销售额＝全部价款＋价外费用－代收的民航发展基金／代售的票价款	
客运场站服务	销售额＝全部价款＋价外费用－支付给承运方的运费	
旅游服务	销售额＝全部价款＋价外费用－住宿费、餐饮费、交通费、签证费、门票费、地接费	不得开具增值税专用发票，可以开具普通发票
建筑服务	销售额＝全部价款＋价外费用－分包费	适用简易计税方法的按此方法
房地产开发企业销售其开发的房地产	销售额＝全部价款＋价外费用－土地出让金	选择简易计税方法的房地产老项目（合同开工日期在2016年4月30日前）除外

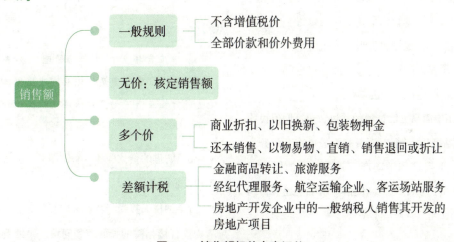

躲坑要点

纳税人从全部价款和价外费用中扣除价款，应当取得符合法律、行政法规和国家税务总局规定的有效凭证。否则，不得扣除。

【例题·单选题】甲公司为增值税一般纳税人，2020年10月转让金融商品卖出价为106万元，所转让金融商品买入价为90.1万元，上一纳税期转让金融商品出现负差5.25万元。已知，增值税税率为6%。计算甲公司当月金融商品转让增值税销项税额的下列算式中，正确的是（　　）。（2020年）

A. 106÷（1+6%）×6%

B. （106−90.1−5.25）÷（1+6%）×6%

C. （106−90.1）×6%

D. 106×6%

【答案】B

【解析】金融商品转让应以卖出价减买入价差额计税，排除选项A、D。转让金融商品的负差可以结转下一纳税期，但不得转入下一会计年度；在本题中，10月份的上一纳税期属于本年内纳税期，负差可以结转至10月份与10月份的销售额相抵，因此，选项B正确，选项C错误。

【小结】

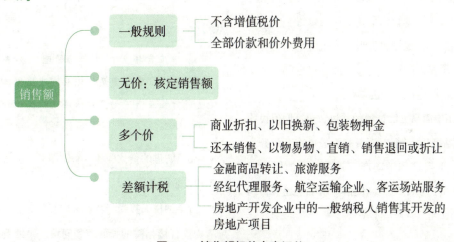

图4-1　销售额相关内容汇总

三、进项税额

（一）准予抵扣的进项税额（凭票抵扣＋计算抵扣）

1. 从销售方取得的增值税专用发票（含税控机动车销售统一发票）上注明的增值税额。

2. 从海关取得的海关进口增值税专用缴款书上注明的增值税额。

3. 购进农产品，除取得增值税专用发票或者海关进口增值税专用缴款书外，进项税额＝买价×扣除率。

（1）取得一般纳税人开具的增值税专用发票或者海关进口增值税专用缴款书的，以注明的增值税额为进项税额。

（2）从按照简易计税方法依照3%征收率计算缴纳增值税的小规模纳税人取得增值税专用发票的，以注明的金额和9%的扣除率计算进项税额。

（3）取得（开具）农产品销售发票或收购发票的，以发票上注明的农产品买价和9%的扣除率计算进项税额。

（4）纳税人购进用于生产或者委托加工13%税率货物的农产品，按照10%的扣除率计算进项税额。

4. 纳税人购进国内旅客运输服务未取得增值税专用发票的，暂按照以下规定确定进项税额。

表4-10　国内旅客运输服务税额抵扣规定

取得增值税电子普通发票	进项税额＝发票上注明的税额
取得注明旅客身份信息的航空运输电子客票行程单	进项税额＝（票价＋燃油附加费）÷（1＋9%）×9%
取得注明旅客身份信息的铁路车票	进项税额＝票面金额÷（1＋9%）×9%
取得注明旅客身份信息的公路、水路等其他客票	进项税额＝票面金额÷（1＋3%）×3%

5. 从境外单位或者个人购进劳务、服务、无形资产或者境内的不动产，取得的代扣代缴税款的完税凭证上注明的增值税额。

【总结】可以用于抵扣的凭证包括：增值税专用发票、海关进口增值税专用缴款书、农产品收购发票、农产品销售发票、完税凭证和符合规定的国内旅客运输发票。

（二）不得抵扣的进项税额

1. 用于简易方法计税的项目、免征增值税项目、集体福利或者个人消费的购进货物、劳务、服务、无形资产和不动产。其中涉及的固定资产、无形资产、不动产，仅指专用于上述项目的固定资产、无形资产、不动产。

拿分要点

如果是既用于上述不允许抵扣项目又用于抵扣项目的，该进项税额准予全部抵扣。自2018年1月1日起，纳税人租入固定资产、不动产，既用于一般计税方法计税项目，又用于简易方法计税项目、免征增值税项目、集体福利或者个人消费的，其进项税额准予从销项税额中全额抵扣。

2. 非正常损失的购进货物，以及相关的劳务和交通运输服务。

3. 非正常损失的在产品、产成品所耗用的购进货物（不包括固定资产）、劳务和交通运输服务。

4. 非正常损失的不动产，以及该不动产耗用的购进货物、设计服务和建筑服务。

5. 非正常损失的在建工程耗用的购进货物、设计服务和建筑服务。

躲坑要点

非正常损失，是指因管理不善造成被盗、丢失、霉烂变质，以及因违反法律法规造成货物或者不动产被依法没收、销毁、拆除的情形。

6. 购进的贷款服务、餐饮服务、居民日常服务和娱乐服务。

7. 纳税人接受贷款服务向贷款方支付的与该笔贷款直接相关的投融资顾问费、手续费、咨询费等，进项税额不得从销项税额中抵扣。

8. 一般纳税人按简易办法征收增值税的，不得抵扣进项税额。

9. 一般纳税人兼营简易计税、免税，且无法划分不得抵扣的，按以下方法计算不得抵扣的进项税额：

不得抵扣的进项税额＝当期无法划分的全部进项税额×（当期简易计税销售额＋免税销售额）÷当期全部销售额。

10. 一般纳税人会计核算不健全，不能够准确提供税务资料，或应当办理一般纳税人资格登记而未办理的，按照13%税率征收增值税，不得抵扣进项税额，不得使用增值税专用发票。

（三）扣减进项税额的规定

一般纳税人已抵扣进项税额的购进货物或者劳务改变用途，变成按规定不得从销项税额中抵扣的，应该将该进项税额从当期的进项税额中扣减出来。（即进项转出）

进项税额转出计算：

1. 直接转出——知道税额

进项税额转出＝已抵扣税款×转出比例

2. 计算转出——不知道税额，则先算出税额还原成"1"

（1）存货：进项税额转出＝不含税价款×税率×转出比例

（2）服务：进项税额转出＝不含税服务费×税率×转出比例

（3）固定资产（无形资产）：进项税额转出＝固定资产净值（无形资产净值）×适用税率

【小结】增值税应纳税额计算

（4）不动产：进项税额转出＝已抵扣进项税额×不动产净值率

躲坑要点

固定资产净值是指纳税人根据财务会计制度计提折旧的余额。

（四）转增进项税额的规定——进项税额转入

1. 不得抵扣且未抵扣进项税额的固定资产、无形资产，发生用途改变，用于允许抵扣进项税额的应税项目，可在改变用途的次月，依据合法有效的增值税扣税凭证，计算可抵扣的进项税额。

可抵扣的进项税额＝固定资产、无形资产净值÷（1＋适用税率）×适用税率

2. 不得抵扣进项税额的不动产，发生改变用途，用于允许抵扣进项税额项目的，可在改变用途的次月按下列公式计算可抵扣的进项税额。

可抵扣进项税额＝增值税扣税凭证注明或计算的进项税额×不动产净值率

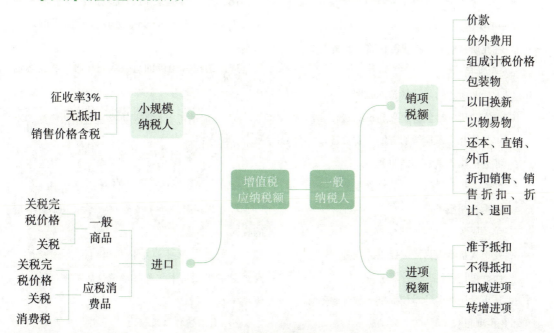

图4-2　增值税应纳税额相关内容汇总

考点五　税收优惠（★★）

国家制定减免税规定的目的：

（1）鼓励；（2）照顾。

躲坑要点

鼓励和照顾都是有限度的。

一、法定免税项目

1. 农业生产者销售的自产农产品。

2. 避孕药品和用具。

3. 古旧图书。

4. 直接用于科学研究、科学试验和教学的进口仪器、设备。

5. 外国政府、国际组织（不包括外国企业）无偿援助的进口物资和设备。

6. 由残疾人组织直接进口供残疾人专用的物品。

7. 销售的自己（指其他个人）使用过的物品。

二、"营改增"试点税收优惠

（一）免征

1. 托儿所、幼儿园提供的保育和教育服务。

不免税项目：

（1）托儿所、幼儿园的超标收费。

（2）实验班、特色班、兴趣班收费。

（3）与幼儿入园挂钩的赞助、支教费。

2. 养老机构提供的养老服务。

3. 残疾人福利机构提供的育养服务。

4. 婚姻介绍服务。

5. 殡葬服务。

6. 残疾人员本人为社会提供的服务。

7. 医疗机构提供的医疗服务。

8. 从事学历教育的学校提供的教育服务。

不免税项目：

（1）非学历教育收费。

（2）校办企业提供的融资租赁、广告等现代服务，文化体育等生活服务收入。

（3）学校收取的赞助费、择校费。

9. 学生勤工俭学提供的服务。

10. 农业机耕、排灌、病虫害防治、植物保护、农牧保险以及相关技术培训业务，家禽、牲畜、水生动物的配种和疾病防治。

11. 纪念馆、博物馆、文化馆、文物保护单位管理机构、美术馆、展览馆、书画院、图书馆在自己的场所提供文化体育服务取得的第一道门票收入。

12. 寺院、宫观、清真寺和教堂举办文化、宗教活动的门票收入。

13. 行政单位之外的其他单位收取的符合《营业税改征增值税试点实施办法》第十条规定条件的政府性基金和行政事业性收费。

14. 个人转让著作权。

15. 个人销售自建自用住房。

16. 台湾航运公司、航空公司从事海峡两岸海上直航、空中直航业务在大陆取得的运输收入。

17. 纳税人提供的直接或间接国际货物运输代理服务。

18. "四技"（技术转让、技术开发、技术咨询、技术服务）。

19. 福利彩票、体育彩票的发行收入。

20. 军队空余房产租赁收入。

21. 提供社区养老、托育、家政等服务取得的收入。

【例题·单选题】根据增值税法律制度的规定，下列各项中，免征增值税的是（　　）。（2019年）

A. 商店销售水果糖

B. 木材加工厂销售原木

C. 粮店销售面粉

D. 农民销售自产粮食

【答案】D

【解析】选项A：属于常规的货物销售行为，应依法缴纳增值税；选项B、C、D：农业生产者销售自产的农产品免征增值税，选项B是加工者销售，不符合免税规定；选项C是销售者销售，不符合免税规定。

（二）增值税即征即退

一般纳税人提供管道运输服务、有形动产融资租赁服务与有形动产融资性售后回租服务，实际税负超过3%的部分实行增值税即征即退政策。

（三）扣减增值税规定

1. 退役士兵创业就业。

2. 重点群体创业就业。

（四）个人对外销售的房屋增值税征收

表4-11　个人对外销售的房屋增值税征收

地区	购置时间	住房性质	征收方式	税率
北、上、广、深	住房购买<2年	不必区分住房性质	全额征收	5%
	住房购买≥2年	非普通住房	差额征收	5%
		普通住房		免
其他城市	住房购买<2年	不必区分住房性质	全额征收	5%
	住房购买≥2年	不必区分住房性质		免

三、跨境行为免征增值税的政策规定

表4-12　跨境行为免征增值税的政策规定

服务项目	具体内容
运输服务	1. 台湾航运公司、航空公司从事海峡两岸海上直航、空中直航业务在大陆取得的运输收入；2. 以无运输工具承运方式提供的国际运输服务
邮政服务	为出口货物提供邮政服务
电信服务	向境外单位提供的完全在境外消费的电信服务
金融服务	1. 为出口货物提供保险服务；2. 为境外单位之间的货币资金融通及其他金融业务提供的直接收费金融服务，且该服务与境内的货物、无形资产和不动产无关
建筑服务	工程项目在境外的建筑服务、工程监理服务
现代服务	1. 工程勘察勘探服务；2. 会议展览地点在境外的会议展览服务；3. 存储地点在境外的仓储服务；4. 标的物在境外使用的有形动产租赁服务；5. 在境外提供的广播影视节目（作品）的播映服务；6. 国际货物运输代理服务；7. 为出口货物提供的收派服务；8. 向境外单位提供的完全在境外消费的下列服务：（1）知识产权服务；（2）物流辅助服务（仓储服务、收派服务除外）；（3）鉴证咨询服务；（4）专业技术服务；（5）商务辅助服务；（6）广告投放地在境外的广告服务

第四章

（续上表）

服务项目	具体内容
生活服务	在境外提供的文化体育服务、教育医疗服务、旅游服务
销售无形资产	向境外单位提供的完全在境外消费的无形资产

四、小规模纳税人免税规定（2022变化）

1. 小规模纳税人发生增值税应税销售行为，合计月销售额未超过15万元（以1个季度为1个纳税期的，季度销售额未超过45万元）的，免征增值税。

小规模纳税人发生增值税应税销售行为，合计月销售额超过15万元，但扣除本期发生的销售不动产的销售额后未超过15万元的，其销售货物、劳务、服务、无形资产取得的销售额免征增值税。

2. 其他个人，采取一次性收取租金形式出租不动产取得的租金收入，可在对应的租赁期内平均分摊，分摊后的月租金收入未超过15万元的，免征增值税。

3. 按照现行规定应当预缴增值税税款的小规模纳税人，凡在预缴地实现的月销售额未超过15万元的，当期无需预缴税款。（2022新增）

五、其他减免税规定

1. 纳税人兼营免税、减税项目的，应当分别核算免税、减税项目的销售额；未分别核算销售额的，不得免税、减税。

2. 纳税人发生应税销售行为适用免税规定的，可以放弃免税，依照有关规定缴纳增值税；纳税人放弃免税后，36个月内不得再申请免税。

3. 纳税人发生应税销售行为同时适用免税和零税率的，可以选择其一。

考点六 征收管理（★★）

一、纳税义务发生时间（结合会计处理收入的确认理解）

表4-13 纳税义务发生时间

销售方式		纳税义务发生时间
直接收款		收到销售额或取得索取销售额凭据
委托收款		发出货物并办妥托收手续
赊销、分期收款		书面合同约定的收款日期 【躲坑要点】无合同或有合同无约定的，为货物发出
预收货款	货物	货物发出 【躲坑要点】生产工期超过12个月的，为收到预收款或书面合同约定的收款日期
	建筑、租赁服务	收到预收款

（续上表）

销售方式	纳税义务发生时间
委托代销	收到代销清单或全部、部分货款 【躲坑要点】未收到代销清单及货款的，为发出货物满180天
金融商品转让	所有权转移
视同销售	货物移送、转让完成或权属变更
进口	报关进口
扣缴义务	纳税义务发生
先开发票	开具发票

躲坑要点

试题中只表述一般情况而不对特殊情况进行说明的，视为正确选项。

【例题·单选题】根据增值税法律制度的规定，纳税人采取托收承付和委托银行收款方式销售货物的，其纳税义务的发生时间为（　　）。（2019年）

A. 货物发出的当天

B. 合同约定的收款日期的当天

C. 收到销货款的当天

D. 发出货物并办妥托收手续的当天

【答案】D

【解析】本题考核增值税的纳税义务发生时间。根据《增值税暂行条例》的规定，采取托收承付和委托收款方式销售货物，为发出货物并办妥托收手续的当天。故选项D正确。

二、纳税地点

表4-14　纳税地点

业户			申报纳税地点
固定户	一般情况		机构所在地
	总分机构不在同一县（市）		分别申报
			经批准，可以由总机构汇总向总机构所在地的税务机关申报
	外出经营	有外管证	机构所在地
		无外管证	销售地或者劳务发生地；没申报的，由其机构所在地税务机关补征税款
	非固定户		销售地或劳务发生地
	进口		报关地海关

第四章

三、纳税期限

增值税的纳税期限分别为1日、3日、5日、10日、15日、1个月或1个季度。不能按期纳税的，可以按次纳税。

躲坑要点

以1个季度为纳税期限：小规模纳税人、银行、财务公司、信托投资公司、信用社，以及财政部和国家税务总局规定的其他纳税人。

1. 1个月或1个季度：期满之日起"15日内"申报纳税。

2. 1日、3日、5日、10日、15日：期满之日起"5日内"预缴税款，于次月1日起"15日内"申报纳税并结清上月税款。

3. 纳税人进口货物：自海关填发海关进口增值税专用缴款书之日起"15日内"缴纳税款。

考点七 增值税专用发票的使用规定（★★）

一、联次

增值税专用发票的基本联次为三联，包括发票联、记账联、抵扣联。

二、一般纳税人不得领购开具专用发票的情形

1. 会计核算不健全，不能向税务机关准确提供增值税销项税额、进项税额、应纳税额数据及其他有关增值税税务资料的。

2. 有《中华人民共和国税收征收管理法》规定的税收违法行为，拒不接受税务机关处理的。

3. 有下列行为之一，经税务机关责令限期改正而仍未改正的：

（1）虚开增值税专用发票。

（2）私自印制专用发票。

（3）向税务机关以外的单位和个人买取专用发票。

（4）借用他人专用发票。

（5）未按规定开具专用发票。

（6）未按规定保管专用发票和专用设备。

（7）未按规定申请办理防伪税控系统变更发行。

（8）未按规定接受税务机关检查。

三、一般纳税人不得开具增值税专用发票的情形

1. 零售（不包括劳保专用部分）。

2. 应税销售行为的购买方为消费者个人的。

3. 发生应税销售行为适用免税规定的。

【例题·多选题】根据增值税法律制度的规定，商业企业一般纳税人零售的下列货物中，不能开具增值税专用发票的有（　　　）。（2020年）

A. 红酒　B. 卷烟　C. 劳保鞋　D. 食品

【答案】ABD

【解析】商业企业一般纳税人零售的劳保用品可以开具增值税专用发票。

四、增值税专用发票实行最高开票限额管理

最高开票限额由一般纳税人申请，税务机关依法审批。

五、新办纳税人实行增值税电子专用发票（2022新增）

1. 自2021年1月21日起，在北京、山西等地的25个地区的新办纳税人中实行专票电子化，受

票方范围为全国。

2. 纳税人开具增值税专用发票时，既可以开

具电子专票，也可以开具纸质专票。受票方索取纸质专票的，开票方应当开具纸质专票。

【小结】

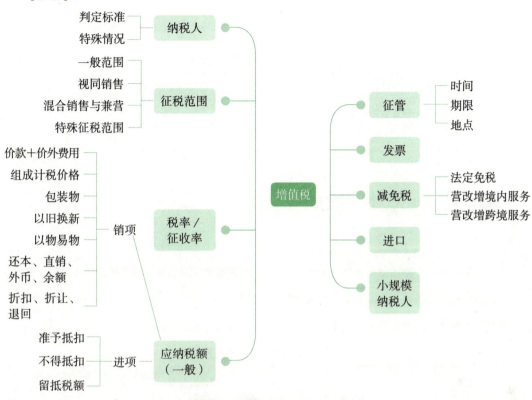

图4-3 增值税相关内容汇总

扫一扫"码"上练题

打开微信扫一扫，关注公众号，点击"会计考试GO"小程序，即可线上练题。下载安装"会计学堂"APP，体验更多课程，参与万人模考，助您顺利通关。

基础阶段，建议考生结合视频课程进行学习，消化重难点。

后续可配套《习题精编》进行练习。

第三节 消费税法律制度

扫码听课

表4-15 增值税和消费税的区别

税种	目的	对象	计税基础	纳税环节
增值税	避免重复征税	所有货物	价外税	多环节
消费税	限制	特定货物	价内税	单一环节

考点一 纳税人、征税范围（★★）

一、纳税人

在我国境内生产、委托加工和进口《中华人民共和国消费税暂行条例》（以下简称《消费税暂行条例》）规定的消费品的单位和个人，以及国务院确定的销售《消费税暂行条例》规定的消费品的其他单位和个人，为消费税的纳税人。

二、征税范围

表4-16 消费税征税范围

征税环节		适用范围
基本环节	生产环节	除按照规定在零售环节纳税的应税消费品以外的其他应税消费品
	进口环节	
	委托加工环节	
特殊环节	零售环节	金银首饰、钻石及钻石饰品、铂金首饰、超豪华小汽车（加征）
	批发环节	卷烟在批发环节加征一道消费税

三、生产应税消费品

1. 纳税人生产的应税消费品，于销售时纳税。

视同生产：工业企业以外的单位和个人的下列行为视为应税消费品的生产行为，按规定征收消费税：

（1）将外购的消费税非应税产品以消费税应税产品对外销售的（例如，外购普通护肤类化妆品，以高档护肤类化妆品对外销售）。

（2）将外购的消费税低税率应税产品以高税率应税产品对外销售。

2. 纳税人自产自用的应税消费品，用于连续生产应税消费品的，不纳税；用于其他方面的，于移送使用时纳税。

表4-17　自产自用的应税消费品征税要点

用途		举例	税务处理要点
将自产的应税消费品，用于连续生产应税消费品		将自产的未涂饰实木地板移送生产漆饰实木地板；将自产的烟丝移送生产卷烟	移送时不征收消费税
			终端应税消费品出厂销售时按规定征收消费税
其他方面	将自产的应税消费品，用于连续生产非应税消费品	将自产的高档保湿精华移送生产普通护肤品；将自产的黄酒移送生产调味料酒	移送时征收消费税
			终端产品出厂销售时不征收消费税
	将自产的应税消费品，用于在建工程、管理部门、非生产机构、提供劳务、馈赠、赞助、集资、广告、样品、职工福利、奖励等方面	将自产的白酒作为职工福利；将自产的实木地板用于装修办公楼；将自产的高档化妆品用于馈赠客户	移送时征收消费税

四、委托加工应税消费品

1. 委托加工的应税消费品，是指由委托方提供原料和主要材料，受托方只收取加工费和代垫部分辅助材料加工的应税消费品。

2. 对于由受托方提供原材料生产的应税消费品，或者受托方先将原材料卖给委托方，然后再接受加工的应税消费品，以及由受托方以委托方名义购进原材料生产的应税消费品，不论在财务上是否作为销售处理，都不得作为委托加工应税消费品，而应当按照销售自制应税消费品缴纳消费税。

【理解】实质重于形式。

3. 委托加工的应税消费品，除受托方为个人外，由受托方在向委托方交货时代收代缴消费税。

委托个人加工的应税消费品，由委托方收回后缴纳消费税。

4. 委托加工的应税消费品，委托方用于连续生产应税消费品的，所纳税款准予按规定抵扣。

5. 委托方将收回的应税消费品，直接出售，不再缴纳消费税。

躲坑要点

所谓"直接出售"是指以不高于受托方的计税价格出售。

委托方以高于受托方的计税价格出售的，不属于直接出售，需按照规定申报缴纳消费税，在计税时准予扣除受托方已代收代缴的消费税。

五、进口应税消费品

单位和个人进口应税消费品，于报关进口时缴纳消费税。

六、零售

（一）金银首饰、铂金首饰、钻石及钻石饰品

1. 金银首饰在零售环节缴纳消费税，生产环节不再缴纳。

2. 金银首饰仅限于金、银以及金基、银基合金首饰和金基、银基合金的镶嵌首饰。

躲坑要点

1. 不包括镀金首饰和包金首饰。

2. 对既销售金银首饰，又销售非金银首

饰的生产、经营单位，应将两类商品划分清楚，分别核算销售额。凡划分不清楚或不能分别核算的，在生产环节销售的，一律从高适用税率征收消费税；在零售环节销售的，一律按金银首饰征收消费税。

（二）超豪华小汽车（加征）

1. 界定：不含税单价130万元及以上。

2. 纳税人：将超豪华小汽车销售给消费者的单位和个人。

3. 政策：对超豪华小汽车，在生产（进口）环节按现行税率征收消费税的基础上，在零售环节加征消费税，税率为10%。

七、批发销售卷烟（加征）

烟草批发企业将卷烟销售给零售单位的，要再征一道消费税。

躲坑要点

1. 烟草批发企业将卷烟销售给其他烟草批发企业的，不缴纳消费税。

2. 纳税人兼营卷烟批发和零售业务的应当分别核算，未分别核算的按照全部销售额、销售数量计征批发环节消费税。

3. 卷烟消费税改为在生产和批发两个环节征收后，批发企业在计算应纳税额时不得扣除已含的生产环节的消费税税款。

【例题·单选题】2020年10月，甲烟草批发企业向乙卷烟零售店销售卷烟200标准条，取得不含增值税销售额28 000元；向丙烟草批发企业销售卷烟300标准条，取得不含增值税销售额42 000元。已知，卷烟批发环节消费税比例税率11%，定额税率为0.005元／支，每标准条200支卷烟。计算甲烟草批发企业当月上述业务应缴纳消费税税额的下列算式中，正确的是（   ）。（2020年）

A. 28 000×11%+42 000×11%

B. 28 000×11%+200×200×0.005

C. 42 000×11%+300×200×0.005

D. 28 000×11%+200×200×0.005+42 000×11%+300×200×0.005

【答案】B

【解析】甲烟草批发企业向丙烟草批发企业销售卷烟，属于批发企业之间的销售，不缴纳消费税。因此，选项中涉及"300"或者"42 000"的均予排除。

【小结】

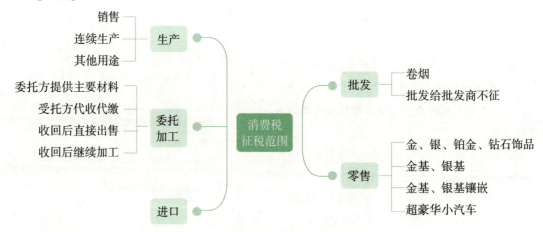

图4-4 消费税征收范围相关内容汇总

考点二　税目（★★★）

表4-18　消费税税目

税目	征税范围	不包括
烟	卷烟、雪茄烟、烟丝（散装烟）	烟叶
酒	白酒、黄酒、啤酒、其他酒	调味料酒、酒精
高档化妆品	高档美容、修饰类化妆品、高档护肤类化妆品和成套化妆品	演员用的油彩、上妆油、卸妆油
贵重首饰及珠宝玉石	金／银／铂金首饰；钻石、钻石饰品；其他贵重首饰和珠宝玉石（宝石坯）	
鞭炮、焰火		体育上用的发令纸、鞭炮药引线
成品油	汽油、柴油、石脑油、溶剂油、航空煤油、润滑油、燃料油	
摩托车	气缸容量250毫升和250毫升（不含）以上的摩托车	
小汽车	乘用车、中轻型商用客车、超豪华小汽车	大型商用客车、大货车、大卡车；电动汽车；沙滩车、雪地车、卡丁车、高尔夫车（不上马路）；企业购进货车或厢式货车改装生产的商务车、卫星通信车等专用汽车
高尔夫球及球具		
高档手表	不含增值税在1万元（含）以上	
游艇		
木制一次性筷子		
实木地板	实木／实木指接／实木复合地板、实木装饰板、素板	
电池	原电池、蓄电池、燃料电池、太阳能电池、其他电池	免征：无汞原电池、金属氢化物镍蓄电池、锂原电池、锂离子蓄电池、太阳能电池、燃料电池和全钒液流电池
涂料		免征：施工状态下挥发性有机物含量低于420克／升（含）的涂料

躲坑要点

已取消汽车轮胎、酒精、气缸容量不满250毫升的小排量摩托车的消费税。

【例题·多选题】根据消费税法律制度的规定，下列各项中，属于消费税征税范围的有（　　）。（2019年）

A. 私人飞机

B. 高档手表

C. 金银首饰

D. 游艇

【答案】BCD

【解析】私人飞机不属于应税消费品。

考点三　应纳税额（★★★）

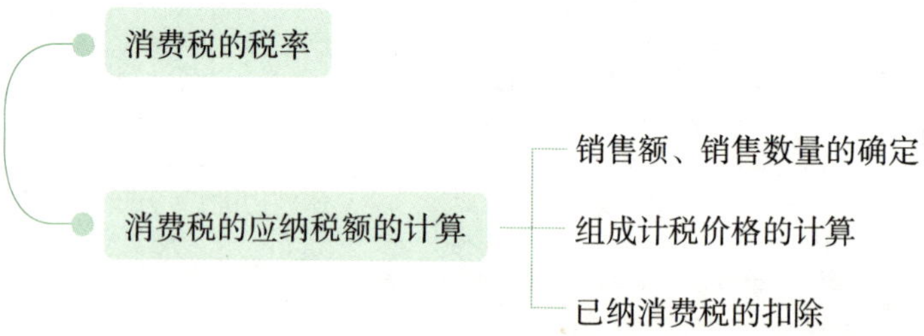

图4-5　消费税的应纳税额

一、税率

表4-19　消费税应纳税额计算的基本规定

税率形式	适用项目	计税公式
从价定率	除适用从量计税、复合计税以外的其他项目	应纳税额＝销售额或组成计税价格×比例税率
从量定额	啤酒、黄酒、成品油	应纳税额＝销售数量×定额税率
复合计税	卷烟、白酒	应纳税额＝销售数量×定额税率+销售额或组成计税价格×比例税率

躲坑要点

1. 纳税人兼营不同税率的应税消费品，应当分别核算不同税率应税消费品的销售额、销售数量。未分别核算销售额、销售数量，或者将不同税率的应税消费品组成成套消费品销售的，从高适用税率。

2. 销售额是纳税人销售应税消费品向购买方收取的全部价款和价外费用，不包括向购货方收取的增值税税款。

同一环节既征收消费税又征收增值税的，消费税与增值税的计税销售额一般情况下是相同的（用于"换、抵、投"除外）。

如果消费税的纳税人同时又是增值税一般纳税人的，适用13%的增值税税率；如果消费税的纳税人是增值税小规模纳税人的，应适用3%的征收率。

【例题·单选题】2020年8月甲药酒厂生产240吨药酒，销售140吨，取得不含增值税销售额2 000万元，增值税税额260万元。甲药酒厂当月销

售药酒消费税计税依据为（　　　）。（2020年）

A．2 000万元

B．2 260万元

C．240吨

D．140吨

【答案】A

【解析】选项C、D：药酒属于"酒——其他酒"，从价计征消费税；选项A、B：消费税的计税销售额应为不含增值税的销售额；本题增值税的计税依据为2 000万元。

二、销售数量的确定

1．销售应税消费品的，为应税消费品的销售数量。

2．自产自用应税消费品的，为应税消费品的移送使用数量。

3．委托加工应税消费品的，为纳税人收回的应税消费品数量。

4．进口应税消费品的，为海关核定的应税消费品进口征税数量。

三、特殊情形销售额、销售数量的确定

1．纳税人通过自设非独立核算门市部销售的自产应税消费品，应当按照门市部对外销售额或者销售数量征收消费税。

2．纳税人用于"换取生产资料和消费资料、投资入股和抵偿债务"等方面的应税消费品，应当以纳税人同类应税消费品的最高销售价格作为计税依据计算消费税。

拿分要点

"换、抵、投"按最高销售价格。

3．品牌使用费：白酒生产企业向商业销售单位收取的品牌使用费应并入白酒的销售额中缴纳消费税。

4．包装物押金的处理：见表4-20。

表4-20　包装物押金的处理

包装物押金	增值税		消费税	
	取得时	逾期时	取得时	逾期时
一般货物	×	√	×	√
白酒、其他酒	√	×	√	×
啤酒、黄酒	×	√	—	—

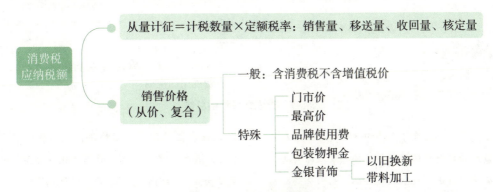

图4-6　消费税应纳税额

四、组成计税价格

（一）自产自用

1. 按照纳税人生产的同类消费品的销售价格计算纳税。

2. 没有同类消费品销售价格的，按照组成计税价格计算纳税。

（1）一般应税消费品组成计税价格公式：组成计税价格＝（成本＋利润）÷（1－比例税率）

（2）复合计征应税消费品组成计税价格公式：（非基本计算）组成计税价格＝（成本＋利润＋自产自用数量×定额税率）÷（1－比例税率）

（二）委托加工

1. 按照受托方的同类消费品的销售价格计算纳税。

2. 没有同类消费品销售价格的，按照组成计税价格计算纳税。

（1）一般应税消费品组成计税价格公式：组成计税价格＝（材料成本＋加工费）÷（1－比例税率）

（2）复合计征应税消费品组成计税价格公式：（非基本计算）组成计税价格＝（材料成本＋加工费＋委托加工数量×定额税率）÷（1－比例税率）

躲坑要点

委托加工应税消费品，委托方不涉及缴纳增值税的问题。

（三）进口

按照组成计税价格计算纳税。

1. 一般应税消费品组成计税价格公式：组成计税价格＝（关税完税价格＋关税）÷（1－消费税比例税率）

2. 复合计征应税消费品组成计税价格公式：组成计税价格＝（关税完税价格＋关税＋进口数量×消费税定额税率）÷（1－消费税比例税率）

【总结】组成计税价格

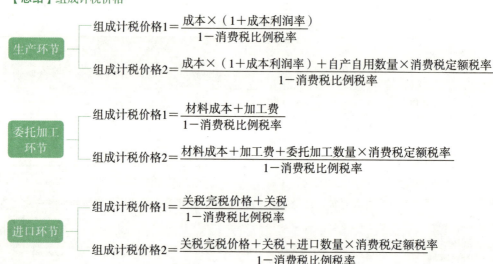

图4-7　组成计税价格总结

【例题·单选题】2020年8月甲化妆品厂将一批自产的新型高档粉饼作为福利发放给员工，该批高档粉饼生产成本42 500元，无同类高档粉饼销售价格。已知，高档化妆品消费税税率为15%，成本利润率为5%。计算甲化妆品厂当月该笔业务应缴纳消费税税额的下列算式中，正确的

是（　　）。（2020年）

A．42 500×（1+5%）÷（1－15%）×15%

B．42 500÷（1－15%）×15%

C．42 500×15%

D．42 500×（1+5%）×15%

【答案】A

【解析】消费税将自产的应税消费品用于集体福利，移送时应缴纳消费税；由于"无同类高档化妆品销售价格"，应纳消费税应组成计税价格计算：

①组成计税价格=成本×（1+成本利润率）÷（1－消费税比例税率）=42 500×（1+5%）÷（1－15%）=52 500（元）

②应纳消费税=组成计税价格×消费税税率=52 500×15%=7 875（元）

五、已纳消费税的扣除

用外购和委托加工收回应税消费品，连续生产应税消费品，在计征消费税时，可以按当期生产领用数量计算准予扣除外购和委托加工的应税消费品已纳消费税税款。

（一）扣除范围

1．以外购或委托加工收回的已税烟丝为原料生产的卷烟。

2．以外购或委托加工收回的已税高档化妆品为原料生产的高档化妆品。

3．以外购或委托加工收回的已税珠宝、玉石为原料生产的贵重首饰及珠宝、玉石。

躲坑要点

　　纳税人用外购或者委托加工收回的已税珠宝玉石为原料生产的改在零售环节征收消费税的金银首饰（镶嵌首饰），在计税时一律不得扣除外购或者委托加工收回的珠宝玉石已纳的消费税税款。

4．以外购或委托加工收回的已税鞭炮、焰火为原料生产的鞭炮、焰火。

5．以外购或委托加工收回的已税杆头、杆身和握把为原料生产的高尔夫球杆。

6．以外购或委托加工收回的已税木制一次性筷子为原料生产的木制一次性筷子。

7．以外购或委托加工收回的已税实木地板为原料生产的实木地板。

8．以外购或委托加工收回的已税石脑油、润滑油、燃料油为原料生产的成品油。

9．以外购或委托加工收回的已税汽油、柴油为原料生产的汽油、柴油。

躲坑要点

1．扣除范围不包括：酒类产品、小汽车、摩托车、游艇、高档手表、电池、涂料。

2．不能跨税目抵扣；纳税环节不同不得扣除。

3．用于生产非应税消费品不得扣除。

（二）计算公式

当期准予扣除的应税消费品已纳税款=当期生产领用数量×单价×应税消费品的适用税率

考点四　征收管理（★★）

一、纳税义务发生时间

1．纳税人销售应税消费品的，按不同的销售结算方式确定，分别为：

（1）采取赊销和分期收款结算方式的，为书面合同约定的收款日期的当天，书面合同没有约定收款日期或者无书面合同的，为发出应税消费

第四章

品的当天。

（2）采取预收货款结算方式的，为发出应税消费品的当天。

（3）采取托收承付和委托银行收款方式的，为发出应税消费品并办妥托收手续的当天。

（4）采取其他结算方式的，为收讫销售款或者取得索取销售款凭据的当天。

2. 纳税人自产自用应税消费品的，为移送使用的当天。

3. 纳税人委托加工应税消费品的，为纳税人提货的当天。

4. 纳税人进口应税消费品的，为报关进口的当天。

【例题·单选题】根据消费税法律制度的规定，下列关于消费税纳税义务发生时间的表述中，正确的是（　　）。（2021年）

A. 采取预收货款结算方式销售应税消费品的，为纳税人收到预收货款的当天

B. 采取托收承付方式销售应税消费品的，为纳税人发出应税消费品并办妥托收手续的当天

C. 采取赊销结算方式销售应税消费品的，为纳税人收讫销售款的当天

D. 委托加工应税消费品的，为纳税人支付加工费的当天

【答案】B

【解析】选项A：采取预收货款结算方式的，为发出应税消费品的当天；选项C：采取赊销和分期收款结算方式的，为书面合同约定的收款日期的当天，书面合同没有约定收款日期或者无书面合同的，为发出应税消费品的当天；选项D：纳税人委托加工应税消费品的，为纳税人提货的当天。

二、纳税地点

（一）销售和自产自用的应税消费品

纳税人销售的应税消费品，以及自产自用的应税消费品，除国务院财政、税务主管部门另有规定外，应当向纳税人机构所在地或者居住地的税务机关申报纳税。

（二）委托加工的应税消费品

受托方为"单位"——受托方向机构所在地或居住地的税务机关解缴。

受托方为"个人"——委托方向机构所在地的税务机关解缴。

（三）进口的应税消费品

由进口人或者其代理人向报关地海关申报纳税。

（四）外县（市）销售或委托外县（市）代销自产应税消费品

纳税人到外县（市）销售或者委托外县（市）代销自产应税消费品的，于应税消费品销售后，向机构所在地或者居住地税务机关申报纳税。

（五）总机构与分支机构不在同一县（市）

1. 纳税人的总机构与分支机构不在同一县（市）的，原则上应当分别向各自机构所在地的税务机关申报纳税。

2. 纳税人的总机构与分支机构不在同一县（市），但在同一省（自治区、直辖市）范围内，经省（自治区、直辖市）财政厅（局）、税务局审批同意，可以由总机构汇总向总机构所在地的税务机关申报缴纳消费税。

【小结】

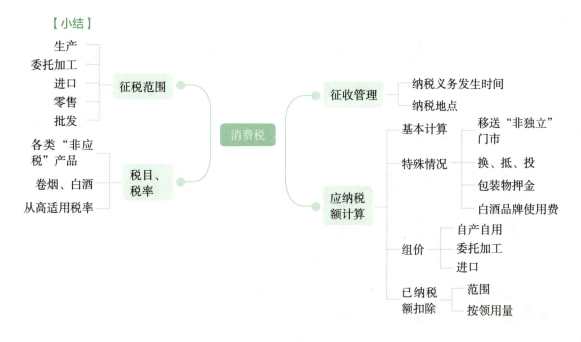

图4-8　消费税相关内容汇总

扫一扫"码"上练题

　　打开微信扫一扫，关注公众号，点击"会计考试GO"小程序，即可线上练题。下载安装"会计学堂"APP，体验更多课程，参与万人模考，助您顺利通关。

　　基础阶段，建议考生结合视频课程进行学习，消化重难点。后续可配套《习题精编》进行练习。

第四节　城市维护建设税和教育费附加法律制度

扫码听课

考点一　纳税人（★★）

缴纳增值税、消费税的单位和个人（含外商投资企业、外国企业和外籍个人）。

考点二　计税依据（★★★）

城市维护建设税：纳税人依法实际缴纳的增值税、消费税税额。在计算计税依据时，应当按照规定扣除期末留抵退税退还的增值税税额。

教育费附加：纳税人实际缴纳的增值税、消费税税额之和。

考点三　税率（★）

城市维护建设税实行地区差别比例税率，一共三档：7%（市区）；5%（县城、镇）；1%（非市区、县城或者镇）。

教育费附加征收率：3%。

 拿分要点

1. 由受托方代扣代缴、代收代缴增值税、消费税的单位和个人，其代扣代缴、代收代缴的城市维护建设税按受托方所在地适用税率执行。

2. 流动经营等无固定纳税地点的单位和个人，在经营地缴纳增值税、消费税的，其城市维护建设税的缴纳按经营地适用税率执行。

考点四　应纳税额的计算（★★★）

1. 城市维护建设税应纳税额＝实际缴纳的增值税、消费税税额×适用税率

应纳教育费附加＝实际缴纳增值税、消费税税额之和×征收率

2. 对实行增值税期末留抵退税的纳税人，允许其从城市维护建设税的计税依据中扣除退还的增值税税额。

考点五　税收优惠（★）

城市维护建设税属于增值税、消费税的一种附加税，原则上不单独规定税收减免条款。如果税法规定减免增值税、消费税，也就相应地减免了城市维护建设税。

现行城市维护建设税的减免规定主要有：

（1）对进口货物或者境外单位和个人向境内销售劳务、服务、无形资产缴纳的增值税、消费税税额，不征收城市维护建设税。

（2）对出口货物、劳务和跨境销售服务、无形资产以及因优惠政策退还增值税、消费税的，不退还已缴纳的城市维护建设税。

（3）对增值税、消费税实行先征后返、先征后退、即征即退办法的，除另有规定外，对随增值税、消费税附征的城市维护建设税，一律不予退（返）还。

考点六　征收管理（★）

一、纳税义务发生时间

城市维护建设税纳税义务发生时间与缴纳增值税、消费税的纳税义务发生时间一致，分别与增值税、消费税同时缴纳。

二、纳税地点

城市维护建设税纳税地点为实际缴纳增值税、消费税的地点。扣缴义务人应当向其机构所在地或者居住地的主管税务机关申报缴纳其扣缴的税款。有特殊情况的，按下列原则和办法确定纳税地点：

（1）代扣代缴、代收代缴增值税、消费税的单位和个人，同时也是城市维护建设税的代扣代缴、代收代缴义务人，其纳税地点为代扣代收地。

（2）对流动经营等无固定纳税地点的单位和个人，应随同增值税、消费税在经营地纳税。

三、纳税期限（2022变化）

城市维护建设税的纳税期限与增值税、消费税的纳税期限一致。

纳税期限分别为1日、3日、5日、10日、15日、1个月或者1个季度；不能按照固定期限纳税的，可以按次纳税。

扫一扫"码"上练题

打开微信扫一扫，关注公众号，点击"会计考试GO"小程序，即可线上练题。下载安装"会计学堂"APP，体验更多课程，参与万人模考，助您顺利通关。

基础阶段，建议考生结合视频课程进行学习，消化重难点。
后续可配套《习题精编》进行练习。

第五节 车辆购置税法律制度

扫码听课

车辆购置税，是对在中国境内购置应税车辆的单位和个人征收的一种税。

考点一 纳税人（★★）

在我国境内购置规定的车辆的单位和个人。

购置：购买、进口、自产、受赠、获奖、其他（拍卖、抵债、走私、罚没等）方式取得并自用的行为。

考点二 征收范围（★★）

包括汽车、有轨电车、汽车挂车、排气量超过150毫升的摩托车。

考点三 应纳税额计算（★★★）

一、计税公式

应纳税额＝计税依据×税率

表4-21 车辆购置税应纳税额

情形	计税依据	应纳税额
购买自用	实际支付给销售者的全部价款，不包括增值税税款	应纳税额＝计税依据×税率（10%）
进口自用	计税价格＝关税完税价格＋关税＋消费税	

二、自产自用应税车辆

纳税人自产自用应税车辆的计税价格，按照同类应税车辆的销售价格确定，不包括增值税税款，没有同类应税车辆销售价格的，按照组成计税价格确定。

组成计税价格＝成本×（1＋成本利润率）

应征消费税的应税车辆，其计税价格中包括消费税税额。

((o)) 躲坑要点

1. 纳税人以受赠、获奖或者其他方式取得自用应税车辆的计税价格，按照购置应税车辆时相关凭证载明的价格确定，不包括增值税税款。

2. 纳税人申报的应税车辆计税价格明显偏低，又无正当理由的，由税务机关依照《中华人民共和国税收征收管理法》的规定核定其应纳税额。

考点四 税收优惠（免税）（★）

1. 依照法律规定应当予以免税的外国驻华使馆、领事馆和国际组织驻华机构及其有关人员自用的车辆。

2. 中国人民解放军和中国人民武装警察部队列入军队武器装备订货计划的车辆。

3. 设有固定装置的非运输专用作业车辆。

4. 城市公交企业购置的公共汽电车辆。

5. 悬挂应急救援专用号牌的国家综合性消防救援车辆。

考点五 征收管理（★）

一、一次课征

1. 车辆购置税实行一次征收制度。

2. 购置已征车辆购置税的车辆，不再征收车辆购置税。

二、纳税地点

1. 购置应税车辆，应当向车辆登记地的主管税务机关申报缴纳车辆购置税。

2. 购置不需要办理车辆登记的应税车辆的，应当向纳税人所在地的主管税务机关申报缴纳车辆购置税。

三、纳税期限

车辆购置税由税务机关负责征收。车辆购置税的纳税义务发生时间为纳税人购置应税车辆的当日。纳税人应当自纳税义务发生之日起60日内申报缴纳车辆购置税。

四、纳税环节

1. 纳税人应当在向公安机关车辆管理机构办理车辆登记注册前，缴纳车辆购置税。

2. 纳税人应当持主管税务机关出具的完税证明或者免税证明，向公安机关车辆管理机构办理车辆登记注册手续；没有完税证明或者免税证明的，公安机关车辆管理机构不得办理车辆登记注册手续。

3. 公安机关交通管理部门办理车辆注册登记，应当根据税务机关提供的应税车辆完税或者免税电子信息对纳税人申请登记的车辆信息进行核对，核对无误后依法办理车辆注册登记。

表4-22 车辆购置税的其他相关公式

相关情形	使用年限的计算方法	计算公式
已征车辆购置税的车辆退回车辆生产或销售企业，纳税人可以申请退还车辆购置税	自纳税人缴纳税款之日起，至申请退税之日止	应退税额＝已纳税额×（1－使用年限×10%）
已办理免税、减税手续因转让、改变用途等原因不再属于免税、减税范围的	自纳税人初次办理纳税申报之日起，至不再属于免税、减税范围的情形发生之日止。使用年限取整计算，不满一年的不计算在内	应纳税额＝初次办理纳税申报时确定的计税价格×（1－使用年限×10%）×10%－已纳税额

【例题·单选题】甲汽车4S店购入小汽车18辆，下列行为中，应当由甲汽车4S店作为纳税人缴纳车辆购置税的是（　　）。（2020年）

A. 将其中9辆销售给客户

B. 将其中4辆作为高级管理人员的专用轿车

C. 将其中3辆赠送给乙企业

D. 库存2辆尚未售出

【答案】B

【解析】选项A、D：甲汽车4S店购置但不自用，而是用于销售、待售，不需要缴纳车辆购置税；选项C：对乙企业而言，该车属于受赠并自用，乙企业（而非甲汽车4S店）应当缴纳车辆购置税。

扫一扫"码"上练题

打开微信扫一扫，关注公众号，点击"会计考试GO"小程序，即可线上练题。下载安装"会计学堂"APP，体验更多课程，参与万人模考，助您顺利通关。

第四章

基础阶段，建议考生结合视频课程进行学习，消化重难点。

后续可配套《习题精编》进行练习。

扫码听课

第六节 关税法律制度

关税是对进出国境或关境的货物、物品征收的一种税。

考点一 纳税人、课税对象和税目（★）（2022变化）

一、进出口货物的收、发货人

是依法取得对外贸易经营权，并且进口或者出口货物的法人或者其他社会团体，包括：

（1）外贸进出口公司。

（2）工贸或农贸结合的进出口公司。

（3）其他经批准经营进出口商品的企业。

二、进出境物品的所有人

进出境物品的所有人包括该物品的所有人和推定为所有人的人，具体包括：

（1）入境旅客随身携带的行李、物品的持有人。

（2）各种运输工具上服务人员入境时携带自用物品的持有人。

（3）馈赠物品以及其他方式入境个人物品的所有人。

（4）个人邮递物品的收件人。

 躲坑要点

关税的纳税人是货物或物品的所有者，接受纳税人委托办理货物报关等有关手续的代理人，可以代办纳税手续，但不是纳税人。

三、关税的课税对象和税目

1. 关税的课税对象是进出境的货物、物品。

2. 对从境外采购进口的原产于中国境内的货物，也应按规定（按最惠国税率）征收进口关税。

考点二 应纳税额的计算（★★★）

一、进口关税的完税价格

一般贸易项下进口的货物以海关审定的成交价格为基础的到岸价格作为完税价格。

1. 应计入完税价格的项目

（1）进口货物的买方为购买该项货物向卖方实际支付或应当支付的价格。

（2）进口人在成交价格外另支付给卖方的佣金。

（3）货物运抵我国关境内输入地点起卸前的包装费、运费、保险费和其他劳务费。

（4）为了在境内生产、制造、使用或出版、发行的目的而向境外支付的与该进口货物有关的专利、商标、著作权，以及专有技术、计算机软件和资料等费用。

2. 不应计入完税价格的项目（如已计入应予扣除）

（1）向境外采购代理人支付的买方佣金。

（2）进口货物运抵境内输入地点起卸之后的运输及其相关费用、保险费。

躲坑要点

佣金、回扣、违约罚款的处理：

1. 在货物成交过程中，进口人在成交价格外另支付给卖方的佣金，应计入成交价格，而向境外采购代理人支付的买方佣金则不能列入，如已包括在成交价格中应予以扣除。

2. 卖方付给进口人的正常回扣，应从成交价格中扣除。

3. 卖方违反合同规定延期交货的罚款，卖方在货价中冲减时，罚款不能从成交价格中扣除。

二、出口货物的完税价格

出口货物应当以海关审定的货物售予境外的离岸价格，扣除出口关税后作为完税价格。计算公式为：

出口货物完税价格＝离岸价格÷（1＋出口税率）

三、关税的税率种类

表4-23　关税的税率种类

种类	特点
普通税率	1. 原产于未与我国共同适用或订立最惠国税率、特惠税率或协定税率的国家或地区 2. 原产地不明
最惠国税率	1. 原产于共同适用最惠国条款的世贸组织成员 2. 原产于与我国签订最惠国待遇双边协定的国家 3. 原产于我国
协定税率	原产于与我国签订含有关税优惠条款的国家
特惠税率	原产于与我国签订含有特殊关税优惠条款的国家
关税配额税率	配额与税率结合，配额内税率较低，配额外税率较高（限制进口）
暂定税率	在最惠国税率的基础上，对特殊货物可执行暂定税率

四、应纳税额

表4-24　关税应纳税额计算

计算方法	适用范围	计算公式
从价税	一般的进（出）口货物	应纳税额＝应税进（出）口货物数量×单位完税价格×适用税率
从量税	进口啤酒、原油等	应纳税额＝应税进口货物数量×关税单位税额
复合税	进口广播用录像机、放像机、摄像机等	应纳税额＝应税进口货物数量×关税单位税额＋应税进口货物数量×单位完税价格×适用税率
滑准税	进口规定适用滑准税的货物；进口商品价格越高，（比例）税率越低；税率与商品进口价格反方向变动	应纳税额＝应税进口货物数量×单位完税价格×滑准税税率

进口关税是计算进口增值税、消费税的基础，可以结合考核。

【例题·单选题】2020年9月甲公司进口办公设备一台，海关审定的货价50万元，运抵我国关境内输入地点起卸前的运费5万元、保险费2万元。已知，关税税率为10%。计算甲公司当月该笔业务应当缴纳关税税额的下列算式中，正确的是（　　）。（2020年）

A. （50+5+2）×10%

B. 50÷（1−10%）×10%

C. （50−2）×10%

D. （50−5）×10%

【答案】A

【解析】货物运抵我国关境内输入地点起卸前的包装费、运费（5万元）、保险费（2万元）和其他劳务费等费用应当计入关税完税价格。

考点三　税收优惠（★）

一、法定减免税

1. 一票货物关税税额、进口环节增值税或者消费税税额在人民币50元以下的。

2. 无商业价值的广告品及货样。

3. 国际组织、外国政府无偿赠送的物资。

4. 进出境运输工具装载的途中必需的燃料、物料和饮食用品。

5. 因故退还的中国出口货物，可以免征进口关税，但已征收的出口关税不予退还。

6. 因故退还的境外进口货物，可以免征出口关税，但已征收的进口关税不予退还。

二、政策性减免税（酌情减免税）

1. 在境外运输途中或者在起卸时，遭受到损坏或者损失的。

2. 起卸后海关放行前，因不可抗力遭受损坏或者损失的。

3. 海关查验时已经破漏、损坏或者腐烂，经证明不是保管不慎造成的。

考点四　征收管理（★）

一、纳税期限

进出口货物的收发货人或者代理人应当在海关填发税款缴款凭证次日起15日内，向指定银行缴纳税款。（滞纳金：到期次日起，按日征收欠缴税额0.5‰）

二、海关暂不予放行的旅客携运进、出境的行李物品

1. 旅客不能当场交纳进境物品税款的。

2. 进出境的物品属于许可证件管理的范围，但旅客不能当场提交的。

【理解】《中华人民共和国海关对进出境旅客行李物品的监管办法》：带进、带出国家限制进出境物品，应提交有关主管部门签发的准许进出境的证明。

3. 进出境的物品超出自用合理数量，按规定应当办理货物报关手续或者其他海关手续，尚未办理的。

4. 对进出境物品的属性、内容存疑，需要由有关主管部门进行认定、鉴定、验核的。

5. 按规定暂不予放行的其他行李物品。

三、税款的退还、补征与追征

1. 税款的退还，适用情形：

（1）对由于海关误征，多缴纳税款的。

（2）海关核准免验的进口货物在完税后，发现有短卸情况，经海关审查认可的。

（3）已征出口关税的货物，因故未装运出口申报退关，经海关查验属实的。

纳税人可以从缴纳税款之日起的1年内申请退

税，逾期不予受理。

2. 税款的补征和追征：

（1）进出口货物完税后，如发现少征或漏征税款（非因收发货人或其代理人违规），海关有权在1年内予以补征。

（2）进出口货物完税后，如因收发货人或其代理人违反规定而造成少征或漏征税款的，海关在3年内可以追缴。

【小结】

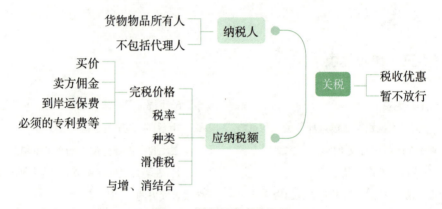

图4-9 关税相关内容汇总

扫一扫"码"上练题

打开微信扫一扫，关注公众号，点击"会计考试GO"小程序，即可线上练题。下载安装"会计学堂"APP，体验更多课程，参与万人模考，助您顺利通关。

基础阶段，建议考生结合视频课程进行学习，消化重难点。后续可配套《习题精编》进行练习。

第五章　所得税法律制度

第一节　企业所得税法律制度

扫码听课

考点一　纳税人（★★）

一、纳税人

企业所得税的纳税人包括各类企业、事业单位、社会团体、民办非企业单位和从事经营活动的其他组织。

躲坑要点

个体工商户、个人独资企业、合伙企业不属于企业所得税纳税人。

【例题·单选题】根据企业所得税法律制度的规定，下列各项中，属于企业所得税纳税人的是（　　）。（2020年）

A. 个人独资企业

B. 合伙企业

C. 个体工商户

D. 民办非企业单位

【答案】D

【解析】个人独资企业、合伙企业，不适用《企业所得税法》，不属于企业所得税纳税义务人；个体工商户属于个人，不属于企业所得税纳税人。

二、纳税人分类及纳税义务

表5-1　企业所得税纳税人分类及纳税义务

类型			纳税义务	
居民企业	依法在中国境内成立的企业（注册地标准）	全面纳税义务	就来源于中国境内、境外的全部所得纳税	
	依照外国（地区）法律成立但实际管理机构在中国境内的企业（实际管理机构所在地标准）			
非居民企业	依照外国（地区）法律成立且实际管理机构不在中国境内的企业	在中国境内设立机构、场所	有限纳税义务	1. 来源于中国境内的所得 2. 发生在中国境外但与其所设机构、场所有实际联系的所得
		在中国境内未设立机构、场所，但有来源于中国境内所得		就来源于中国境内的所得纳税

三、所得"来源"地

表5-2 所得来源地的确定

所得		来源地确定
销售货物		交易活动发生地
提供劳务		劳务发生地
转让财产	不动产转让所得	不动产所在地
	动产转让所得	转让动产的企业或机构、场所所在地
	权益性投资资产转让所得	被投资企业所在地
股息、红利等权益性投资		分配所得的企业所在地
利息、租金、特许权使用费		负担、支付所得的企业或者机构、场所所在地，或者个人住所地

考点二　税率（★）

表5-3 企业所得税税率

税率		适用对象
25%		1. 居民企业 2. 在中国境内设立机构场所且取得所得与所设机构场所有实际联系的非居民企业
20%		1. 在中国境内未设立机构、场所的非居民企业 2. 虽设立机构、场所，但取得的所得与其所设机构、场所没有实际联系的非居民企业
优惠税率	10%	1. 执行20%税率的非居民企业 2. 国家鼓励的重点集成电路设计企业和软件企业，自获利年度起第六年征收（2022新增）
	15%	1. 高新技术企业和技术先进型服务企业 2. 设在西部地区，以《西部地区鼓励类产业目录》项目为主营业务，主营业务收入占总收入60%以上的企业（2022变化） 3. 注册并实际运营在海南自由贸易港的鼓励类企业，以《海南自由贸易港鼓励类产业目录》中的项目为主营业务，主营业务收入占收入60%以上的企业（2022新增）
	20%	小型微利企业

躲坑要点

1. 2021年1月1日至2022年12月31日，对小型微利企业年应纳税所得额不超过100万元的部分，减按12.5%计入应纳税所得额，按20%的税率缴纳企业所得税；对年应纳税所得额超过100万元但不超过300万元的部分，减按50%计入应纳税所得额，按20%的税率缴纳企业所得税。（2022变化）

2. 小型微利企业：是指从事国家非限制和禁止行业，且同时符合年度应纳税所得额不超过300万元、从业人数不超过300人、资产总额不超过5 000万元等三个条件的企业。

考点三　应纳税所得额（★★★）

一、收入总额

（一）收入类型

企业收入总额指以货币形式和非货币形式从各种来源取得的收入。包括销售货物收入，提供劳务收入，转让财产收入，股息、红利等权益性投资收益，利息收入，租金收入，特许权使用费收入，接受捐赠收入，其他收入。

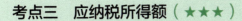 **躲坑要点**

非货币形式的收入包括固定资产、无形资产、股权投资、存货等。非货币形式收入应当按照公允价值确定收入额。

1. 销售货物收入。

（1）销售货物收入指企业销售商品、产品、原材料、包装物、低值易耗品以及其他存货取得的收入。

拿分要点

考虑销售货物收入，应当注意将价外费用、视同销售收入一并计入。

（2）特殊销售方式下收入金额的确定：

表5-4　特殊销售方式下收入金额的确定

销售货物方式		收入金额的确定
售后回购		1. 符合销售收入确认条件：销售的商品按售价确认收入；回购的商品作为购进商品处理 2. 不符合销售收入确认条件：不确认收入，收到的款项应确认为负债；回购价格大于原售价的，差额应在回购期间确认为利息费用
以旧换新		销售商品应当按照销售商品收入确认条件确认收入，回收的商品作为购进商品处理
折扣、折让销售	商业折扣：促进销售	按照扣除商业折扣后的金额确定销售商品收入金额
	现金折扣：鼓励早付款	按扣除现金折扣前的金额确定销售商品收入金额，现金折扣在实际发生时作为财务费用扣除
	销售折让：因售出商品质量不合格而作出的售价减让	企业已经确认销售收入的售出商品发生销售折让的，应当在发生当期冲减当期销售商品收入
买一赠一		将总的销售金额按各项商品的公允价值的比例来分摊确认各项的销售收入

2. 其他收入及金额的确定。

表5-5　其他收入及金额的确定

收入类型	收入金额的确定
提供劳务收入	从事建筑安装、修理修配、交通运输、仓储租赁、金融保险、邮电通信、咨询经纪、文化体育、科学研究、技术服务、教育培训、餐饮住宿、中介代理、卫生保健、社区服务、旅游、娱乐、加工以及其他劳务服务活动取得的收入
转让财产收入	按照从财产受让方已收或应收的合同或协议价款确认收入
股息、红利等权益性投资收益	因权益性投资从被投资方取得的收入
利息收入	存款利息、贷款利息、债券利息、欠款利息等收入
租金收入	如果合同或协议中规定租赁期限跨年度，且租金提前一次性支付的，出租人可在租赁期内，分期均匀计入相关年度收入
特许权使用费收入	提供专利权、非专利技术、商标权、著作权以及其他特许权的使用权取得的收入
接受捐赠收入	接受的来自其他企业、组织或者个人无偿给予的货币性资产、非货币性资产
其他收入	资产溢余收入、逾期未退包装物押金收入、确实无法偿付的应付款项、已作坏账损失处理后又收回的应收款项、债务重组收入、补贴收入、违约金收入、汇兑收益等

3. 特殊收入的确认。

（1）采取产品分成方式取得收入：收入额按照产品的公允价值确定。

（2）视同销售：发生非货币性资产交换，以及将货物、财产、劳务用于捐赠、偿债、赞助、集资、广告、样品、职工福利或者利润分配等用途的，应当视同销售货物、转让财产或者提供劳务。

（二）收入确认时间

表5-6　企业所得税重要的收入确认时间汇总

收入类型		确认时间
销售货物收入	采取预收款方式的	发出商品时确认
	采用托收承付方式的	办妥托收手续时确认
	商品需要安装和检验的	1. 一般：购买方接受商品以及安装和检验完毕时确认 2. 安装程序比较简单的：发出商品时确认
	采用支付手续费方式委托代销的	收到代销清单时确认
	采用分期收款方式的	按照合同约定的收款日期确认
	采取产品分成方式取得收入的	按照企业分得产品的日期确认

（续上表）

收入类型	确认时间
提供劳务收入	在各个纳税期末，提供劳务交易的结果能够可靠估计的，采用完工进度（完工百分比）法确认
股息、红利等权益性投资收益	按照被投资方作出利润分配决定的日期确认（另有规定除外）
利息收入	按照合同约定应付相关款项的日期确认
租金收入	
特许权使用费收入	
接受捐赠收入	按照实际收到捐赠资产的日期确认

【例题·多选题】在计算甲服装公司2020年度企业所得税应纳税所得额时，下列收入中，应计入收入总额的有（　　　）。（2019年）

A. 石化公司债券利息收入180万元

B. 国债利息收入135万元

C. 羽绒服保暖技术所有权转让收入800万元

D. 羽绒服销售收入8 000万元

【答案】ABCD

【解析】选项A、D属于应税收入，选项B属于免税收入，选项C涉及减征、免征优惠，但均应计入收入总额。

二、不征税收入

1. 财政拨款。

2. 依法收取并纳入财政管理的行政事业性收费、政府性基金。

3. 企业取得的，由国务院财政、税务主管部门规定专项用途并经国务院批准的财政性资金。

4. 2018年9月20日起，对全国社会保障基金理事会及基本养老保险基金投资管理机构在国务院批准的投资范围内，运用养老基金投资取得的归属于养老基金的投资收入，作为企业所得税不征税收入。

5. 2018年9月10日起，对全国社会保障基金取得的直接股权投资收益、股权投资基金收益，作为企业所得税不征税收入。

躲坑要点

必须分清不征税收入和免税收入：

1. 不征税收入和免税收入均属于企业所得税所称的"收入总额"，在计算企业所得税应纳税所得额时应扣除。

2. 不征税收入，是不应列入征税范围的收入；免税收入则是应列入征税范围的收入，只是国家出于特殊考虑给予税收优惠，在一定时期有可能恢复征税。

3. 企业的不征税收入对应的费用、折旧、摊销一般不得在计算应纳税所得额时扣除；免税收入对应的费用、折旧、摊销一般可以税前扣除。

第五章

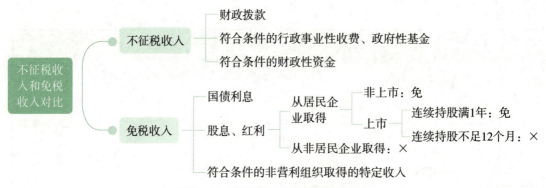

图5-1　不征税收入和免税收入对比

三、税前扣除项目

1. 成本。
2. 费用。
3. 税金。

((·)) **躲坑要点**

　　税金中无"允许抵扣的"增值税，也不包括企业所得税本身。

4. 损失。

((·)) **躲坑要点**

　　1. 企业已经作为损失处理的资产，在以后纳税年度又全部收回或部分收回时，应当计入当期收入。

　　2. 与不得扣除的项目进行区分，准予税前扣除的损失不包括各种行政性罚款、没收违法所得；刑事责任附加刑中的罚金、没收财产等。

四、具体扣除标准

（一）三项经费

表5-7　三项经费扣除标准

经费名称	扣除标准	特殊规定
职工福利费	不超过按规定实发的工资薪金总额14%	
工会经费	不超过按规定实发的工资薪金总额2%	
职工教育经费	不超过按规定实发的工资薪金总额8%	超过部分，准予在以后纳税年度结转扣除

((·)) **躲坑要点**

　　三项经费中只有职工教育经费准予向以后年度结转。

　　【例题·单选题】甲公司2020年度发生合理的工资薪金支出1 000万元，发生职工福利费支出145万元，拨缴工会经费21万元，发生职工教育经费支出75万元，上年度结转未扣除的职工教育经费支出13万元。已知企业发生的职工福利费支出、拨缴的工会经费、发生的职工教育经费支出分别在不超过工资薪金总额14%、2%、8%的部分，准予扣除。在计算甲公司2020年度企业所得税应纳税所得额时，准予扣除的职工福利费支出、工会经费和职工教育经费支出合计金额为（　　）万元。（2020年）

　　A. 235　B. 254　C. 240　D. 245

　　【答案】C

【解析】企业发生的职工福利费支出，不超过工资薪金总额14%的部分，准予扣除，故职工福利费扣除限额=1 000×14%=140（万元），低于实际发生额145万元，所以准予扣除的职工福利费为140万元；企业发生的工会经费支出，不超过工资薪金总额2%的部分，准予扣除，故工会经费扣除限额=1 000×2%=20（万元），低于实际发生额21万元，所以准予扣除的职工福利

费为20万元；企业发生的职工教育经费支出，不超过工资薪金总额8%的部分，准予扣除，故工会经费扣除限额=1 000×8%=80（万元），待扣金额=本年+上年=75+13=88（万元），所以准予扣除的职工福利费为80万元；合计准予扣除金额=140+20+80=240（万元）。

（二）社会保险费

表5-8　社会保险费扣除标准

保险名称	扣除规定
"四险一金"	准予扣除
补充养老保险	分别不超过工资薪金总额5%的部分准予扣除，超过部分不得扣除
补充医疗保险	
企业职工因公出差乘坐交通工具发生的人身意外保险费支出	准予扣除
特殊工种人身安全保险	准予扣除
其他商业保险	不得扣除

（三）利息费用

表5-9　利息费用扣除标准

借款方	出借方	扣除标准
非金融企业	金融企业	准予扣除
	非关联关系的非金融企业、内部员工、自然人	不超过金融企业同期同类贷款利率部分准予扣除

躲坑要点

1. 准予扣除的借款费用和借款利息不包括资本化部分。

2. 企业为购置、建造固定资产、无形资产和经过12个月以上的建造才能达到预定可销售状态的存货发生借款的，在有关资产购置、建造期间发生的合理的借款费用，应当作为资本性支出计入有关资产的成本，并依照《中华人民共和国企业所得税法实施条例》的规定扣除。

3. 投资者在规定期限内未缴足其应缴资本的，该企业对外借款利息，相当于投资者实缴资本额与在规定期限内应缴资本额的差额应计付的利息，不属于企业合理支出，应由投资者负担，不得在计算应纳税所得额时扣除。

【例题·多选题】根据企业所得税法律制度的规定，企业发生的下列利息支出，在计算企业所得税应纳税所得额时准予据实扣除的有（　　）。（2021年）

A. 金融企业的各项存款利息支出

B. 金融企业的同业拆借利息支出

C. 企业经批准发行债券的利息支出

D. 非金融企业向非金融企业借款的利息支出

【答案】ABC

【解析】选项A、B、C符合题意，均能据实在税前扣除。选项D不符合题意，非金融企业向非金融企业借款的利息支出，不超过按金融企业同期同类贷款利率计算的数额的部分可据实扣除；超过部分不许扣除。非金融企业向金融企业借款的利息支出可以税前扣除。

（四）公益性捐赠

企业当年发生及以前年度结转的公益性捐赠支出，不超过年度利润总额12%的部分，准予扣除；超出部分，准予在以后年度（3年内）扣除。计算扣除时，应先扣除以前年度结转的捐赠支出，再扣除当年发生的捐赠支出。

躲坑要点

1. 计算基数为年度利润总额而非销售（营业）收入，非公益性捐赠一律不得扣除。

2. 年度利润总额，是指企业依照国家统一会计制度的规定计算的年度会计利润。

3. 自2019年1月1日至2025年12月31日，企业用于目标脱贫地区的扶贫捐赠支出，准予据实扣除。

4. 公益性捐赠，是指企业通过公益性社会组织、县级以上人民政府及其部门、公益性群众团体用于公益慈善事业的捐赠支出。（2022新增）

5. 企业在非货币性资产捐赠过程中发生的运费、保险费、人工费用等相关支出，凡纳入公益捐赠票据记载的数额中的，作为公益性捐赠支出按照规定在税前扣除；未纳入票据记载数额中的，作为企业相关费用按照规定在税前扣除。（2022新增）

【例题·单选题】甲企业2020年利润总额为6 000万元，通过县民政部门捐赠1 000万元，其中300万元是向残疾人扶持事业的捐赠，700万元是向目标脱贫地区的扶贫捐赠支出。已知：公益性捐赠支出在年度利润总额12%以内的部分，准予扣除。甲企业计算2020年度企业所得税应纳税所得额时可以扣除的捐赠为（　　）万元。（2019年）

A. 300　　B. 700　　C. 720　　D. 1 000

【答案】D

【解析】本题的易混淆点在于：用于目标脱贫地区的扶贫捐赠支出（700万元），据实扣除；其他公益性捐赠支出300万元，未超过税法规定的扣除限额720万元（6 000×12%），可以全部在税前扣除。因此，甲企业的公益性捐赠支出税前合计可扣＝700＋300＝1 000（万元）。

（五）业务招待费

企业发生的与经营活动有关的业务招待费支出，按照发生额的60%扣除，但最高不得超过当年销售（营业）收入的5‰。

躲坑要点

销售（营业）收入的判定：

1. 一般企业：主营业务收入＋其他业务收入＋视同销售收入。

2. 创投企业：主营业务收入＋其他业务收入＋视同销售收入＋投资收益。

（六）广告费和业务宣传费

1. 企业发生的符合条件的广告费和业务宣传费支出，除国务院财政、税务主管部门另有规定外，不超过当年销售（营业）收入15%的部分准予扣除；超过部分，准予在以后纳税年度结转扣除。

躲坑要点

考试中广告费、业务宣传费金额分别给出的，必须合并计算扣除限额。

2. 企业在筹建期间发生的广告费和业务宣传费，可按实际发生额计入企业筹办费，并按有关规定在税前扣除。

躲坑要点

在经济法基础企业所得税的考查范围内，允许在以后纳税年度结转扣除的费用有四项：1. 职工教育经费；2. 广告费和业务宣传费支出；3. 公益性捐赠支出（3年以内）；4. 保险企业手续费、佣金。

3. 2021年1月1日至2025年12月31日，以下企业发生的广告费和业务宣传费支出不超过销售收入30%的部分准予扣除，超过部分，以后年度结转扣除：化妆品制造或销售、医药制造、饮料制造（不含酒类制造）。

4. 烟草企业的，一律不得扣除。

5. 对签订广告费和业务宣传费分摊协议的关联企业，其中一方发生的不超过当年销售（营业）收入税前扣除限额比例内的广告费和业务宣传费支出可以在本企业扣除，也可以将其中的部分或全部按照分摊协议归集至另一方扣除。另一方在计算本企业广告费和业务宣传费支出企业所得税税前扣除限额时，可将按照上述办法归集至本企业的广告费和业务宣传费不计算在内。（2022新增）

（七）手续费及佣金

表5-10 手续费及佣金扣除标准

保险企业	2019年1月1日起，保险企业发生与其经营活动有关的手续费及佣金支出，不超过当年全部保费收入扣除退保金等后余额的18%（含本数）的部分，在计算应纳税所得额时准予扣除；超过部分，允许结转以后年度扣除
从事代理服务，主营业务收入为手续费、佣金的企业（如证券、期货、保险代理）	据实扣除
其他企业	按与具有合法经营资格中介服务机构和个人所签订合同确认收入金额的5%计算限额

（八）其他准予扣除项目

1. 环境保护专项资金：按规定提取时准予扣除，但提取后改变用途的不得扣除。

2. 保险费：按规定缴纳的财产保险费，准予扣除。

企业参加雇主责任险、公众责任险等责任保险，按照规定缴纳的保险费，准予在企业所得税税前扣除。

3. 租赁费。

（1）经营租赁：按照租赁期限均匀扣除。

（2）融资租赁：计提折旧扣除。

4. 劳动保护支出。

5. 汇兑损失。

除已经计入有关资产成本以及向所有者进行利润分配相关的部分外，准予扣除。

6. 总机构分摊的费用。

能够提供总机构出具的证明文件，并合理分摊的，准予扣除。

7. 依照有关法律、行政法规和国家有关税法规定准予扣除的其他项目，如会员费、合理的会议费、差旅费、违约金、诉讼费用等。

8. 国有企业和非公有制企业的党组织工作经费，实际支出不超过职工年度工资薪金总额1%的部分，可以据实扣除。

五、不得扣除项目

1. 向投资者支付的股息、红利等权益性投资收益款项。

2. 企业所得税税款。

3. 税收滞纳金。

4. 罚金、罚款和被没收财物的损失。

躲坑要点

1. 纳税人逾期归还银行贷款，银行按规定加收的罚息，不属于行政性罚款，允许在税前扣除。

2. 纳税人签发空头支票，银行按规定处以罚款，属于行政性罚款，不允许在税前扣除。

5. 超过规定标准的捐赠支出。

6. 赞助支出。

7. 未经核定的准备金支出。

8. 企业之间支付的管理费、企业内营业机构之间支付的租金和特许权使用费，以及非银行企业内营业机构之间支付的利息。

9. 与取得收入无关的其他支出。

【例题·单选题】根据企业所得税法律制度的规定，下列各项中，在计算企业所得税应纳税所得额时准予扣除的有（　　）。（2021年）

A. 罚金

B. 合理的劳动保护支出

C. 向投资者支付的股息

D. 税收滞纳金

【答案】B

【解析】罚金、罚款和被没收财物的损失，税收滞纳金和向投资者支付的股息、红利等权益性投资收益款项在计算企业所得税应纳税所得额时，不得扣除。

表5-11　全额扣除、有扣除限额、不得扣除项目汇总

全额扣除	合理的工资薪金支出、劳动保护支出
	"四险一金"
	非金融企业向金融企业借款的利息支出
	发行债券的利息支出
	合理的不需要资本化的借款费用
	财产保险费
有扣除限额	三项经费：工资薪金总额的14%、8%（可结转）、2%
	补充养老/补充医疗保险：分别不超过工资薪金总额的5%
	业务招待费：实际发生额的60%、销售（营业）收入的5‰（取小）
	广告费和业务宣传费：销售（营业）收入的15%（可结转）
	公益性捐赠支出：年度会计利润总额的12%（可3年内结转）
	对非金融企业的利息支出：按金融企业同期同类贷款利率计算的数额
	党组织工作经费：职工年度工资薪金总额的1%

（续上表）

不得扣除	"允许抵扣的"增值税、企业所得税
	为投资者或职工支付的商业保险费
	向投资者支付的股息、红利等权益性投资收益款
	税收滞纳金
	罚金、罚款、被没收财物的损失（vs 违约金、罚息、诉讼费）
	超过规定标准的捐赠支出
	非广告性质的赞助支出
	未经核定的准备金支出
	企业之间支付的管理费、企业内营业机构之间支付的租金和特许权使用费，以及非银行企业内营业机构之间支付的利息

六、亏损的弥补

企业某一纳税年度发生的亏损，可以用下一年度的所得弥补，下一年度的所得不足弥补的，可以逐年延续弥补，但是最长不得超过5年。

躲坑要点

1. 5年内不论是盈利或亏损，都作为实际弥补期限计算。

2. 境外机构的亏损，不得抵减境内机构的盈利。

3. 自2018年1月1日起，当年具备高新技术企业或科技型中小企业资格的企业，其具备资格年度之前5个年度发生的尚未弥补完的亏损，准予结转以后年度弥补，最长结转年限由5年延长至10年。

4. 国家鼓励的线宽小于130nm（含）的集成电路生产企业，属于国家鼓励的集成电路生产企业清单年度之前5个纳税年度发生的尚未弥补完的亏损，准予向以后年度结转，总结转年限最长不得超过10年。（2022新增）

七、非居民企业应纳税所得额

1. 全额计税：利息、股息、红利、租金、特许权使用费。

2. 余额计税：财产转让。

八、资产的税务处理

企业资产通常以历史成本为计税基础。企业持有各项资产期间资产增值或者减值，除国务院财政、税务主管部门规定可以确认损益外，不得调整该资产的计税基础。

（一）固定资产和生产性生物资产——以折旧方式扣除

1. 下列固定资产不得计算折旧扣除［注意（1）（5）与会计准则的差异］：

（1）房屋、建筑物以外未投入使用的固定资产；

（2）以经营租赁方式租入的固定资产；

（3）以融资租赁方式租出的固定资产；

（4）已足额提取折旧仍继续使用的固定资产；

（5）与经营活动无关的固定资产；

（6）单独估价作为固定资产入账的土地；

（7）其他不得计算折旧扣除的固定资产。

【例题·多选题】根据企业所得税法律制度的规定，下列各项资产中，不可以计提折旧扣除的有（   ）。（2020年）

A. 以经营租赁方式租出的生产设备

B. 未投入使用的厂房

C. 未投入使用的生产设备

D. 以融资租赁方式租出的生产设备

【答案】CD

【解析】选项B、C：房屋、建筑物，不论是否投入使用，均可按税法规定计算折旧费用在税前扣除，而未投入使用的机器设备，不得计算折旧费用在税前扣除，已经投入使用的机器设备，可以按照税法规定计算折旧费用扣除；选项A：经营租赁物是出租方固定资产，出租方计算折旧费用扣除，租入方不得计算折旧费用扣除；选项D：融资租赁物视同承租方固定资产，由承租方计算折旧费用扣除。

2. 计税基础：

（1）外购的固定资产，以购买价款和支付的相关税费以及直接归属于使该资产达到预定用途发生的其他支出为计税基础。

（2）自行建造的固定资产，以竣工结算前发生的支出为计税基础。

（3）融资租入的固定资产，以租赁合同约定的付款总额和承租人在签订租赁合同过程中发生的相关费用为计税基础；租赁合同未约定付款总额的，以该资产的公允价值和承租人在签订租赁合同过程中发生的相关费用为计税基础。

（4）盘盈的固定资产，以同类固定资产的重置完全价值为计税基础。

（5）通过捐赠、投资、非货币性资产交换、债务重组等方式取得的固定资产，以该资产的公

允价值和支付的相关税费为计税基础。

（6）改建的固定资产，以改建过程中发生的改建支出增加计税基础。

3. 税法允许扣除的折旧额的计算：

方法：固定资产按照直接法计算的折旧，准予扣除。

起止时间：企业应当自固定资产投入使用月份的次月起计算折旧；停止使用的固定资产，应当自停止使用月份的次月起停止计算折旧。

预计净残值：企业应当根据固定资产的性质和使用情况，合理确定固定资产的预计净残值，固定资产的预计净残值一经确定，不得变更。

最低折旧年限：

（1）房屋、建筑物：20年。

（2）飞机、火车、轮船、机器、机械和其他生产设备：10年。

（3）器具、工具、家具：5年。

（4）飞机、火车、轮船以外的运输工具：4年。

（5）电子设备：3年。

（二）无形资产——以摊销方式扣除

下列无形资产不得计算摊销扣除：

1. 自行开发的支出已在计算应纳税所得额时扣除的无形资产；

2. 自创商誉；

3. 与经营活动无关的无形资产；

4. 其他不得计算摊销费用扣除的无形资产。

躲坑要点

摊销年限不得低于10年。

（三）长期待摊费用

企业发生的下列支出作为长期待摊费用，按照规定摊销的准予扣除：

1. 已足额提取折旧的固定资产的改建支出，

按照固定资产预计尚可使用年限分期摊销；

2.（经营）租入固定资产的改建支出，按照合同约定的剩余租赁期限分期摊销；

3.固定资产大修理支出，按照固定资产尚可使用年限分期摊销。

躲坑要点

1.修理支出达到取得固定资产时的计税基础50%以上且修理后固定资产的使用年限延长2年以上，才属于大修理支出。

2.税法规定与会计准则此处的差异。

（四）投资资产

1.企业对外投资期间，投资资产的成本在计算应纳税所得额时不得扣除。

2.企业在转让或者处置投资资产时，投资资产的成本，准予扣除。

（五）存货

企业使用或者销售的存货的成本计算方法，可以在"先进先出法""加权平均法""个别计价法"中选用一种。计价方法一经选用，不得随意变更。

躲坑要点

不能选择"后进先出法"。

（六）资产损失

【补充】资产损失的申报分为"清单申报"和"专项申报"。

清单申报：正常损失（如固定资产达到或超过使用年限报废清理的损失）。

专项申报：非正常损失。

躲坑要点

企业以前年度发生的资产损失未能在当年税前扣除的，可以按照规定，向税务机关说明并进行专项申报扣除，其中，属于实际资产损失，准予追补至该项损失发生年度扣除，其追补确认期限一般不得超过5年。企业因以前年度实际资产损失未在税前扣除而多缴的企业所得税税款，可在追补确认年度企业所得税应纳税款中予以抵扣，不足抵扣的，向以后年度递延抵扣。

九、境外所得抵免税额的计算

企业取得的所得已在境外缴纳的所得税税额，可以从其当期应纳税额中抵免，抵免限额为该项所得依照《企业所得税法》规定计算的应纳税额。

（一）计算抵免限额

抵免限额＝境外税前所得额×25%

（二）境外税前所得额的确定

1.题目直接给出税前所得。

2.题目给出分回的利润和国外已纳的税款。

3.题目给出分回的利润和国外所得税税率。

（三）采用"分国不分项"或者"不分国不分项"方式计算

自2017年7月1日起，企业可以选择按国（地区）别分别计算［即"分国（地区）不分项"］，或者不按国（地区）别汇总计算［即"不分国（地区）不分项"］其来源于境外的应纳税所得额，按照规定的税率，分别计算其可抵免境外所得税税额和抵免限额。上述方式一经选择，5年内不得改变。

（四）补税原则

多不退少要补。

十、应纳税额的计算

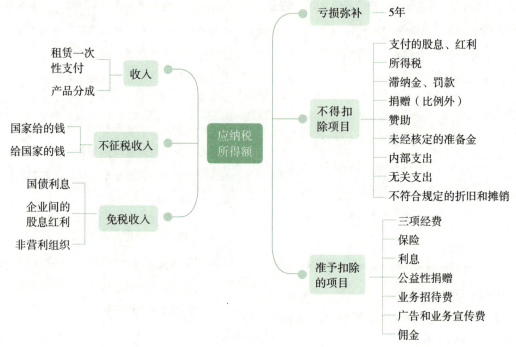

图5-2 应纳税额的计算

（一）计算应纳税所得额

1. 直接法。

应纳税所得额＝收入总额－不征税收入－免税收入－各项扣除－以前年度亏损

2. 间接法（建议）。

应纳税所得额＝年度利润总额＋纳税调整增加额－纳税调整减少额

表5-12 应纳税所得额的调增与调减

项目	会计准则	税法	纳税调整	举例
收入、利得	√	×	↓	国债利息收入
	×	√	↑	产品对外捐赠
费用、损失	√	×	↑	税收滞纳金
	×	√	↓	无形资产研发

（二）计算应纳税额

应纳税额＝应纳税所得额×适用税率－减免税额－抵免税额

拿分要点

此公式是把国内和国外所得混在一起计算，考试中建议大家分开计算。

应纳税额＝国内应纳税所得额×适用税率－减免税额＋国外所得补缴税额

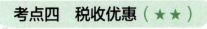
考点四　税收优惠（★★）

表5-13　企业所得税税收优惠

优惠政策	项目
免税收入	1. 国债利息收入；2. 符合条件的居民企业之间的股息、红利收入；3. 在中国境内设立机构、场所的非居民企业从居民企业取得与该机构、场所有实际联系的股息、红利收入（股息红利免税条件：连续持有12个月以上）；4. 符合条件的非营利组织的收入；5. 对企业取得的2012年及以后年度发行的地方政府债券利息收入，免征企业所得税；6. 自2018年11月7日起至2021年11月6日止，对境外机构投资境内债券市场取得的债券利息收入暂免征收企业所得税，暂免范围不包括境外机构在境内设立的机构、场所取得的与该机构、场所有实际联系的债券利息
免征	1. 农、林、牧、渔；2. 居民企业500万元以内的技术转让所得；3. 合格境外机构投资者境内转让股票等权益性投资资产所得；4. 自2021年1月1日至2023年12月31日，对符合条件的生产和装配伤残人员专门用品，且在民政部发布的《中国伤残人员专门用品目录》范围之内的居民企业；5. 海南自贸港的企业新增境外直接投资所得（同时满足：①企业类型：旅游业、现代服务业、高新技术产业企业；②从境外新设分支机构取得的营业利润或持股比例≥20%的境外子公司分回的股息所得；③被投资地区税率≥5%。）（2022新增） 【躲坑要点】"渔"指远洋捕捞，不包括"养殖"
减半征收	1. 花卉、茶以及其他饮料作物和香料作物的种植，海水养殖、内陆养殖；2. 居民企业超过500万元的技术转让所得的超过部分；3. 对企业投资者持有2019—2023年发行的铁路债券取得的利息收入
三"免" 三"减半"	1. 企业从事国家重点扶持的公共基础设施项目的投资经营的所得，自项目取得第一笔生产经营收入所属纳税年度起，第1年至第3年免征，第4年至第6年减半征收 【躲坑要点】企业承包经营、承包建设和内部自建自用上述项目不免税 2. 企业从事符合条件的环境保护、节能节水项目的所得，自项目取得第一笔生产经营收入所属纳税年度起，第1年至第3年免征，第4年至第6年减半征收
加计扣除	研发费用：加计扣除50% 【躲坑要点】 1. 企业开展研发活动中实际发生的研发费用，未形成无形资产计入当期损益的，在按规定据实扣除的基础上，在2018年1月1日至2023年12月31日期间，再按照实际发生额的75%在税前加计扣除 2. 制造业企业开展研发活动中实际发生的研发费用，未形成无形资产计入当期损益的，在按规定据实扣除的基础上，自2021年1月1日起，再按照实际发生额的100%在税前加计扣除；形成无形资产的，自2021年1月1日起，按照无形资产成本的200%在税前摊销（2022新增） 3. 下列行业不适用税前加计扣除政策：烟草制造业；住宿和餐饮业；批发和零售业；房地产业；租赁和商务服务业；娱乐业；财政部和国家税务总局规定的其他行业 残疾人工资：加计扣除100%

（续上表）

优惠政策	项目	
抵扣应纳税所得额	1. 创投企业投资未上市的中小高新技术企业2年以上的，按照其投资额的70%在股权持有满2年的当年抵扣该创业投资企业的应纳税所得额；当年不足抵扣的，可以在以后纳税年度结转抵扣（有限合伙的创投企业的法人合伙人同适用该抵扣） 2. 公司制创业投资企业采取股权投资方式直接投资于种子期、初创期科技型企业满2年（24个月）的，可以按照投资额的70%在股权持有满2年的当年抵扣该公司制创业投资企业的应纳税所得额；当年不足抵扣的，可以在以后纳税年度结转抵扣 3. 有限合伙制创业投资企业采取股权投资方式直接投资于初创科技型企业满2年的，该合伙创投企业的法人合伙人可以按照对初创科技型企业投资额的70%抵扣法人合伙人从合伙创投企业分得的所得；当年不足抵扣的，可以在以后纳税年度结转抵扣	
加速折旧	企业的下列固定资产可以按照规定加速折旧： 1. 技术进步，产品更新换代较快 2. 常年处于强震动、高腐蚀状态 3. 制造业企业购入（包括自行建造）固定资产	1. 缩短折旧年限（≥60%） 2. 采用加速折旧计算方法
	企业在2018年1月1日至2023年12月31日期间新购进的设备、器具，单位价值不超过500万元的	允许一次性扣除
减计收入	1. 综合利用资源，生产符合国家产业政策规定的产品所取得的收入，减按90%计入收入总额 2. 自2019年6月1日起至2025年12月31日，提供社区养老、托育、家政服务取得的收入，减按90%计入收入总额	
税额抵免	投资环境保护、节能节水、安全生产等专用设备，投资额的10%可以在应纳税额中扣除	

【例题·单选题】甲公司为增值税一般纳税人，2019年购置并实际使用《环境保护专用设备企业所得税优惠目录》中规定的环境保护专用设备，取得增值税专用发票注明金额300万元、税额39万元。甲公司2019年度企业所得税应纳税所得额为180万元。甲公司享受应纳税额抵免的企业所得税优惠。已知企业所得税税率为25%。甲公司2019年度应缴纳企业所得税税额为（ ）。（2021年）

A. 18万元　　　B. 375万元

C. 15万元　　　D. 111万元

【答案】C

【解析】企业购置并实际使用符合规定的环境保护、节能节水、安全生产等专用设备的，该专用设备的投资额的10%可以从企业当年的应纳税额中抵免。增值税进项税额允许抵扣，其专用设备投资额不再包括增值税进项税额。应缴纳企业所得税＝180×25%－300×10%＝15（万元）。

躲坑要点

1. 软件、集成电路产业：（2022新增）

（1）两"免"三"减半"：

①国家鼓励的集成电路设计、装备、材料、封装、测试企业和软件企业，自获利年度起两"免"三"减半"；

②经营10年以上且线宽≤130nm的企业

自获利年度起两"免"三"减半"（项目优惠期自项目取得第一笔生产经营收入所属纳税年度起算）。

（2）五"免"五"减半"：经营15年以上且线宽≤65nm的企业自获利年度起五"免"五"减半"（项目优惠期自项目取得第一笔生产经营收入所属纳税年度起算）。

（3）五"免"后10%：重点集成电路设计和软件企业，自获利年度起前5年免征，接续按10%税率征收。

（4）免10年：经营15年以上且线宽≤

28nm的企业自获利年度起免征10年（项目优惠期自项目取得第一笔生产经营收入所属纳税年度起算）。

2．2019年1月1日至2023年12月31日，经营性文化事业单位转制为企业，自转制注册之日起5年内免征企业所得税。2018年12月31日之前已完成转制的企业，自2019年1月1日起可继续免征5年企业所得税。经营性文化事业单位是指从事新闻出版、广播影视和文化艺术的事业单位。

考点五　征收管理（★★）

一、纳税地点

表5-14　纳税地点

居民企业	登记注册地（境内）
	登记注册地在境外的，以实际管理机构所在地为纳税地点
非居民企业	有场所，有联系——机构、场所所在地
	有两个以上场所——经批准选择其主要场所汇总缴纳
	没场所或有场所但没联系——扣缴义务人所在地

躲坑要点

居民企业在中国境内设立不具有法人资格的营业机构的，应当汇总计算并缴纳企业所得税。除国务院另有规定外，企业之间不得合并缴纳企业所得税。

二、纳税期限

企业所得税按年计征，分月或者分季预缴，年终汇算清缴，多退少补。

（一）一般情况

纳税年度为公历1月1日至12月31日。

（二）特殊情况

1．开业当年，实际经营期不足12个月，以实际经营期为一个纳税年度。

2．依法清算，以清算期间作为一个纳税年度。

三、纳税申报

1．分月或分季预缴。

应当自月份或者季度终了之日起15日内，向税务机关报送预缴企业所得税纳税申报表，预缴税款。

2. 汇算清缴。

企业应当自年度终了后5个月内向税务机关报送年度企业所得税纳税申报表，并汇算清缴，结清应缴或应退税款。

3. 企业在年度中间终止经营活动的，应当自实际经营终止之日起60日内，向税务机关办理当期企业所得税汇算清缴。

4. 企业在报送企业所得税纳税申报表时，应当按照规定附送财务会计报告和其他有关资料。

【例题·判断题】企业在年度中间终止经营活动的，应当自实际经营终止之日起60日内，向税务机关办理当期企业所得税汇算清缴。（ ）（2021年）

【答案】√

🔖 扫一扫"码"上练题

打开微信扫一扫，关注公众号，点击"会计考试GO"小程序，即可线上练题。下载安装"会计学堂"APP，体验更多课程，参与万人模考，助您顺利通关。

基础阶段，建议考生结合视频课程进行学习，消化重难点。后续可配套《习题精编》进行练习。

扫码听课

第二节 个人所得税法律制度

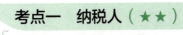
考点一 纳税人（★★）

个人所得税是对个人（即自然人）取得的各项应税所得征收的一种税。

一、定义

个人所得税纳税人，包括中国公民、个体工商户、个人独资企业投资人和合伙企业的个人合伙人等。

二、纳税人分类及纳税义务——属人＋属地

个人所得税是对个人（即自然人）取得的各项应税所得征收的一种税。

表5-15 纳税人分类及纳税义务

纳税人	判定标准	纳税义务
居民	在中国境内有住所	从中国境内和境外取得的所得纳税
	无住所而居住累计满183天	
非居民	无住所又不居住	从中国境内取得的所得纳税
	无住所且居住累计不满183天	

躲坑要点

居住满183天是指在一个纳税年度内在中国境内居住累计满183天。

【例题·单选题】根据个人所得税法律制度的规定，下列在中国境内无住所的外籍人员中，属于2020年度居民个人的是（ ）。（2019年）

A. 马丁2020年8月1日来到中国，2020年10月31日离开中国

B. 亨利2020年7月5日来到中国，2021年1月5日离开中国

C. 琼斯2020年2月1日来到中国，2020年11月1日离开中国

D. 路易2019年9月1日来到中国，2020年5月1日离开中国

【答案】C

【解析】题干明确交代选项A、B、C、D均在中国境内无住所，因此，思考的焦点在于是否"在2020纳税年度内"在中国境内居住累计"满183天"。

三、所得来源的确定

1. 来源于中国境内的所得。

除国务院财政、税务主管部门另有规定外，下列所得，不论支付地点是否在中国境内，均为来源于中国境内的所得：

（1）因任职、受雇、履约等在中国境内提供劳务取得的所得；

（2）将财产出租给承租人在中国境内使用而取得的所得；

（3）许可各种特许权在中国境内使用而取得

的所得；

（4）转让中国境内的不动产等财产或者在中国境内转让其他财产取得的所得；

（5）从中国境内企业、事业单位、其他组织以及居民个人取得的利息、股息、红利所得。

2. 来源于中国境外的所得。（2022新增）

下列所得，为来源于中国境外的所得：

（1）因任职、受雇、履约等在中国境外提供劳务取得的所得；

（2）中国境外企业以及其他组织支付且负担的稿酬所得；

（3）许可各种特许权在中国境外使用而取得的所得；

（4）在中国境外从事生产、经营活动而取得

的与生产、经营活动相关的所得；

（5）从中国境外企业、其他组织以及非居民个人取得的利息、股息、红利所得；

（6）将财产出租给承租人在中国境外使用而取得的所得；

（7）转让中国境外的不动产，转让对中国境外企业以及其他组织投资形成的股票、股权以及其他权益性资产（以下称权益性资产）或者在中国境外转让其他财产取得的所得。

（8）中国境外企业、其他组织以及非居民个人支付且负担的偶然所得；

（9）财政部、税务总局另有规定的，按照相关规定执行。

考点二　个人所得税应税所得项目（★★★）

一、工资、薪金所得

工资、薪金所得，是指个人因任职或者受雇而取得的工资、薪金、奖金、年终加薪、劳动分红、津贴、补贴以及与任职或者受雇有关的其他所得。

躲坑要点

不属于工资、薪金性质的补贴、津贴，不征收个人所得税，包括：

1. 独生子女补贴；

2. 托儿补助费；

3. 差旅费津贴、误餐补助；

4. 执行公务员工资制度未纳入基本工资总额的补贴、津贴差额和家属成员的副食补贴。

【例题·单选题】根据个人所得税法律制度的规定，居民纳税人取得的下列所得中，应按"工资、薪金所得"计缴个人所得税的是（　　）。（2019年）

A. 国债利息所得

B. 出租闲置住房取得的所得

C. 参加商场有奖销售活动中奖取得的所得

D. 单位全勤奖

【答案】D

【解析】选项A：属于利息、股息、红利所得，并享受免税优惠；选项B：属于财产租赁所得；选项C：属于偶然所得。

二、劳务报酬所得

劳务报酬所得，是指个人从事劳务取得的所得，包括从事设计、装潢、安装、制图、化验、测试、医疗、法律、会计、咨询、讲学、翻译、审稿、书画、雕刻、影视、录音、录像、演出、表演、广告、展览、技术服务、介绍服务、经纪服务、代办服务以及其他劳务取得的所得。

躲坑要点

与工资、薪金所得进行区分。

表5-16 劳务报酬所得的计税

职业	收入来源	税目
教师、演员	在单位授课、演出	工资、薪金所得
	在外授课、演出	劳务报酬所得或经营所得
个人	兼职	劳务报酬所得
受雇于律师个人	为律师个人工作	劳务报酬所得

三、稿酬所得

稿酬所得，是指个人因其作品以图书、报刊形式出版、发表而取得的所得。

遗作稿酬：作者去世后，财产继承人取得的遗作稿酬，应当征收个人所得税。

关于报纸、杂志、出版等单位职员在本单位刊物上发表作品的征税总结见表5-17。

表5-17 稿酬所得的计税

单位	职务	计税规定
报社、杂志社	记者、编辑	工资、薪金所得
	其他岗位	稿酬所得
出版社	专业作者	稿酬所得

拿分要点

除报社、杂志社的记者、编辑外，其他人出版、发表作品都按稿酬所得计税。

四、特许权使用费所得

特许权使用费所得，是指个人提供或转让专利权、商标权、著作权、非专利技术以及其他特许权的使用权而取得的所得。

表5-18 特许权使用费所得的计税

方式	企业所得税	个人所得税
转让专利权权属	转让财产收入	特许权使用费所得
提供专利权使用权	特许权使用费收入	

躲坑要点

1. 有形资产的转让按财产转让所得征税；无形资产的转让按特许权使用费所得征税；土地使用权、股权例外。

2. 作者将自己的文字作品手稿原件或复印件公开拍卖取得的所得，按特许权使用费所得计税。

3. 个人取得特许权的经济赔偿收入，按特许权使用费所得计税。

4. 编剧从电视剧的制作单位取得的剧本使用费，按特许权使用费所得计税。

【例题·单选题】根据个人所得税法律制度的规定，下列各项中，不属于特许权使用费所得的是（　　）。（2019年）

A. 提供著作权的使用权取得的所得

B. 提供专利权的使用权取得的所得

C. 提供房屋使用权取得的所得

D. 提供商标权的使用权取得的所得

【答案】C

【解析】选项C：属于财产租赁所得。

五、经营所得

经营所得，是指：

1. 个体工商户从事生产、经营活动取得的所得，个人独资企业投资人、合伙企业的个人合伙人来源于境内注册的个人独资企业、合伙企业生产、经营的所得；

2. 个人依法从事办学、医疗、咨询以及其他有偿服务活动取得的所得；

3. 个人对企业、事业单位承包经营、承租经营以及转包、转租取得的所得；

4. 个人从事其他生产、经营活动取得的所得。

六、利息、股息、红利所得

利息、股息、红利所得，是指个人拥有债权、股权而取得的利息、股息、红利所得。

七、财产租赁所得

财产租赁所得，是指个人出租不动产、机器设备、车船以及其他财产取得的所得。

1. 个人取得的房屋转租收入，属于"财产租赁所得"项目。

2. 房地产开发企业与商店购买者个人签订协议，以优惠价格出售其商店给购买者个人，购买者个人在一定期限内必须将购买的商店无偿提供给房地产开发企业对外出租使用。该行为实质上是购买者个人以所购商店交由房地产开发企业出租而取得的房屋租赁收入支付了部分购房价款。对购买者个人少支出的购房价款，应视同个人财产租赁所得，按照"财产租赁所得"项目征收个人所得税。

八、财产转让所得

财产转让所得，是指个人转让财产取得的收入。

(((o))) 躲坑要点

1. 属于财产转让所得税目的包括转让有形资产、土地使用权、股权。

2. 由于我国没有资本利得税，所以股权转让所得并入财产转让所得税目。

表5-19 财产转让所得的纳税义务

交易行为	具体形式	纳税义务
转让股权	出售、公司回购、司法强制过户、抵偿债务、对外投资等	财产转让所得
终止投资	各种名目的回收款项	财产转让所得
回收转让股权	转让合同履行完毕、股权已作变更、收入已实现时	财产转让所得
	转让行为结束，双方当事人签订并执行解除原股权转让合同、退回股权的协议	另一次股权转让行为，前次转让征收的税款不予退回
	转让合同未履行完毕，因执行仲裁委员会作出的解除股权转让合同及补充协议的裁决、停止执行原转让合同，并原价收回已转让股权	不缴纳个人所得税

第五章

对个人转让新三板挂牌公司原始股取得的所得，按照财产转让所得征收个人所得税。

个人将投资于在中国境内成立的企业或组织（不包括个人独资企业和合伙企业）的股权或股份，转让给其他个人或法人的行为，按照财产转让所得项目，依法计算缴纳个人所得税。

转让方取得与股权转让相关的各种款项，包括违约金、补偿金以及其他名目的款项、资产、权益等，均应当并入股权转让收入。

躲坑要点

1. 个人以非货币性资产投资，属于转让和投资同时发生，对转让所得应按财产转让所得征税。

2. 个人通过招标、竞拍或其他方式购置债权以后，通过相关司法或行政程序主张债权而取得的所得，按财产转让所得征税。

3. 个人通过网络收购玩家的虚拟货币，加价后向他人出售取得的收入，按财产转让所得征税。

九、偶然所得

偶然所得，是指个人得奖、中奖、中彩以及其他偶然性质的所得。

表5-20　企业促销展业赠送礼品的个人所得税处理

具体情形	个人所得税处理
企业通过价格折扣、折让方式向个人销售商品（产品）和提供服务	不征收个人所得税
企业在向个人销售商品（产品）和提供服务的同时给予赠品	
企业对累积消费达到一定额度的个人按消费积分反馈礼品	
企业对累积消费达到一定额度的顾客，给予额外抽奖机会，个人的获奖所得	按照偶然所得项目，全额适用20%的税率缴纳个人所得税

1. 个人取得单张有奖发票奖金所得超过800元的，应全额按照"偶然所得"项目征收个人所得税。税务机关或其指定的有奖发票兑奖机构，是有奖发票奖金所得个人所得税的扣缴义务人。

2. 个人为单位或他人提供担保获得收入，按照"偶然所得"项目计算缴纳个人所得税。

3. 房屋产权所有人将房屋产权无偿赠与他人的，受赠人因无偿受赠房屋取得的受赠收入，按照"偶然所得"项目计算缴纳个人所得税。

4. 企业在业务宣传、广告等活动中，随机向本单位以外的个人赠送礼品（包括网络红包，下同），以及企业在年会、座谈会、庆典以及其他活动中向本单位以外的个人赠送礼品，个人取得的礼品收入，按照"偶然所得"项目计算缴纳个人所得税，但企业赠送的具有价格折扣或折让性质的消费券、代金券、抵用券、优惠券等礼品除外。

躲坑要点

1. 个人取得的所得，难以界定应纳税所得项目的，由国务院税务主管部门确定。

2. 考点二所列九项个人所得：居民个人取得第一至第四项所得为综合所得，按纳税年度合并计算个人所得税；非居民个人取得第一至第四项所得，按月或者按次分项计算个人所得税。

纳税人取得第五至第九项所得，依照法律规定分别计算个人所得税。

考点三　个人所得税税率（★）

一、综合所得

居民个人每一纳税年度内取得的综合所得包括：工资、薪金所得；劳务报酬所得；稿酬所得；特许权使用费所得。

综合所得，适用3%至45%的超额累进税率。

表5-21　个人所得税税率表（综合所得适用）

级数	全年应纳税所得额	税率（%）	速算扣除数
1	不超过36 000元的	3	0
2	超过36 000元至144 000元的部分	10	2 520
3	超过144 000元至300 000元的部分	20	16 920
4	超过300 000元至420 000元的部分	25	31 920
5	超过420 000元至660 000元的部分	30	52 920
6	超过660 000元至960 000元的部分	35	85 920
7	超过960 000元的部分	45	181 920

注：1. 全年应纳税所得额=综合所得年度收入额—60 000—专项扣除及专项附加扣除—其他扣除。

2. 非居民个人取得工资、薪金所得，劳务报酬所得，稿酬所得和特许权使用费所得，依照本表按月换算后计算应纳税额。

二、经营所得

经营所得适用5%至35%的超额累进税率。

表5-22　个人所得税税率表（经营所得适用）

级数	全年应纳税所得额	税率（%）	速算扣除数
1	不超过30 000元的	5	0
2	超过30 000元至90 000元的部分	10	1 500
3	超过90 000元至300 000元的部分	20	10 500
4	超过300 000元至500 000元的部分	30	40 500
5	超过500 000元的部分	35	65 500

注：本表所称全年应纳税所得额是指依照法律规定，以每一纳税年度的收入总额减除成本、费用以及损失后的余额。

三、利息、股息、红利所得，财产租赁所得，财产转让所得和偶然所得

适用比例税率，税率为20%。

躲坑要点

自2001年1月1日起，对个人出租住房取得的所得暂减按10%的税率征收个人所得税。

第五章

考点四 个人所得税应纳税所得额的确定（★★★）

个税的计税依据＝纳税人应纳税所得额

应纳税所得额＝收入－费用扣除金额－减免税收入

因为项目不同，费用扣除金额不同，需要按不同应税项目分项计算。

一、个人所得的形式

个人所得的形式，包括现金、实物（凭证价格／市场价格）、有价证券（票面价格／市场价格）、其他经济利益（市场价格）。

二、应纳税所得额的确定

（一）居民个人的综合所得

应纳税所得额＝年收入额－费用6万－专项扣除－专项附加扣除－其他扣除

表5-23 年收入额

年收入＝	工资、薪金所得
	劳务报酬所得×（1－20%）
	稿酬所得×（1－20%）×70%
	特许权使用费所得×（1－20%）

1. 专项扣除：社保＋住房公积金等。
2. 专项附加扣除：子女教育、继续教育、大病医疗、住房贷款利息或住房租金、赡养老人等。

表5-24 专项附加扣除

专项附加扣除项目	支出	扣除标准
子女教育	子女教育（满3岁学前教育＋学历教育）	每个子女1 000元／月，定额扣除；父母可选择其中一方100%扣除，也可选择双方分别扣除50%，选择方式一年不变
继续教育	学历教育	1. 400元／月，定额扣除，不超过48个月 2. 个人接受本科及以下学历继续教育，可选择从父母／本人支出中扣除，但不得同时扣除
	职业资格继续教育	在取得证书的当年，按3 600元／年，定额扣除
大病医疗	15 000元＜个人负担	1. 80 000元／年，限额据实扣除（留存医疗票据原件或复印件） 2. 纳税人发生的医药费用支出可以选择由本人或者其配偶扣除；未成年子女发生的医药费用支出可以选择由其父母一方扣除

（续上表）

专项附加扣除项目	支出		扣除标准
住房贷款利息	本人/配偶+首套住房贷款利息		1. 1 000元/月，定额扣除，不超过240个月（留存贷款合同＋还款支出凭证） 2. 可选择夫妻其中一方扣除，一年不变 3. 夫妻双方婚前分别购买住房发生的首套住房贷款，其贷款利息支出，婚后可以选择其中一套购买的住房，由购买方按扣除标准的100%扣除，也可以由夫妻双方对各自购买的住房分别按扣除标准的50%扣除，具体扣除方式在一个纳税年度内不能变更
住房租金	直辖市、省会城市、计划单列市		1 500元/月，定额扣除（留存住房租赁合同）
	其他城市	户籍人口>100万	1 100元/月，定额扣除（留存住房租赁合同）
		户籍人口≤100万	800元/月，定额扣除（留存住房租赁合同）
	1. 夫妻双方：城市相同，一方扣除；城市不同，分别扣除 2. 不得同时享受住房贷款利息+住房租金扣除		
赡养一位及以上的老人（法定赡养人，60≤Y）	独生子女		2 000元/月，定额扣除
	非独生子女		1. 2 000元/月，分摊扣除 2. 平均/约定分摊，每人分摊≤1 000元/月，一年不变

3. 其他扣除，包括个人缴付符合国家规定的企业年金、职业年金，个人购买符合国家规定的商业健康保险、税收递延型商业养老保险的支出，以及国务院规定可以扣除的其他项目。

((o)) **躲坑要点**

专项扣除、专项附加扣除和依法确定的其他扣除，以居民个人一个纳税年度的应纳税所得额为限额；一个纳税年度扣除不完的，不结转以后年度扣除。

【例题·单选题】以下属于专项扣除内容的是（　　）。（2021年）

A. 子女教育

B. 大病医疗

C. 住房公积金

D. 住房贷款利息

【答案】C

【解析】专项扣除，包括居民个人按照国家规定的范围和标准缴纳的基本养老保险、基本医疗保险、失业保险等社会保险费和住房公积金等。

（二）非居民个人

工资薪金所得：应纳税所得额＝每月收入额－费用5 000元；

劳务报酬所得/稿酬所得/特许权使用费所得：应纳税所得额＝每次收入额。

（三）经营所得

以每一纳税年度的收入总额减除成本、费用以及损失后的余额，为应纳税所得额。

取得经营所得的个人，没有综合所得的，计算其每一纳税年度的应纳税所得额时，还应当减除费用6万元、专项扣除、专项附加扣除以及依法确定的其他扣除。专项附加扣除在办理汇算清缴时减除。

1.个体工商户下列支出不得扣除。

（1）个人所得税税款；

（2）税收滞纳金；

（3）罚金、罚款和被没收财物的损失；

（4）不符合扣除规定的捐赠支出；

（5）赞助支出；

（6）用于个人和家庭的支出；

（7）与取得生产经营收入无关的其他支出；

（8）国家税务总局规定不准扣除的支出（例如计提的各种准备金）。

2.与人员报酬、福利相关的各项扣除。

表5-25 与人员报酬、福利相关的各项扣除

项目	从业人员	业主
工资	√	×（扣生计费）
"四险一金"	√	√
补充养老保险	从业人员工资总额×5%	当地上年度社会平均工资的3倍×5%
补充医疗保险	从业人员工资总额×5%	当地上年度社会平均工资的3倍×5%
商业保险（特例除外）	×	×
合理劳动保护支出	√	√
三项经费（工会经费、职工福利费、职工教育经费）	工资薪金总额的2%、14%、2.5%	当地上年度社会平均工资的3倍×2%、14%、2.5%
代他人负担的税款	×	×

（1）业主的工资与生计费：

①个体工商户业主的工资薪金支出不得税前扣除；

②个体工商户业主取得的生产经营所得，减除费用按照5000元/月执行；

③投资者兴办两个或两个以上企业的，其投资者个人费用扣除标准由投资者选择在其中一个企业的生产经营所得中扣除。

（2）从业人员的工资：

个体工商户实际支付给从业人员的、合理的工资薪金支出，准予扣除。

（3）基本社会保险：

个体工商户按照国家有关规定为其业主和从业人员缴纳的基本养老保险费、基本医疗保险费、失业保险费、工伤保险费和住房公积金，准予扣除。

（4）补充社会保险：

①个体工商户为从业人员缴纳的补充养老保险费、补充医疗保险费，分别在不超过从业人员工资总额5%标准内的部分据实扣除；超过部分，不得扣除。

②个体工商户业主本人缴纳的补充养老保险费、补充医疗保险费，以当地（地级市）上年度社会平均工资的3倍为计算基数，分别在不超过该计算基数5%标准内的部分据实扣除；超过部分，不得扣除。

（5）除个体工商户依照国家有关规定为特殊工种从业人员支付的人身安全保险费和财政部、国家税务总局规定可以扣除的其他商业保险费外，个体工商户业主本人或者为从业人员支付的

商业保险费，不得扣除。

（6）个体工商户发生的合理的劳动保护支出，准予扣除。

（7）个体工商户代其从业人员或者他人负担的税款，不得税前扣除。

（8）三项经费：

①个体工商户向当地工会组织拨缴的工会经费、实际发生的职工福利费支出、职工教育经费支出分别在工资薪金总额的2%、14%、2.5%的标

准内据实扣除；职工教育经费的实际发生数额超出规定比例当期不能扣除的数额，准予在以后纳税年度结转扣除。

②个体工商户业主本人向当地工会组织缴纳的工会经费、实际发生的职工福利费支出、职工教育经费支出，以当地（地级市）上年度社会平均工资的3倍为计算基数，在规定比例内据实扣除。

3. 与生产、经营直接相关的各项扣除。

表5-26　与生产、经营直接相关的各项扣除

扣除项目		具体规定
生产经营费用与个人、家庭费用	分别核算	生产经营费用：据实扣除；个人、家庭费用：不得扣除
	难以分清	按难以分清费用金额的40%扣除
摊位费、行政性收费、协会会费		据实扣除
财产保险费		据实扣除
不需要资本化的借款费用		据实扣除
借款利息	向金融企业借款	据实扣除
	向非金融企业或个人借款	在按照金融企业同期同类贷款利率计算的数额内扣除
业务招待费	营业期间	限额1：实际发生额的60% 限额2：当年销售（营业）收入的5‰
	筹办期间	按照实际发生额的60%计入开办费
广告费和业务宣传费		不超过当年销售（营业）收入15%的部分，可以据实扣除；超过部分，准予结转扣除
除按规定可以全额扣除以外的其他公益性捐赠		不超过其应纳税所得额30%的部分可以据实扣除
新产品、新技术、新工艺的研究开发费用		准予当期直接扣除
研究开发新产品、新技术而购置单台价值在10万元以下的测试仪器和试验性装置的购置费		准予当期直接扣除
开办费		可以选择在开始经营的当年一次性扣除
损失		按净损失额（减除责任人赔偿和保险赔款）扣除
亏损		可以结转在以后5年内弥补

（1）生产经营费用：

①个体工商户生产经营活动中，应当分别核算生产经营费用和个人、家庭费用；对于生产经营与个人、家庭生活混用难以分清的费用，其

40%视为与生产经营有关的费用，准予扣除。

②个体工商户按照规定缴纳的摊位费、行政性收费、协会会费等，按实际发生数额扣除。

③个体工商户参加财产保险，按照规定缴纳

的保险费，准予扣除。

（2）借款费用：

个体工商户在生产经营活动中发生的合理的不需要资本化的借款费用，准予扣除。

（3）个体工商户在生产经营活动中发生的下列利息支出，准予扣除：

①向金融企业借款的利息支出；

②向非金融企业和个人借款的利息支出，不超过按照金融企业同期同类贷款利率计算的数额的部分。

（4）业务招待费：

①个体工商户发生的与生产经营活动有关的业务招待费，按照实际发生额的60%扣除，但最高不得超过当年销售（营业）收入的5‰。

②业主自申请营业执照之日起至开始生产经营之日止所发生的业务招待费，按照实际发生额的60%计入个体工商户的开办费。

（5）广告费和业务宣传费：

个体工商户每一纳税年度发生的与其生产经营活动直接相关的广告费和业务宣传费不超过当年销售（营业）收入15%的部分，可以据实扣除；超过部分，准予在以后纳税年度结转扣除。

（6）公益性捐赠：

①个体工商户通过公益性社会团体或者县级以上人民政府及其部门，用于规定的公益事业的捐赠，捐赠额不超过其应纳税所得额30%的部分可以据实扣除。

②可以全额在个人所得税前扣除的捐赠支出项目，按有关规定执行。

③个体工商户直接对受益人的捐赠不得扣除。

（7）研究开发费用：

①个体工商户研究开发新产品、新技术、新工艺所发生的开发费用准予在当期直接扣除。

②个体工商户研究开发新产品、新技术而购置单台价值在10万元以下的测试仪器和试验性装置的购置费准予直接扣除；单台价值在10万元以上（含10万元）的测试仪器和试验性装置，按固定资产管理，不得在当期直接扣除。

（8）开办费：

个体工商户自申请营业执照之日起至开始生产经营之日（个体工商户取得第一笔销售／营业收入）止所发生符合规定的费用，除为取得固定资产、无形资产的支出，以及应计入资产价值的汇兑损益、利息支出外，作为开办费，个体工商户可以选择在开始生产经营的当年一次性扣除，也可自生产经营月份起在不短于3年的期限内摊销扣除，但一经选定，不得改变。

（9）损失：

①个体工商户发生的损失，减除责任人赔偿和保险赔款后的余额，参照财政部、国家税务总局有关企业资产损失税前扣除的规定扣除。

②个体工商户已经作为损失处理的资产，在以后纳税年度又全部收回或者部分收回时，应当计入收回当期的收入。

（10）亏损：

个体工商户纳税年度发生的亏损，准予向以后年度结转，用以后年度的生产经营所得弥补，但结转年限最长不得超过5年。

躲坑要点

投资者兴办两个或两个以上企业，并且企业性质全部是个人独资的，年度终了后汇算清缴时，应汇总其投资兴办的所有企业的经营所得作为应纳税所得额，以此确定适用税率，计算出全年经营所得的应纳税额，再根据每个企业的经营所得占所有企业经营所得的比例，分别计算出每个企业的应纳税额和应补缴税额。

投资者兴办两个或两个以上企业的，其投资者个人费用扣除标准由投资者选择在其中一个企业的生产经营所得中扣除。

（四）财产租赁所得

每次收入不超过4000元的：应纳税所得额＝

每次收入额－费用800元；

每次收入4 000元以上的：应纳税所得额＝每次收入额×（1－20%）。

（五）财产转让所得

应纳税所得额＝转让财产的收入额－（财产原值＋合理费用）

（六）利息、股息、红利所得和偶然所得

应纳税所得额＝每次收入额

三、其他费用扣除规定

（一）关于捐赠的扣除规定

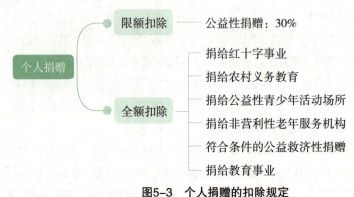

图5-3　个人捐赠的扣除规定

((·)) **躲坑要点**

1. 上述捐赠必须通过中国境内非营利的社会团体、国家机关。

2. 与应纳税所得额比，从应纳税所得额扣。

【小结】

表5-27　关于捐赠的扣除情况汇总

情形	能否扣除	扣除方法	注意事项
公益性捐赠	√	限额扣除	限额为：应纳税所得额×30%
		全额扣除	1. 向红十字事业的捐赠 2. 通过境内非营利机构向教育事业的捐赠 3. 向公益性青少年活动场所（其中包括新建）的捐赠 4. 向福利性、非营利性老年服务机构的捐赠，以及通过特定基金会用于公益救济性的捐赠
其他捐赠（直接捐赠）	×		

（二）其他扣除规定

对个人购买符合规定的商业健康保险产品的支出，允许在当年（月）计算应纳税所得额时予以税前扣除，扣除限额为2 400元／年（200元／月）。

考点五　个人所得税应纳税额的计算（★★★）

一、个人所得税应纳税额计算的一般规定

（一）综合所得应纳税额的计算

应纳税额＝应纳税所得额×适用税率－速算扣除数＝（每一纳税年度的收入额－费用6万元－专项扣除－专项附加扣除－依法确定的其他扣除）×适用税率－速算扣除数

（二）综合所得预扣预缴税款的计算

1. 扣缴义务人向居民个人支付工资、薪金所得时，应当按照累计预扣法计算预扣税款，并按月办理全员全额扣缴申报。

本期应预扣预缴税额＝（累计预扣预缴应纳税所得额×预扣率－速算扣除数）－累计减免税额－累计已预扣预缴税额

累计预扣预缴应纳税所得额＝累计收入－累计免税收入－累计减除费用－累计专项扣除－累计专项附加扣除－累计依法确定的其他扣除

其中：累计减除费用＝5 000×月份数（任职受雇）。

2020年7月1日起，对一个纳税年度内首次取得工资、薪金所得的居民个人，扣缴义务人在预扣预缴个人所得税时，可按照5 000元／月乘以纳税人当年截至本月月份数计算累计减除费用。

首次取得工资、薪金所得的居民个人：自纳税年度首月起至新入职时，未取得工资、薪金所得或者未按照累计预扣法预扣预缴过连续性劳务报酬所得个人所得税的居民个人。

自2021年1月1日起，对上一完整纳税年度内每月均在同一单位预扣预缴工资、薪金所得个人所得税且全年工资、薪金收入不超过6万元的居民个人，扣缴义务人在预扣预缴本年度工资、薪金所得个人所得税时，累计减除费用自1月份起直接按照全年6万元计算扣除。（2022新增）

表5-28　个人所得税预扣率表一
（居民个人工资、薪金所得预扣预缴适用）

级数	累计预扣预缴应纳税所得额	预扣率（%）	速算扣除数
1	不超过36 000元的部分	3	0
2	超过36 000元至144 000元的部分	10	2 520
3	超过144 000元至300 000元的部分	20	16 920
4	超过300 000元至420 000元的部分	25	31 920
5	超过420 000元至660 000元的部分	30	52 920
6	超过660 000元至960 000元的部分	35	85 920
7	超过960 000元的部分	45	181 920

2. 扣缴义务人向居民个人支付劳务报酬所得、稿酬所得、特许权使用费所得，按次或者按月预扣预缴个人所得税。

（1）劳务报酬所得。

①每次收入不超过4 000元：应预扣预缴税额＝（收入额－800元）×20%

②每次收入4 000元以上：应预扣预缴税额＝收入额×（1－20%）×预扣率－速算扣除数

表5-29　个人所得税预扣率表二

（居民个人劳务报酬所得预扣预缴适用）

级数	累计预扣预缴应纳税所得额	预扣率（%）	速算扣除数
1	不超过20 000元的部分	20	0
2	超过20 000元至50 000元的部分	30	2 000
3	超过50 000元的部分	40	7 000

（2）稿酬所得。

①每次收入不超过4 000元：应预扣预缴税额＝（收入额－800元）×70%×20%（预扣率）

②每次收入4 000元以上：应预扣预缴税额＝收入额×（1－20%）×70%×20%（预扣率）

（3）特许权使用费所得。

①每次收入不超过4 000元：应预扣预缴税额＝（收入额－800元）×20%（预扣率）

②每次收入4 000元以上：应预扣预缴税额＝收入额×（1－20%）×20%（预扣率）

自2020年7月1日起，正在接受全日制学历教育的学生因实习取得劳务报酬所得的，扣缴义务人预扣预缴个人所得税时，可按照累计预扣法计算并预扣预缴税款。（2022新增）

（三）非居民个人扣缴个人所得税的计算

1. 工资、薪金所得，按月代扣代缴。

应纳税额＝（月收入－5 000元）×适用税率－速算扣除数

2. 劳务报酬所得，按月或按次代扣代缴。

应纳税额＝次收入×（1－20%）×适用税率－速算扣除数

3. 稿酬所得，按次代扣代缴。

应纳税额＝次收入×（1－20%）×70%×适用税率－速算扣除数

4. 特许权使用费所得，按次代扣代缴。

应纳税额＝次收入×（1－20%）×适用税率－速算扣除数

表5-30　个人所得税预扣率表三

（非居民个人工资、薪金所得，劳务报酬所得，稿酬所得，特许权使用费所得适用）

级数	累计预扣预缴应纳税所得额	预扣率（%）	速算扣除数
1	不超过3 000元的部分	3	0
2	超过3 000元至12 000元的部分	10	210
3	超过12 000元至25 000元的部分	20	1 410
4	超过25 000元至35 000元的部分	25	2 660
5	超过35 000元至55 000元的部分	30	4 410
6	超过55 000元至80 000元的部分	35	7 160
7	超过80 000元的部分	45	15 160

【例题·单选题】中国公民李某2020年10月提供咨询服务，取得劳务报酬8 200元，支付交通费200元。已知：劳务报酬所得个人所得税预扣率为20%；每次收入4 000元以上的，减除费用按20%计算。计算李某当月该笔劳务报酬应预扣预缴个人所得税税额的下列算式中，正确的是（　　）。（2020年）

A．（8 200-200）×20%

B．8 200×20%

C．8 200×（1-20%）×20%

D．（8 200-200）×（1-20%）×20%

【答案】C

【解析】劳务报酬所得在预扣预缴时，减除费用实行定额和定率相结合的模式，每次收入4 000元以下的定额减除800元，每次收入4 000元以上的定率减除20%，其他支出（例如交通费200元）不得减除，排除选项A、D；选项B没有考虑定率减除20%，错误。

（四）经营所得应纳税额的计算

应纳税额=应纳税所得额×适用税率-速算扣除数=（全年收入总额-成本、费用、税金、损失、其他支出及以前年度亏损）×适用税率-速算扣除数

自2021年1月1日至2022年12月31日，对个体工商户经营所得年应纳税所得额不超过100万元的部分，在现行优惠政策基础上，再减半征收个人所得税。（2022新增）

（五）利息、股息、红利所得应纳税额的计算

应纳税额=应纳税所得额×适用税率=每次收入额×20%

（六）财产租赁所得应纳税额的计算

1．每次（月）收入不超过4 000元的：

应纳税额=［每次（月）收入额-财产租赁过程中缴纳的税费-修缮费用（800元为限）-800］×20%

2．每次（月）收入超过4 000元的：应纳税额=［每次（月）收入额-财产租赁过程中缴纳的税费-修缮费用（800元为限）］×（1-20%）×20%

躲坑要点

根据《国家税务总局关于个人所得税若干业务问题的批复》判定是否超过4 000元的基数为"收入额-准予扣除项目-修缮费"。

【说明】

转租：

1．个人取得的房屋转租收入，属于"财产租赁所得"税目的征税范围。

2．取得转租收入的个人向房屋出租方支付的租金，凭房屋租赁合同和合法支付凭证允许在计算个人所得税时，在计算转租所得时予以扣除。

表5-31　财产租赁所得的计税

		租赁方式	
		直接出租	转租
适用税目		财产租赁所得	
计税收入		不含增值税的租金收入	
扣除项目	共同之处	1．财产租赁过程中缴纳的税费，但不包括本次出租缴纳的增值税 2．由纳税人负担的租赁财产实际开支的修缮费用（800元为限） 3．法定费用扣除标准（800元或20%）	1．财产转租过程中缴纳的税费，但不包括本次转租缴纳的增值税 2．由纳税人负担的租赁财产实际开支的修缮费用（800元为限） 3．法定费用扣除标准（800元或20%）

（续上表）

		租赁方式	
		直接出租	转租
扣除项目	差异之处		向房屋出租方支付的租金及增值税税额

躲坑要点

个人出租住房取得的所得暂减按10%的税率征收个人所得税。

（七）财产转让所得应纳税额的计算

应纳税额＝应纳税所得额×适用税率＝（收入总额－财产原值－合理费用）×20%

（八）偶然所得应纳税额的计算

应纳税额＝应纳税所得额×适用税率＝每次收入额×20%

躲坑要点

1. 储蓄存款利息所得暂免征收个人所得税。

2. 国债和国家发行的金融债券利息免税。

3. 福利彩票、体育彩票，一次中奖收入在1万元以下（含1万元）的暂免征收个人所得税；超过1万元的，全额征收个人所得税。

4. 个人取得单张有奖发票奖金所得不超过800元（含800元）的，暂免征收个人所得税；超过800元的，全额按"偶然所得"项目征收个人所得税。

二、个人所得税应纳税额计算的特殊规定

1. 个人达到国家规定的退休年龄，领取的企业年金、职业年金，符合相关规定的，不并入综合所得，全额单独计算应纳税款。

2. 个人与用人单位解除劳动关系取得一次性补偿收入，在当地上年职工平均工资3倍数额以内的部分，免征个人所得税；超过3倍数额的部分，

不并入当年综合所得，单独适用综合所得税率表，计算纳税。

3. 个人办理提前退休手续而取得的一次性补贴收入，应按照办理提前退休手续至法定离退休年龄之间实际年度数平均分摊，确定适用税率和速算扣除数，单独适用综合所得税率表，计算纳税。

4. 实行内部退养的个人在其办理内部退养手续后至法定离退休年龄之间从原任职单位取得的工资、薪金，不属于离退休工资，应按"工资、薪金所得"项目计征个人所得税。

5. 单位低价向职工售房，职工因此而少支出的差价部分，不并入当年综合所得，以差价收入除以12个月得到的数额，按照月度税率表确定适用税率和速算扣除数，单独计算纳税。

6. 个人因公务用车和通讯制度改革而取得的公务用车、通讯补贴收入，扣除一定标准的公务费用后，按照"工资、薪金所得"项目计征个人所得税。

7. 退休人员再任职取得的收入，在减除按个人所得税法规定的费用扣除标准后，按"工资、薪金所得"应税项目缴纳个人所得税。

8. 离退休人员从原任职单位取得各类补贴、奖金、实物，应在减除费用扣除标准后，按"工资、薪金所得"应税项目缴纳个人所得税。

9. 企事业单位和个人超过规定的比例和标准缴付的基本养老保险费、基本医疗保险费和失业保险费，应将超过部分并入个人当期的工资、薪金收入，计征个人所得税。

10. 对企业为员工支付各项免税之外的保

险金，按"工资、薪金所得"项目计征个人所得税。

11. 兼职律师从律师事务所取得工资、薪金性质的所得，律师事务所在代扣代缴其个人所得税时，不再减除个人所得税法规定的费用扣除标准，以收入全额（取得分成收入的为扣除办理案件支出费用后的余额）直接确定适用税率，计算扣缴个人所得税。兼职律师应自行向主管税务机关申报两处或两处以上取得的工资、薪金所得，合并计算缴纳个人所得税。

12. 依法批准设立的非营利性研究开发机构和高等学校，从职务科技成果转化收入中给予科技人员的现金奖励，可减按50%计入科技人员当月工资、薪金所得。

13. 保险营销员、证券经纪人取得的佣金收入，属于"劳务报酬所得"。

应纳税所得额＝收入（不含税）×（1－20%）－展业成本－附加税费＝收入（不含税）×（1－20%）×（1－25%）－附加税费，并入当年综合所得，计算缴纳个人所得税。

14. 个人投资者收购企业股权后，对于股权收购价格低于原所有者权益的差额部分未计入股权交易价格，新股东取得盈余积累转增股本的部分，应按照"利息、股息、红利所得"项目征收个人所得税。

15. 个人从公开发行和转让市场取得的上市公司股票取得的股息。

（1）持股期限≤1个月：股息红利所得全额计入应纳税所得额。

（2）1个月＜持股期限≤1年：减按50%计入应纳税所得额。

（3）持股期限＞1年：免征。

（4）个人持有上市公司限售股，解禁前取得的股息红利，减按50%计入应纳税所得额。

16. 房屋买受人在未办理房屋产权证的情况下，按照与房地产公司约定条件在一定时期后无条件退房而取得的补偿款，应按照"利息、股息、红利所得"项目缴纳个人所得税。

17. 对个人转让限售股取得的所得，按照"财产转让所得"项目征收个人所得税。

18. 两个以上的个人共同取得同一项目收入的，应当对每个人取得的收入分别按照个人所得税法的规定计算纳税。

19. 居民个人从中国境内和境外取得的综合所得、经营所得，应当分别合并计算应纳税额；从中国境内和境外取得的其他所得，应当分别单独计算应纳税额。

20. 出租汽车经营单位对出租车驾驶员采取单车承包或承租方式运营，出租车驾驶员从事客货营运取得的收入，按"工资、薪金所得"项目征税。

从事个体出租车运营的出租车驾驶员取得的收入，按"经营所得"项目缴纳个人所得税。

21. 企业改组改制过程中个人取得的量化资产。

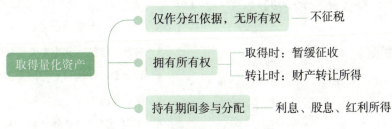

图5-4 取得量化资产的计税

【理解】公司职工取得的用于购买该企业国有股权的劳动分红，按"工资、薪金所得"计征个人所得税。

【说明】针对集体企业改制，职工取得的量化资产，为促进集体企业改制成功，此项所得暂免征收个人所得税。

股份制公司职工因任职受雇取得的公司股权（分配给职工的劳动分红），此项所得按"工资、薪金所得"计征个人所得税。

22．以下情形，无论所有权人是否将财产无偿或有偿交付企业使用，其实质均为企业对个人进行了实物性质的分配，依法计征个税：

（1）企业出资购买房屋及其他财产，将所有权登记为投资者个人、投资者家庭成员或企业其他人员的；

（2）企业投资者个人、投资者家庭成员或企业其他成员向企业借款用于购买房屋及其他财产，将所有权登记为投资者、投资者家庭成员或企业其他人员，且借款年度终了后未归还借款的。

(((•))) 躲坑要点

所属项目：

1．对个人独资企业、合伙企业的个人投资者或其家庭成员取得的上述所得，视为企业对个人投资者的利润分配，按照"经营所得"项目计征个税；

2．对除个人独资企业、合伙企业以外其他企业的个人投资者或其家庭成员取得的上述所得，视为企业对个人投资者的红利分配，按照"利息、股息、红利所得"项目计征个税；

3．对企业其他人员取得的上述所得，按照"工资、薪金所得"项目计征个税。

【例题·单选题】2020年3月，中国公民李某在境内公开发行和转让市场购入某上市公司股票，当年7月取得该上市公司分配的股息8 000元，12月将持有的股票全部卖出。已知利息、股息、红利所得个人所得税税率为20%。计算李某该笔股息所得应缴纳个人所得税税额的下列算式中，正确的是（　　）。（2020年）

A．8 000×20%

B．8 000×（1−20%）×20%

C．8 000×（1−20%）×50%×20%

D．8 000×50%×20%

【答案】D

【解析】利息、股息、红利所得没有减除费用，排除选项B、C；本题涉及的是上市公司股息，如何征税取决于持股时间，李某3月购入而同年12月售出，持股期限大于1个月小于1年，暂减按50%计入应纳税所得额，选项A错误，选项D正确。

考点六　个人所得税税收优惠（★★）

一、免税项目

1．省级人民政府、国务院部委和中国人民解放军军以上单位，以及外国组织、国际组织颁发的科学、教育、技术、文化、卫生、体育、环境保护等方面的奖金；

2．国债和国家发行的金融债券利息；

3．按照国家统一规定发给的补贴、津贴；

4．福利费、抚恤金、救济金；

5．保险赔款；

6．军人的转业费、复员费、退役金；

7．按照国家统一规定发给干部、职工的安家费、退职费、基本养老金或者退休费、离休费、

离休生活补助费;

8. 依照有关法律规定应予免税的各国驻华使馆、领事馆的外交代表、领事官员和其他人员的所得;

9. 中国政府参加的国际公约、签订的协议中规定免税的所得;

10. 国务院规定的其他免税所得。

二、暂免征项目(包括但不限于)

1. 外籍个人免税项目:以非现金形式或实报实销形式取得的住房补贴、伙食补贴、搬迁费、洗衣费;按合理标准取得的出差补贴;取得的经税务机关审核批准的探亲费、语言训练费、子女教育费等;从外商投资企业取得的股息、红利所得;符合条件的外籍专家的工资薪金所得。

2. 个人在上海、深圳证券交易所转让从上市公司公开发行和转让市场取得的股票,转让所得暂不征收个人所得税。

自2018年11月1日(含)起,对个人转让全国中小企业股份转让系统(新三板)挂牌公司非原始股取得的所得,暂免征收个人所得税。

3. 个人举报、协查各种违法、犯罪行为获得的奖金。

4. 个人转让自用5年以上,且是唯一的家庭生活用房取得的所得。

5. 个人购买福利、体育彩票,一次中奖收入在1万元(含)以下的。(超过1万,全额征税)

6. 个人取得单张有奖发票金额所得不超过

800元(含)的。

7. 延长离休、退休期间的工资、薪金所得。

8. 解除劳动关系取得的一次性补偿收入,在当地上年职工年平均工资3倍数额内的部分。

9. 个人领取原提存的三险一金。

10. 从2015年9月8日起,个人从市场取得的上市公司股票,持股超过1年的,对股息红利所得暂免征收个人所得税。

自2019年7月1日起至2024年6月30日,个人持有全国中小企业股份转让系统挂牌公司的股票,持股期限超过1年的,对股息红利所得暂免征收个人所得税。

11. 对被拆迁人按照国家有关城镇房屋拆迁管理办法规定的标准取得的拆迁补偿款,免征个人所得税。

12. 2009年5月25日起,房屋产权无偿赠与直系亲属、兄弟姐妹、扶养人或赡养人以及继承人。

13. 从事种植业、养殖业、饲养业、捕捞业取得所得。

14. 企业在销售商品、提供劳务时向个人提供赠品。

三、减税项目(减征幅度与期限由省级政府规定)

1. 残疾、孤老人员和烈属所得。

2. 因严重自然灾害造成重大损失的。

考点七　个人所得税的征收管理(★)

一、纳税申报

(一)代扣代缴

1. 以支付所得的单位或个人为扣缴义务人。

2. 税务机关对扣缴义务人按照所扣缴的税款,付给2%的手续费。

3. 扣缴义务人应当按照国家规定办理全员全额扣缴申报,并向纳税人提供其个人所得和已扣缴税款等信息。全员全额扣缴申报,是指扣缴义务人在代扣税款的次月15日内,向主管税务机关报送其支付所得的所有个人的有关信息、支付所得数额、扣除事项和数额、扣缴税款的具体数额和总额以及其他相关涉税信息资料。

（二）自行申报

有下列情形之一的，纳税人应当依法办理纳税申报：

1. 取得综合所得需要办理汇算清缴；

2. 取得应税所得没有扣缴义务人；

3. 取得应税所得，扣缴义务人未扣缴税款；

4. 取得境外所得；

5. 因移居境外注销中国户籍；

6. 非居民个人在中国境内从两处以上取得工资、薪金所得；

7. 国务院规定的其他情形。

（三）其他规定

1. 居民个人取得工资、薪金所得时，可以向扣缴义务人提供专项附加扣除有关信息，由扣缴义务人扣缴税款时办理专项附加扣除。纳税人同时从两处以上取得工资、薪金所得，并由扣缴义务人办理专项附加扣除的，对同一专项附加扣除项目，纳税人只能选择从其中一处扣除。

居民个人取得劳务报酬所得、稿酬所得、特许权使用费所得，应当在汇算清缴时向税务机关提供有关信息，办理专项附加扣除。

2. 纳税人可以委托扣缴义务人或者其他单位和个人办理汇算清缴。

纳税人发现扣缴义务人提供或者扣缴申报的个人信息、所得、扣缴税款等与实际情况不符的，有权要求扣缴义务人修改。扣缴义务人拒绝修改的，纳税人应当报告税务机关，税务机关应当及时处理。

纳税人、扣缴义务人应当按照规定保存与专项附加扣除相关的资料。税务机关可以对纳税人提供的专项附加扣除信息进行抽查，具体办法由国务院税务主管部门另行规定。税务机关发现纳税人提供虚假信息的，应当责令改正并通知扣缴义务人；情节严重的，有关部门应当依法予以处理，纳入信用信息系统并实施联合惩戒。

3. 纳税人申请退税时提供的汇算清缴信息有错误的，税务机关应当告知其更正；纳税人更正的，税务机关应当及时办理退税。

扣缴义务人未将扣缴的税款解缴入库的，不影响纳税人按照规定申请退税，税务机关应当凭纳税人提供的有关资料办理退税。

二、纳税期限

1. 居民个人取得综合所得，按年计算个人所得税；有扣缴义务人的，由扣缴义务人按月或者按次预扣预缴税款；需要办理汇算清缴的，应当在取得所得的次年3月1日至6月30日内办理汇算清缴。

2. 非居民个人取得工资、薪金所得，劳务报酬所得，稿酬所得和特许权使用费所得，有扣缴义务人的，由扣缴义务人按月或者按次代扣代缴税款，不办理汇算清缴。

3. 纳税人取得经营所得，按年计算个人所得税，由纳税人在月度或者季度终了后15日内向税务机关报送纳税申报表，并预缴税款；在取得所得的次年3月31日前办理汇算清缴。

4. 纳税人取得利息、股息、红利所得，财产租赁所得，财产转让所得和偶然所得，按月或者按次计算个人所得税，有扣缴义务人的，由扣缴义务人按月或者按次代扣代缴税款。

5. 纳税人取得应税所得没有扣缴义务人的，应当在取得所得的次月15日内向税务机关报送纳税申报表，并缴纳税款。

6. 纳税人取得应税所得，扣缴义务人未扣缴税款的，纳税人应当在取得所得的次年6月30日前，缴纳税款；税务机关通知限期缴纳的，纳税人应当按照期限缴纳税款。

7. 居民个人从中国境外取得所得的，应当在取得所得的次年3月1日至6月30日内申报纳税。

8. 非居民个人在中国境内从两处以上取得工资、薪金所得的，应当在取得所得的次月15日内申报纳税。

9. 纳税人因移居境外注销中国户籍的，应当在注销中国户籍前办理税款清算。

10. 扣缴义务人每月或者每次预扣、代扣的税款，应当在次月15日内缴入国库，并向税务机关报送扣缴个人所得税申报表。

扫一扫"码"上练题

打开微信扫一扫，关注公众号，点击"会计考试GO"小程序，即可线上练题。下载安装"会计学堂"APP，体验更多课程，参与万人模考，助您顺利通关。

基础阶段，建议考生结合视频课程进行学习，消化重难点。
后续可配套《习题精编》进行练习。

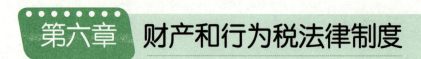

第六章 财产和行为税法律制度

表6-1 财产和行为税法律制度

税种	纳税人/征税对象
房产税	在我国城市、县城、建制镇和工矿区内拥有房屋产权的单位和个人
契税	在我国境内承受土地、房屋权属转移的单位和个人
土地增值税	转让国有土地使用权、地上建筑物及其附着物（简称转让房地产）并取得收入的单位和个人
城镇土地使用税	使用城市、县城、建制镇、工矿区范围内的土地的单位和个人
耕地占用税	在我国境内占用耕地建设建筑物、构筑物或者从事非农业建设的单位和个人
车船税	境内属于《中华人民共和国车船税法》规定的车辆、船舶的所有人或者管理人
资源税	对在我国领域或管辖的其他海域开发应税资源的单位和个人
环境保护税	在我国领域和管辖的其他海域直接向环境排放应税污染物的企业、事业单位和其他生产经营者
烟叶税	在境内收购烟叶的单位
船舶吨税	对自境外港口进入境内港口的船舶征收船舶吨税，以应税船舶负责人为纳税人
印花税	在境内书立应税凭证、进行证券交易的单位和个人

第一节 房产税法律制度

扫码听课

房产税，是以房产为征税对象，按照房产计税价值或者租金收入向产权所有人征收的一种税。

考点一 纳税人（★★）

在我国城市、县城、建制镇和工矿区（不包括农村）内拥有房屋产权的单位和个人，具体包括产权所有人、承典人、房产代管人或者使用人。

1. 产权属于国家所有的，其经营管理的单位为纳税人。

2. 产权属于集体和个人的，集体单位和个人为纳税人。

3. 产权出典的，承典人为纳税人。

4. 产权所有人、承典人均不在房产所在地的，房产代管人或者使用人为纳税人。

5. 产权未确定以及租典纠纷未解决的，房产代管人或者使用人为纳税人。

6. 纳税单位和个人无租使用房产管理部门、免税单位及纳税单位的房产，由使用人代为缴纳房产税。

(((•))) 躲坑要点

房屋出租原则上出租人为纳税人，但在无租使用的情况下，承租人实际受益，因此由承租人代为缴纳。（受益人纳税）

考点二 征税范围（★★）

1. 房产税的征税范围为城市、县城、建制镇和工矿区的房屋，不包括农村。

2. 独立于房屋之外的建筑物，如围墙、烟囱、水塔、菜窖、室外游泳池等不属于房产税的征税对象。

3. 房地产开发企业建造的商品房，在出售前，不征收房产税，但对出售前房地产开发企业已使用或出租、出借的商品房应按规定征收房产税。

【例题·单选题】根据房产税法律制度的规定，下列各项中，不属于房产税征税范围的是（　　）。（2021年）

A. 建制镇工业企业的厂房

B. 县城工业企业的厂房

C. 农村村民的住宅

D. 市区商场的地下停车场

【答案】C

【解析】房产税的征税范围为城市、县城、建制镇和工矿区的房屋。

第六章

考点三　应纳税额计算（★★★）

表6-2　房产税应纳税额计算

计税方法	计税依据	税率	税额计算公式
从价计征	房产余值	1.2%	全年应纳税额＝应税房产原值×（1－扣除比例）×1.2%
从租计征	房产租金	12%	全年应纳税额＝租金收入（不含增值税）×12%
税收优惠	个人出租住房，按4%的税率征收		
	企事业单位、社会团体以及其他组织按市场价向个人出租用于居住的住房，减按4%的税率征收		

躲坑要点

扣除比例为10%～30%，由省、自治区、直辖市人民政府确定。

【例题·单选题】2020年甲公司房产原值5 000万元，已提折旧3 000万元。已知，房产税从价计征税率为1.2%，房产原值的减除比例为30%。计算甲公司2020年应缴纳房产税税额的下列算式中，正确的是（　　）。（2020年）

A. 5 000×1.2%

B. （5 000－3 000）×（1－30%）×1.2%

C. 5 000×（1－30%）×1.2%

D. （5 000－3 000）×1.2%

【答案】C

【解析】本题适用从价计征，2020年应缴纳房产税税额＝全年应纳税额＝应税房产原值×（1－扣除比例）×1.2%＝5 000×（1－30%）×1.2%。

【例题·单选题】2020年7月1日，甲公司出租商铺，租期半年（至2020年12月31日租期届满），一次性收取含增值税租金525 000元。已知增值税征收率为5%，房产税从租计征的税率为12%。计算甲公司出租商铺应缴纳房产税税额的下列算式中，正确的是（　　）。（2019年）

A. 525 000÷（1+5%）×（1－30%）×12%

B. 525 000÷（1+5%）×12%

C. 525 000×（1－30%）×12%

D. 525 000×12%

【答案】B

【解析】本题适用从租计征，2020年应缴纳房产税税额＝租金收入（不含增值税）×12%＝525 000÷（1+5%）×12%。

一、关于房产原值

1. 房产原值，是指纳税人按照会计制度规定，在账簿"固定资产"科目中记载的房屋原价（不减除折旧）。

2. 凡以房屋为载体，不可随意移动的附属设备和配套设施，如给排水、采暖、消防、中央空调、电气及智能化楼宇设备等，无论在会计核算中是否单独记账与核算，都应计入房产原值，计征房产税。

3. 纳税人对原有房屋进行改建、扩建的，要相应增加房屋的原值。

二、关于投资联营

1. 对以房产投资联营、投资者参与投资利润分红、共担风险的，按房产余值作为计税依据计缴房产税。

2. 对以房产投资收取固定收入、不承担经营风险的，实际上是以联营名义取得房屋租金，应以出租方取得的租金收入为计税依据计缴房产税。

三、关于融资租赁

对于融资租赁的房屋，以房产余值计征房产税。

考点四　税收优惠（★）

1. 国家机关、人民团体、军队自用的房产，免征房产税。

2. 由国家财政部门拨付事业经费的单位所有的、本身业务范围内使用的房产，免征房产税。

3. 宗教寺庙、公园、名胜古迹自用的房产，免征房产税。

4. 个人所有的非营业用房产，免征房产税。

5. 经财政部批准免税的其他房产，包括：

（1）危房、毁损不堪的居住房屋——停用后免征。

（2）大修理连续停用半年以上房屋——大修理期间免征。

（3）基建工地临时房屋——施工期间免征。

（4）高校学生公寓——免征。

（5）非营利性医疗机构、疾病控制机构和妇幼保健机构等卫生机构自用的房产——免征。

（6）老年服务机构自用房产——免征。

（7）廉租房、公租房——免征。

（8）国家机关、军队、人民团体、（财政补助＋经费自理）事业单位、居委会、村委会、体

育基金会、体育类民办非企业单位拥有的体育场馆、用于体育活动的房产——免征。

（9）企业拥有并运营管理的大型体育场馆，其用于体育活动的房产——减半征收。

（10）自2019年1月1日至2023年供暖期结束，对向居民供热收取采暖费的供热企业，为居民供热所使用的厂房免征房产税；对供热企业的其他厂房，照章征收。对专业供热企业，按其向居民供热取得的采暖费收入占全部采暖费收入的比例，计算免征的房产税。（2022新增）

（11）自2021年10月1日起，对企事业单位、社会团体以及其他组织向个人、专业化规模化住房租赁企业出租住房的，减按4%的税率征收房产税。（2022新增）

考点五　征收管理（★）

一、纳税义务发生时间

1. 纳税人将原有房产用于生产经营，从生产经营之月起，缴纳房产税。

2. 纳税人自行新建房屋用于生产经营，从建成之次月起，缴纳房产税。

3. 纳税人委托施工企业建设的房屋，从办理

验收手续之次月起，缴纳房产税。

4．纳税人购置新建商品房，自房屋交付使用之次月起，缴纳房产税。

5．纳税人购置存量房，自办理房屋权属转移、变更登记手续，房地产权属登记机关签发房屋权属证书之次月起，缴纳房产税。

6．纳税人出租、出借房产，自交付出租、出借本企业房产之次月起，缴纳房产税。

7．房地产开发企业自用、出租、出借本企业建造的商品房，自房屋使用或交付之次月起，缴纳房产税。

8．纳税人因房产的实物或权利状态发生变化

而依法终止房产税纳税义务的，其应纳税款的计算应截止到房产的实物或权利状态发生变化的当月末。

二、纳税地点

房产税在房产所在地缴纳；房产不在同一地方的纳税人，应按房产的坐落地点分别向房产所在地的税务机关申报纳税。

三、纳税期限

房产税实行"按年计算、分期缴纳"的征收方法，具体纳税期限由省、自治区、直辖市人民政府确定。

【小结】

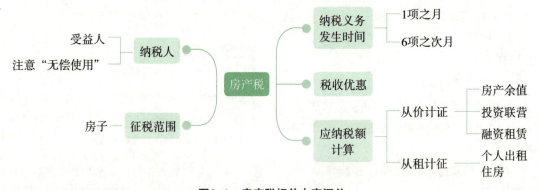

图6-1　房产税相关内容汇总

扫一扫"码"上练题

打开微信扫一扫，关注公众号，点击"会计考试GO"小程序，即可线上练题。下载安装"会计学堂"APP，体验更多课程，参与万人模考，助您顺利通关。

扫码听课

第二节　契税法律制度

契税，是指国家在土地、房屋权属转移时，按照当事人双方签订的合同（契约），以及所确定价格的一定比例，向权属承受人征收的一种税。

考点一　纳税人（★★★）

在我国境内承受土地、房屋权属转移的单位和个人。

考点二　征税范围（★★★）

1. 土地使用权出让。

2. 土地使用权转让（包括出售、赠与、互换）。

3. 房屋买卖、赠与、互换。

躲坑要点

1. 土地、房屋权属未发生转移的，不征收契税。

2. 土地使用权的转让不包括土地承包经营权和土地经营权的转移。

3. 土地、房屋典当、分拆（分割）、出租、抵押，不属于契税的征税范围。

4. 与土地增值税区别，关键在于纳税人的不同。

4. 视同发生应税行为：

（1）以作价投资（入股）、偿还债务、划转、奖励等方式转移土地、房屋权属。

（2）企业破产清算期间，对非债权人承受破产企业土地、房屋权属的，征收契税。

（3）下列情形发生土地、房屋权属转移的，承受方应当依法缴纳契税：

因共有不动产份额变化的；

因共有人增加或者减少的；

因生效法律文书或监察文书等因素，发生土地、房屋权属转移的。（2022新增）

【例题·单选题】根据契税法律制度的规定，下列各项中，属于契税纳税人的是（　　）。（2020年）

A. 抵押房屋的赵某

B. 转让土地使用权的甲公司

C. 出租住房的钱某

D. 受让土地使用权的乙公司

【答案】D

【解析】选项A、C：土地、房屋典当、分拆（分割）、抵押以及出租等行为，不属于契税的征税范围；选项B、D：契税纳税人为"承受方"，转让方不缴纳契税。

考点三　应纳税额计算（★★★）

一、税率

契税采用比例税率，并实行3%～5%的幅度税率。

二、计税依据

1. 土地使用权出让、出售或房屋买卖以成交价格作为计税依据。

（1）土地使用权及所附建筑物、构筑物等转让的，计税依据为承受方应交付的总价款。

（2）土地使用权出让，计税依据包括土地出让金、土地补偿费、安置补助费、地上附着物和青苗补偿费、征收补偿费、城市基础设施配套费、实物配建房屋等应交付的货币以及实物、其他经济利益对应的价款。（2022新增）

拿分要点

计征契税的成交价格不含增值税。

2. 土地使用权赠与、房屋赠与以及其他没有价格的转移土地、房屋权属行为，为税务机关参照土地使用权出售、房屋买卖的市场价格依法核定的价格。

3. 土地使用权互换、房屋互换，以所互换的土地使用权、房屋价格的差额为计税依据。

躲坑要点

1. 互换价格不相等的，由多交付货币的一方缴纳契税；互换价格相等的，免征契税。（必须掌握）

2. 对纳税人申报的成交价格、互换价格差额明显偏低且无正当理由的，由税务机关依照《中华人民共和国税收征收管理法》的规定核定。

3. 此处的"互换"是指以房换房、以地换地、房地互换，如果是以房（地）抵债、以房（地）换货，应视同房屋（土地）买卖缴纳契税。

4. 土地出让价款与成交价格：

（1）先以划拨方式取得土地使用权，后经批准转让房地产，划拨土地性质改为出让的，承受方应分别以补缴的土地出让价款和房地产权属转移合同确定的成交价格为计税依据；

（2）先以划拨方式取得土地使用权，后经批准转让房地产，划拨土地性质未发生改变的，承受方应以房地产权属转移合同确定的成交价格为计税依据。（2022变化）

【总结】有成交价格按成交价格，没有成交价格按市场价格，互换的按差额，补交的按补交金额。

三、计税公式

应纳契税税额＝计税依据×税率

【例题·单选题】老周拥有一套价值90万元的住房，老吴拥有一套价值70万元的住房，双方交换住房，由老吴补差价20万元给老周。已知，本题涉及的价值、价格均不含增值税，契税的税率为3%，下列各项中，正确的是（ ）。（2020年）

A. 老周应缴纳契税2.7万元

B. 老吴应缴纳契税0.6万元

C. 老周应缴纳契税0.6万元

D. 老吴应缴纳契税2.7万元

【答案】B

【解析】老吴是多付差价的一方，应由老吴缴纳契税，排除选项A、C；应以价格差额为计税依据，即老吴应缴纳的契税＝20×3%=0.6（万元）。

【例题·单选题】2020年10月，甲公司从乙公司购入一处写字楼，支付不含增值税价款800万元。该写字楼乙公司账面原值500万元，已提折旧125万元。已知，契税税率为4%。计算甲公司当月该笔业务应缴纳契税税额的下列算式中，正确的是（ ）。（2019年）

A. 500×4%

B. 800×4%

C. [800-（500-125）]×4%

D. （800-125）×4%

【答案】B

【解析】房屋买卖，契税应以不含增值税的成交价格（800万元）为计税依据。

考点四　税收优惠（★）

表6-3　契税税收优惠

法定免税	1. 国家机关、事业单位、社会团体、军事单位承受土地、房屋权属用于办公、教学、医疗、科研、军事设施 2. 非营利性的学校、医疗机构、社会福利机构承受土地、房屋权属用于办公、教学、医疗、科研、养老、救助 3. 承受荒山、荒地、荒滩土地使用权用于农、林、牧、渔业生产 4. 婚姻关系存续期间夫妻之间变更土地、房屋权属 5. 法定继承人通过继承承受土地、房屋权属 6. 依照法律规定应当予以免税的外国驻华使馆、领事馆和国际组织驻华代表机构承受土地、房屋权属
酌定减免税	1. 因土地、房屋被县级以上人民政府征收、征用，重新承受土地、房屋权属 2. 因不可抗力灭失住房，重新承受住房权属
临时减免税 （2022新增）	以下情形"承受原企业土地、房屋权属"，免征契税： 1. 企业改制：原企业投资主体存续并在改制后的公司中所持股权比例超过75%，且改制后公司承继原企业权利、义务的 2. 事业单位改制：原投资主体存续并在改制后企业中出资比例超过50% 3. 公司合并 4. 公司分立 5. 企业破产：（1）债权人：承受破产企业抵偿债务的土地、房屋权属；（2）非债权人：承受破产企业土地、房屋权属，与原企业全部职工签订服务年限不少于3年的劳动用工合同的，免征；与原企业超过30%的职工签订服务年限不少于3年的劳动用工合同的，减半征收 6. 资产划转：（1）对承受县级以上人民政府或国有资产管理部门按规定进行行政性调整、划转国有土地、房屋权属的单位，免征契税；（2）母公司以土地、房屋权属向其全资子公司增资，视同划转，免征契税 7. 债权转股权：经国务院批准实施债权转股权的企业，对债权转股权后新设立的公司承受原企业的土地、房屋权属，免征契税

躲坑要点

1. 以出让方式或国家作价出资方式承受原改制重组企业、事业单位划拨用地的，对承受方应按规定征收契税。

2. 公司股权转让：在股权转让中，单位、个人承受公司股权，公司土地、房屋权属不发生转移，不征收契税。

考点五　征收管理（★）

一、纳税义务发生时间

1. 纳税人签订土地、房屋权属转移合同的当日，或者纳税人取得其他具有土地、房屋权属转移合同性质凭证的当日。纳税人应当在依法办理

第六章

土地、房屋权属登记手续前申报缴纳契税。

2. 具体规定（2022新增）：

（1）因法律文书等发生土地、房屋权属转移的——法律文书生效之日。

（2）改变土地、房屋用途的——改变有关土地、房屋用途等情形的当日。

（3）改变土地性质、容积率等土地使用条件的——改变土地使用条件当日。

发生上述情形，按规定不再需要办理土地、房屋权属登记的，纳税人应自纳税义务发生之日起90日内申报缴纳契税。

二、纳税地点

土地、房屋所在地的税务机关。

三、完税凭证与权属登记（2022新增）

纳税人办理纳税事宜后，税务机关应当开具契税完税凭证。纳税人办理土地、房屋权属登记，不动产登记机构应当查验契税完税、减免税凭证或者有关信息。未按照规定缴纳契税的，不动产登记机构不予办理土地、房屋权属登记。

四、契税的退还（2022新增）

在依法办理土地、房屋权属登记前，权属转

移合同或权属转移合同性质凭证不生效、无效、被撤销或者被解除的，纳税人可以向税务机关申请退还已缴纳的税款，税务机关应当依法办理。

纳税人缴纳契税后发生下列情形的，可申请退税：

1. 因人民法院判决或者仲裁委员会裁决导致土地、房屋权属转移行为无效、被撤销或者被解除，且土地、房屋权属变更至原权利人的；

2. 在出让土地使用权交付时，因容积率调整或实际交付面积小于合同约定面积须退还土地出让价款的；

3. 在新建商品房交付时，因实际交付面积小于合同约定面积须返还房价款的。

五、税务机关及其工作人员的保密义务（2022新增）

税务机关及其工作人员对税收征管过程中知悉的个人身份信息、婚姻登记信息、不动产权属登记信息等商业秘密和个人隐私，应当依法予以保密，不得泄露或者非法向他人提供。纳税人的税收违法行为信息不属于保密信息范围，税务机关可依法处理。

【小结】

图6-2 契税相关内容汇总

第三节　土地增值税法律制度

扫码听课

土地增值税是对**转让**国有土地使用权、地上建筑物及其附着物并取得收入的单位和个人，就其转让房地产所取得的**增值额**征收的一种税。

考点一　征税范围（★★★）

表6-4　土地增值税征税范围

事项	土地增值税	
	不征	征
土地使用权出让	不征	
土地使用权转让		征
转让建筑物产权		征
继承	不征	
赠与	1. 赠与直系亲属或者承担直接赡养义务人 2. 通过中国境内非营利的社会团体、国家机关赠与教育、民政和其他社会福利、公益事业	赠与其他人
房地产开发企业	将部分开发房产自用或出租	出售／发生所有权转移时应"视同销售"
房地产交换	个人互换自有居住用房（免征）	企业互换
合作建房	建成后自用（暂免征）	建成后转让
出租	不征	
抵押	抵押期间	抵押期满且发生权属转移
代建	不征	
评估增值	不征	

【总结】土地增值税属于收益性质的土地税，因此只有在发生权属转移且有增值的情况下才予征收。考生在理解的基础上，关注出让与转让。

【例题·单选题】根据土地增值税法律制度的规定，下列各项中，属于土地增值税纳税人的是（　　）。（2020年）

A. 承租商铺的甲公司

B. 出让国有土地使用权的乙市人民政府

C. 接受房屋捐赠的丙学校

D. 转让厂房的丁公司

【答案】D

【解析】选项C：接受捐赠方属于承受方，不缴纳土地增值税。

考点二　应纳税额计算（★★）

一、计税公式

土地增值税＝增值额×税率－扣除项目金额×速算扣除系数

增值额＝转让房地产取得的收入－扣除项目金额

拿分要点

纳税人转让房地产取得的应税收入，应

包括转让房地产的全部价款及有关的经济收益。从收入的形式来看，包括货币收入、实物收入和其他收入。

土地增值税纳税人转让房地产取得的收入为不含增值税收入。

二、税率

表6-5　土地增值税四级超率累进税率表

级数	增值额与扣除项目金额的比率	税率（％）	速算扣除系数（％）
1	不超过50%的部分	30	0
2	超过50%～100%的部分	40	5
3	超过100%～200%的部分	50	15
4	超过200%的部分	60	35

三、扣除项目

（一）新建项目具体扣除标准

表6-6　新建项目具体扣除标准

转让项目			具体扣除项目	扣除标准	
新建项目	房地产开发企业	拿地	①取得土地使用权所支付的金额	据实扣除（成本＋契税）	
		建房	②房地产开发成本	据实扣除	
			③房地产开发费用	利息明确	利息＋（①＋②）×5%以内
				利息不明确	（①＋②）×10%以内
		销售	④与转让房地产有关的税金		
		优惠	⑤加计扣除额	（①＋②）×20%	
	非房地产开发企业	拿地	①取得土地使用权所支付的金额	据实扣除（成本＋契税）	
		建房	②房地产开发成本	据实扣除	
			③房地产开发费用	利息明确	利息＋（①＋②）×5%以内
				利息不明确	（①＋②）×10%以内
		销售	④与转让房地产有关的税金		

请考生按照企业建房的费用发生顺序记忆，同时注意房地产开发企业与非房地产开发企业的不同。

（二）销售旧房具体扣除标准

表6-7　销售旧房具体扣除标准

转让项目		具体扣除项目	扣除标准
存量项目	房屋 房	房屋及建筑物的评估价格	重置成本价×成新率
	房屋 地	取得土地使用权所支付的地价款和缴纳的有关费用	据实扣除
	房屋 销售	与转让房地产有关的税金	据实扣除
	土地 地	取得土地使用权所支付的地价款和缴纳的有关费用	据实扣除
	土地 销售	与转让房地产有关的税金	据实扣除

四、计算步骤

1. 确定收入——题目给出。

2. 确定扣除项目金额。

（1）取得土地使用权所支付的金额——题目给出。

（2）房地产开发成本——题目给出。

（3）房地产开发费用——根据题目内容判定利息是否明确。

（4）与转让房地产有关的税金——题目给出。

（5）计算加计扣除。

3. 确定增值额——（收入－扣除项目）。

4. 确定增值额与扣除项目的比率——（增值额÷扣除项目）。

5. 找税率。

6. 算税额。

应纳税额＝增值额×税率－扣除项目金额×速算扣除系数

考点三　税收优惠（★）

1. 纳税人建造普通标准住宅出售，增值额未超过扣除项目金额20%的，予以免税；超过20%的，应按全部增值额缴纳土地增值税。

2. 因国家建设需要依法征收、收回的房地产，免征土地增值税。

因上述原因而"自行转让"比照国家收回处理。

3. 企事业单位、社会团体以及其他组织转让旧房作为公共租赁住房房源且增值额未超过扣除项目金额20%的，免征土地增值税。

4. 对个人转让住房暂免征收土地增值税。

5. 自2021年1月1日至2023年12月31日，执行以下与企业改制重组有关的土地增值税政策。

表6-8 企业改制重组优惠政策

项目	情形	优惠政策
企业整体改制	改制前的企业将国有土地使用权、地上的建筑物及其附着物（以下简称房地产）转移、变更到改制后的企业	暂不征收（不适用于房地产转移任意一方为房地产开发企业的情形）
企业合并	企业合并＋原企业投资主体存续，原企业将房地产转移、变更到合并后的企业	
企业分立	原企业将房地产转移、变更到分立后的企业	
以房地产作价入股进行投资	将房地产转移、变更到被投资的企业	

考点四 征收管理（★★）

一、土地增值税纳税清算

符合下列情形之一的，纳税人应当进行土地增值税的清算：

1. 房地产开发项目全部竣工、完成销售的；

2. 整体转让未竣工决算房地产开发项目的；

3. 直接转让土地使用权的。

符合下列情形之一的，主管税务机关可以要求纳税人进行土地增值税清算：

1. 已竣工验收的房地产开发项目，已转让的房地产建筑面积占整个项目可售建筑面积的比例在85%以上，或该比例虽未超过85%，但剩余的可售建筑面积已经出租或自用的；

2. 取得销售（预售）许可证满3年仍未销售完毕的；

3. 纳税人申请注销税务登记但未办理土地增值税清算手续的；

4. 其他。

拿分要点

应当进行清算的情形是纳税人的开发项目已经完全转让。

二、其他规定

1. 纳税人应在转让房地产合同签订后7日内，到房地产所在地主管税务机关办理纳税申报。

2. 纳税人采取预售方式销售房地产的，对在项目全部竣工结算前转让房地产取得的收入，税务机关可以预征土地增值税。

3. 房地产开发企业有下列情形之一的，税务机关可以实行核定征收土地增值税：

（1）依照法律、行政法规的规定应当设置但未设置账簿的；

（2）擅自销毁账簿或者拒不提供纳税资料的；

（3）虽设置账簿，但账目混乱或者成本资料、收入凭证、费用凭证残缺不全，难以确定转让收入或扣除项目金额的；

（4）符合土地增值税清算条件，未按照规定的期限办理清算手续，经税务机关责令限期清算，逾期仍不清算的；

（5）申报的计税依据明显偏低，又无正当理由的。

【小结】

图6-3　土地增值税扣除项目相关内容汇总

　　基础阶段，建议考生结合视频课程进行学习，消化重难点。后续可配套《习题精编》进行练习。

第四节 城镇土地使用税法律制度

扫码听课

城镇土地使用税是国家在城市、县城、建制镇和工矿区范围内，对使用土地的单位和个人，以其实际占用的土地面积为计税依据，按照规定的税额计算征收的一种税。

考点一 纳税人与征税范围（★★）

1. 城镇土地使用税的纳税人，是指在城市、县城、建制镇、工矿区范围内使用土地的单位和个人。根据用地者的不同情况分别确定为：

（1）城镇土地使用税由拥有土地使用权的单位或者个人缴纳；

（2）拥有土地使用权的纳税人不在土地所在地的，由代管人或者实际使用人缴纳；

（3）土地使用权未确定或者权属纠纷未解决的，由实际使用人纳税；

（4）土地使用权共有的，共有各方均为纳税人，由共有各方按实际使用土地的面积占总面积的比例分别缴纳。

【理解】受益人纳税原则：谁使用，谁受益，谁纳税。

躲坑要点

用于租赁的房屋，由出租方缴纳城镇土地使用税。

2. 公园、名胜古迹内的索道公司经营用地，应按规定缴纳城镇土地使用税。

考点二 应纳税额（★★）

一、税率

城镇土地使用税实行有幅度的差别定额税率，而且每个幅度税额的差距为20倍。

二、计税依据为纳税人实际占用土地面积

1. 凡由省、自治区、直辖市人民政府确定的单位组织测定土地面积的，以测定的土地面积为准。

2. 尚未组织测定，但纳税人持有政府部门核发的土地使用权证书的，以证书确定的土地面积为准。

3. 尚未核发土地使用权证书的，应当由纳税人据实申报土地面积，待核发土地使用权证书后再作调整。

三、应纳税额计算

执行从量计征。

年应纳税额＝实际占用应税土地面积（平方米）×适用税额

躲坑要点

与税收优惠的结合考核。

考点三　税收优惠（★★）

一、一般规定

1. 国家机关、人民团体、军队自用的土地；

2. 由国家财政部门拨付事业经费的单位自用的土地；

3. 宗教寺庙、公园、名胜古迹自用的土地；

4. 市政街道、广场、绿化地带等公共用地；

5. 直接用于农、林、牧、渔业的生产用地；

6. 经批准开山填海整治的土地和改造的废弃土地，从使用的月份起免缴土地使用税5年至10年；

7. 由财政部另行规定免税的能源、交通、水利设施用地和其他用地。

拿分要点

　　1～5为非经营行为；6～7为国家鼓励行为。

躲坑要点

　　公园、名胜古迹内的索道公司经营用地，应按规定缴纳城镇土地使用税。

二、特殊规定

1. 缴纳了耕地占用税的，从批准征用之日起满1年后征收城镇土地使用税。

2. 免税单位无偿使用纳税单位的土地——免征；

纳税单位无偿使用免税单位的土地——征。

3. 房地产开发公司开发建造商品房的用地，除经批准开发建设经济适用房的用地外，对各类房地产开发用地一律不得减免城镇土地使用税。

4. 铁路专用线、公路等用地：

企业厂区内（包括办公区、生活区、绿化带、机场跑道等）——征；企业厂区外——不征。

5. 下列石油天然气生产建设用地暂免征收城镇土地使用税：

（1）地质勘探、钻井、井下作业、油气田地面工程等施工临时用地；

（2）企业厂区以外的铁路专用线、公路及输油（气、水）管道用地；

（3）油气长输管线用地。

6. 林场：林地、防火用地。

7. 盐场：盐场的盐滩、盐矿的矿井用地。

8. 矿山：安全区、公路、输送管道、回水系统。

9. 火电厂：围墙外的灰场用地。

10. 水利设施。

11. 港口：码头。

12. 机场：飞行区、场外道路。

13. 老年服务机构的自用土地。

14. 体育场馆的城镇土地使用税优惠政策：

（1）国家机关、军队、人民团体、财政补助事业单位、居民委员会、村民委员会拥有的体育场馆，用于体育活动的土地，免征城镇土地使用税。

（2）经费自理事业单位、体育社会团体、体育基金会、体育类民办非企业单位拥有并运营管理的体育场馆，符合相关条件的，其用于体育活动的土地，免征城镇土地使用税。

（3）企业拥有并运营管理的大型体育场馆，其用于体育活动的土地，减半征收城镇土地使用税。

（4）享受上述税收优惠体育场馆的运动场地用于体育活动的天数不得低于全年自然天数的70%。

15. 自2019年1月1日至2023年供暖期结束，对向居民供热收取采暖费的供热企业，为居民供热所使用的土地，免征。对供热企业其他土地，照章征税。（2022新增）

16. 自2020年1月1日至2022年12月31日，对

物流企业自有（包括自用和出租）或承租的大宗商品仓储设施用地，减按50%计征城镇土地使用税；物流企业的办公、生活区用地及其他非直接用于大宗商品仓储的土地，不属于减税范围，应按规定计税。（2022新增）

考点四 征收管理（★）

一、纳税义务发生时间

自×××之次月起。

表6-9 城镇土地使用税纳税义务的发生时间

情形	纳税义务发生时间
纳税人购置新建商品房	自房屋交付使用之次月起
纳税人购置存量房	自办理房屋权属转移、变更登记手续，房地产权属登记机关签发房屋权属证书之次月起
纳税人出租、出借房产	自交付出租、出借房产之次月起
以出让或转让方式有偿取得土地使用权的	应由受让方从合同约定交付土地时间的次月起缴纳城镇土地使用税；合同未约定交付土地时间的，由受让方从合同签订的次月起缴纳城镇土地使用税
纳税人新征用的耕地	自批准征用之日起满1年时
纳税人新征用的非耕地	自批准征用次月起

二、纳税地点

城镇土地使用税在土地所在地缴纳。

纳税人使用的土地不属于同一省、自治区、直辖市管辖的，由纳税人分别向土地所在地税务机关缴纳城镇土地使用税。

在同一省、自治区、直辖市管辖范围内，纳税人跨地区使用的土地，其纳税地点由各省、自治区、直辖市税务局确定。

三、纳税期限

按年计算，分期缴纳。

【小结】

图6-4 城填土地使用税相关内容汇总

扫码听课

第五节　耕地占用税法律制度

耕地占用税，是为了合理利用土地资源，加强土地管理，保护耕地，对占用耕地建设建筑物、构筑物或者从事非农业建设的单位和个人征收的一种税。

考点一　纳税人（★★）

经申请批准占用耕地的，纳税人为农用地转用审批文件中标明的建设用地人。

农用地转用审批文件中未标明建设用地人的，纳税人为用地申请人。

未经批准占用耕地的，纳税人为实际用地人。

考点二　征税范围（★）

包括为建设建筑物、构筑物或从事其他非农业建设而占用的国家所有和集体所有的耕地。

1. 耕地是指用于种植农作物的土地。

2. 占用园地、林地、草地、农田水利用地、养殖水面、渔业水域滩涂等其他农用土地建房或从事其他非农业建设，应征收耕地占用税，适用税额可适当低于当地占用耕地的适用税额。

（（•）） 躲坑要点

建设直接为农业生产服务的生产设施占用上述规定的农用地的，不征收耕地占用税。

考点三　应纳税额计算（★★★）

1. 应纳税额＝实际占用耕地面积（平方米）×适用税率

2. 税率：有地区差别的幅度定额税率。

考点四　加征规定（★★）

人均耕地低于0.5亩的地区，可以适当提高耕地占用税的适用税额，但加征不超过50%。占用基本农田的，加按150%征收。

考点五　税收优惠（★★）

一、免征

1．军事设施、学校、幼儿园、社会福利机构、医疗机构。

2．农村烈士遗属、因公牺牲军人遗属、残疾军人以及符合农村最低生活保障条件的农村居民，在规定用地标准以内新建自用住宅。

> **躲坑要点**
>
> 学校内经营性场所、教职工住房和医疗机构内职工住房不免征。

二、减半征收

农村居民在规定用地标准以内占用耕地新建自用住宅。

三、减按2元／平方米的税额征收

铁路、公路、飞机场跑道、停机坪、港口、航道、水利工程。

> **拿分要点**
>
> 1．农村居民经批准搬迁，原宅基地恢复耕种，凡新建住宅占用耕地不超过原宅基地面积的，免征耕地占用税。
>
> 2．纳税人临时占用耕地，应当按规定缴纳耕地占用税。纳税人在批准临时占用耕地期满之日起1年内依法复垦，恢复种植条件的，全额退还已经缴纳的耕地占用税。
>
> 3．因挖损、采矿塌陷、压占、污染等损毁耕地属于税法所称的非农业建设，应依照税法规定缴纳耕地占用税；自自然资源、农业农村等相关部门认定损毁耕地之日起3年内依法复垦或修复，恢复种植条件的，按规定办理退税。
>
> 4．纳税人改变占地用途，不再属于免征或减征情形的，应自改变用途之日起30日内申报补缴税款，补缴税款按改变用途的实际占用耕地面积和改变用途时当地适用税额计算。

考点六　征收管理（★★）

一、纳税义务发生时间和纳税期限（30日）

纳税人自收到自然资源主管部门办理占用耕地手续的书面通知之日起30日内申报缴纳耕地占用税。

因挖损、采矿塌陷、压占、污染等损毁耕地的，纳税人应当自自然资源、农业农村等相关部门认定损毁耕地之日起30日内申报缴纳耕地占用税。

未经批准占用耕地的，纳税人应当自自然资源主管部门认定的纳税人实际占用耕地之日起30日内申报缴纳耕地占用税。

二、纳税地点

纳税人占用耕地或其他农用地，应当在耕地或其他农用地所在地申报纳税。

耕地占用税由税务机关负责征收。

三、征收方式

耕地占用税一次性征收。

第六节 车船税法律制度

车船税，是依照法律规定对在我国境内的车辆、船舶，按照规定税目和税额计算征收的一种税。

考点一 纳税人与征税范围（★★）

一、纳税人

车船税的纳税人，是指在中华人民共和国境内属于《中华人民共和国车船税法》（以下简称《车船税法》）所附"车船税税目税额表"规定的车辆、船舶的所有人或者管理人。

从事机动车第三者责任强制保险业务的保险机构为机动车车船税的扣缴义务人。

二、征税范围

车船税的征收范围具体包括：

1. 依法应当在车船登记管理部门登记的机动车辆和船舶；

2. 依法不需要在车船登记管理部门登记的在单位内部场所行驶或者作业的机动车辆和船舶。

考点二 应纳税额计算（★★★）

表6-10 车船税应纳税额

税目		计税单位	应纳税额
乘用车		每辆	应纳税额＝辆数×适用年基准税额
商用车	客车		
	货车：半挂牵引车、三轮汽车、低速载货汽车	整备质量每吨	应纳税额＝整备质量吨位数×适用年基准税额
挂车（按照货车税额的50%计算车船税）			
其他车辆（不含拖拉机）	专用作业车		
	轮式专用机械车		
摩托车		每辆	应纳税额＝辆数×适用年基准税额
船舶	机动船舶	净吨位每吨	应纳税额＝净吨位数×适用年基准税额
	拖船、非机动驳船		应纳税额＝净吨位数×适用年基准税额×50%
	游艇	艇身长度每米	应纳税额＝艇身长度×适用年基准税额

第六章

第
六
章

躲坑要点

购置新车船：购置当年自纳税义务发生当月按月计征。

计算公式为：应纳税额＝适用年基准税额÷12×应纳税月份数

【例题·单选题】甲公司2020年拥有机动船舶15艘，每艘净吨位为150吨；非机动驳船8艘，每艘净吨位为80吨。已知机动船舶适用年基准税额为每吨3元，计算甲公司当年应缴纳车船税税额的下列算式中，正确的是（　　）。（2019年）

A.（15×150+8×80）×3

B.15×150×3×50%+8×80×3

C.（15×150+8×80）×3×50%

D.15×150×3+8×80×3×50%

【答案】D

【解析】甲公司的15艘机动船舶应缴纳车船税税额＝15×150×3；拖船、非机动驳船分别按照机动船舶税额的50%计算，甲公司的8艘非机动驳船的车船税应纳税额＝8×80×3×50%。

【例题·单选题】2020年4月甲公司购进净吨位900吨的拖船1艘。已知机动船舶车船税适用年基准税额为每吨4元。计算甲公司2020年度该艘拖船应缴纳车船税税额的下列算式中，正确的是（　　）。（2019年）

A.900×4＝3 600（元）

B.900×4÷12×9＝2 700（元）

C.900×4×50%＝1 800（元）

D.900×4×50%÷12×9＝1 350（元）

【答案】D

【解析】拖船、非机动驳船分别按机动船舶税额的50%计征。购置的新车船，购置当年的应纳税额自纳税义务发生的当月起按月计算。因此，甲公司2020年度该艘拖船应缴纳车船税税额＝900×4×50%÷12×9＝1 350（元）。

考点三　税收优惠（★★★）

一、下列车船免征车船税（重点掌握）

1. 捕捞、养殖渔船。（农业生产）

2. 军队、武装警察部队专用的车船。（白牌）

3. 警用车船。（白牌）

4. 悬挂应急救援专用号牌的国家综合性消防救援车辆和国家综合性消防救援船舶。

5. 依照法律规定应当予以免税的外国驻华使领馆、国际组织驻华代表机构及其有关人员的车船。（黑牌）

6. 新能源车船。（清洁能源）

7. 外国、港澳台地区临时入境车船。（临时入境，不征收车船税）

拿分要点

1. 纯电动乘用车和燃料电池乘用车不属于车船税的征税范围，对其不征收车船税。

2. 免征车船税的新能源汽车是指纯电动商用车、插电式（含增程式）混合动力汽车、燃料电池商用车。

授权省级政府规定的减免税项目：

1. 对受地震、洪涝等严重自然灾害影响纳税困难以及其他特殊原因确需减免税的车船，可以在一定期限内减征或者免征车船税；具体减免期限和数额由省、自治区、直辖市人民政府确定，报国务院备案。

2. 省、自治区、直辖市人民政府根据当地实际情况，可以对公共交通车船，农村居民拥有并主要在农村地区使用的摩托车、三轮汽车和低速载货汽车定期减征或者免征车船税。

二、下列车船自《车船税法》实施之日起5年内免征

1. 缴纳过船舶吨税的机动船舶。

2. 依法不需登记的机场、港口、铁路内部作业车船。

三、减半征收

1. 节约能源车船（1.6升以下小排量）。

考点四　征收管理（★）

一、纳税义务发生时间

车船税纳税义务发生时间为取得车船所有权或者管理权的当月；以购买车船的发票或者其他证明文件所载日期的当月为准。

二、纳税地点

扣缴义务人代收代缴车船税的，纳税地点为扣缴义务人所在地。

纳税人自行申报缴纳车船税的，纳税地点为车船登记地的主管税务机关所在地。

依法不需要办理登记的车船，其车船税的纳税地点为车船的所有人或者管理人所在地。

---

2. 挂车。

3. 拖船、非机动驳船。

【例题·单选题】根据车船税法律制度的规定，下列车船中，应缴纳车船税的是（　　）。（2019年）

A. 商用货车　　　　B. 捕捞渔船

C. 军队专用车船　　D. 纯电动商用车

【答案】A

【解析】选项B、C、D：免征车船税。

三、纳税申报

车船税按年申报，分月计算，一次性缴纳。

1. 已缴纳车船税的车船在同一纳税年度内办理转让过户的，不另纳税，也不办理退税。

2. 在一个纳税年度内，已完税的车船被盗抢、报废、灭失的，纳税人可以凭有关机关出具的证明和完税凭证，向纳税所在地的主管税务机关申请退还自被盗抢、报废、灭失月份起至该纳税年度终了期间的税款。

躲坑要点

失而复得的，自公安机关出具相关证明的当月起计算、缴纳车船税。

【小结】

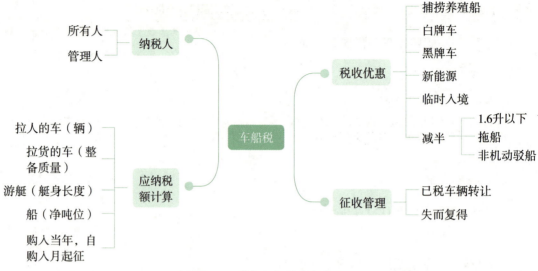

图6-5 车船税相关内容汇总

扫一扫"码"上练题

打开微信扫一扫，关注公众号，点击"会计考试GO"小程序，即可线上练题。下载安装"会计学堂"APP，体验更多课程，参与万人模考，助您顺利通关。

基础阶段，建议考生结合视频课程进行学习，消化重难点。后续可配套《习题精编》进行练习。

第七节　资源税法律制度

资源税是对在我国领域或者管辖的其他海域开发应税资源的单位和个人征收的一种税。

考点一　纳税人与征税范围（★★）

一、纳税人

资源税的纳税人，是指在我国领域和管辖的其他海域开发应税资源的单位和个人。

二、征税范围和税目

表6-11　资源税征税范围和常见税目

类别	常见税目
能源矿产	原油（不含人造石油）、天然气、页岩气、煤、煤成（层）气、天然沥青、地热等
金属矿产	黑色金属和有色金属
非金属矿产	矿物类、岩石类、宝玉石类
水气矿产	二氧化碳气、硫化氢气、氦气、矿泉水等
盐类	钠盐、钾盐、镁盐、天然卤水、海盐等

躲坑要点

1. 资源税只针对开采我国境内不可再生的自然资源征收。

2. 纳税人开采或者生产应税产品自用：

（1）用于非货币性资产交换、捐赠、偿债、赞助、集资、投资、广告、样品、职工福利、利润分配或者连续生产非应税品的，视同销售，按规定缴纳资源税。

（2）用于连续生产应税品的，不属于视同销售，不缴纳资源税。

3. 对取用地表水或者地下水的单位和个人试点征收水资源税；征收水资源税的，停止征收水资源费。

【例题·单选题】根据资源税法律制度的规定，下列各项中，不属于资源税征税范围的是（　　）。（2020年）

A. 开采的原煤

B. 开采的原油

C. 以空气加工生产的液氧

D. 开采的天然气

【答案】C

【解析】液氧、空气均不属于资源税的应税产品。

考点二　税率（★★）

资源税税率形式：

定额税率和比例税率。

躲坑要点

具体税率的确定。

1. "资源税税目税率表"中规定实行幅度税率的，具体适用税率由省、自治区、直辖市人民政府确定，并报全国人大常委会和国务院备案。

2. "资源税税目税率表"规定征税对象为原矿或者选矿的，应当分别确定具体适用税率。

3. "资源税税目税率表"中地热、石灰岩、其他粘土、砂石、矿泉水和天然卤水6种应税资源采用比例税率或者定额税率，其他应税资源均采用比例税率。

4. 水资源税根据当地水资源状况、取用水类型和经济发展等情况实行差别税率。

考点三　计税依据（★★）

以纳税人开发应税资源产品的销售额或者销售数量为计税依据。

应税产品为矿产品的，包括原矿和选矿产品。

纳税人开采或者生产不同税目应税产品的，应当分别核算不同税目应税产品的销售额或者销售数量；未分别核算或者不能准确提供不同税目应税产品的销售额或者销售数量的，从高适用税率。

一、应税产品的销售额

（一）一般情况下销售额的确定

销售额是指纳税人销售应税产品向购买方收取的全部价款，但不包括收取的增值税税款。

拿分要点

1. 计入销售额中的相关运杂费用，凡取得增值税发票或者其他合法有效凭证的，准予从销售额中扣除。未取得相关合法凭证的，应当一并计征资源税。

2. 相关运杂费用是指应税产品从坑口或者洗选（加工）地到车站、码头或者购买方指定地点的运输费用、建设基金以及随运销产生的装卸、仓储、港杂费用。

（二）核定销售额

纳税人申报的应税产品销售额明显偏低且无正当理由的，或者有自用应税产品行为而无销售额的，主管税务机关可以按下列方法和顺序确定其应税产品销售额：

1. 按纳税人最近时期同类产品的平均销售价格确定；

2. 按其他纳税人最近时期同类产品的平均销售价格确定；

3. 按后续加工非应税产品销售价格，减去后续加工环节的成本利润后确定；

4. 按应税产品组成计税价格确定。

组成计税价格＝成本×（1＋成本利润率）÷（1－资源税税率）

二、应税产品的销售数量

包括纳税人开采或者生产应税产品的实际销售数量和自用于应当缴纳资源税情形的应税产品数量。

第六章

三、计税依据的特殊规定

表6-12　计税依据的特殊规定

情形		规定
外购与自采应税产品	混合销售	准予扣减外购应税产品的购进金额与数量；当期不足扣减的，可结转下期 【拿分要点】依据增值税发票、海关进口增值税专用缴款书或者其他合法有效凭据扣减
	混合加工为应税产品销售	
外购与自采原矿	混合为原矿销售	直接扣减外购原矿／选矿产品的购进金额或数量
外购与自产选矿产品	混合为选矿产品销售	
外购与自采原矿	混合洗选加工为选矿产品销售	准予扣减的外购应税产品购进金额（数量）＝外购原矿购进金额（数量）×（本地区原矿适用税率÷本地区选矿产品适用税率）
自采原矿	直接销售	按原矿计征资源税
	自用于应当缴纳资源税情形	
开采或者生产同一税目下适用不同税率应税产品的		分别核算不同税率应税产品的销售额（数量）
		未分别核算或不能准确提供销售额（数量），从高适用税率

躲坑要点

1. 纳税人应当准确核算外购应税产品的购进金额或购进数量，未准确核算的，一并计算缴纳资源税。

2. 开采或者生产同一应税品，既有享受减免税政策又有不享受减免税政策的，按照减税、免税产量占比分别核算确定减税、免税销售额或销售量。

考点四　应纳税额计算（★★）

从价计征：应纳税额＝应税产品的销售额×比例税率

从量计征：应纳税额＝应税产品的销售数量×定额税率

考点五　税收优惠（★★★）

一、有下列情形之一，免征资源税

1. 开采原油以及在油田范围内运输原油过程中用于加热的原油、天然气。

2. 煤炭开采企业因安全生产需要抽采的煤成（层）气。

二、有下列情形之一的，省、自治区、直辖市可以决定免征或者减征资源税

1. 纳税人开采或者生产应税产品过程中，因意外事故或者自然灾害等原因遭受重大损失。

2. 纳税人开采共伴生矿、低品位矿、尾矿。

三、有下列情形之一，减征资源税

表6-13 资源税的减征

税目	条件	优惠幅度
原油、天然气	低丰度油气田	减征20%
	高含硫天然气、三次采油、深水油气田	减征30%
	稠油、高凝油	减征40%
所有矿产品	设计开采年限在15年以上的衰竭期矿山	减征30%
	充填开采置换的煤炭	减征50%
1. 自2018年4月1日至2021年3月31日，对页岩气资源税（按6%税率）减征30%		
2. 自2019年1月1日至2021年12月31日，对增值税小规模纳税人可以在50%的税额幅度内减征资源税		

考点六 征收管理（★）

一、纳税义务发生时间

纳税人销售应税产品，纳税义务发生时间为收讫销售款或者取得索取销售款凭据的当日；自用应税产品的，纳税义务发生时间为移送应税产品的当日。

资源税由税务机关征收管理。海上开采的原油和天然气资源税由海洋石油税务管理机构征收管理。

二、纳税地点

纳税人应当在矿产品的开采地或者海盐的生产地缴纳资源税。

三、纳税期限

资源税按月或者按季申报缴纳；不能按固定期限计算缴纳的，可以按次申报缴纳。

纳税人按月或者按季申报缴纳的，应当自月度或者季度终了之日起15日内，向税务机关办理纳税申报并缴纳税款；按次申报缴纳的，应当自纳税义务发生之日起15日内，向税务机关办理纳税申报并缴纳税款。

【小结】

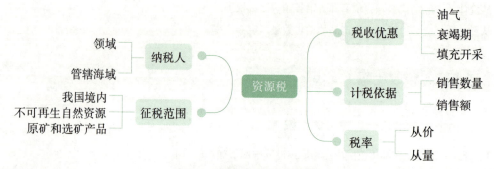

图6-6 资源税相关内容汇总

环境保护税法律制度

扫码听课

环境保护税是为了保护和改善环境，减少污染物排放，推进生态文明建设而征收的一种税。

考点一 纳税人（★★）

在中国领域、中国管辖的其他海域，直接向环境排放应税污染物的企事业单位和其他生产经营者。按规定征收环境保护税，不再征收排污费。

考点二 征税范围（★★）

大气污染物、水污染物、固体废物、噪声等应税污染物。

下列情形不缴纳环境保护税：

1. 向依法设立的污水集中处理、生活垃圾集中处理场排放应税污染物的；

2. 在符合国家和地方环境保护标准的设施、场所储存或者处置固体废物的。

超过标准，不符合标准的，应当缴纳环境保护税。

【例题·单选题】不属于环境保护征税范围的是（　　）。（2021年）

A. 电磁辐射

B. 工业噪声

C. 尾矿

D. 冶金矿渣

【答案】A

【解析】环境保护税的征税范围是《中华人民共和国环境保护税法》所附"环境保护税税目税额表""应税污染物和当量值表"规定的大气污染物、水污染物、固体废物（选项C、D）和噪声（选项B）等应税污染物。

考点三 税率（★）

环境保护税实行定额税率，具体情况如表6-14所示。

表6-14 环境保护税的税率

税目	计税单位	税额	备注
大气污染物	每污染当量	1.2～12元	由省、自治区、直辖市人民政府统筹考虑提出，报同级人民代表大会常务委员会决定，报全国人民代表大会常务委员会、国务院备案
水污染物	每污染当量	1.4～14元	

（续上表）

	税目	计税单位	税额	备注
固定废物	煤矸石	每吨	5元	
	尾矿	每吨	15元	
	危险废物	每吨	1 000元	
	冶炼渣、粉煤灰、炉渣、其他（含半固态、液态废物）	每吨	25元	
噪声	工业噪声	超标1~3分贝	每月350元	1. 一个单位边界上有多处噪声超标，根据最高一处超标声级计算应纳税额；当沿边界长度超过100米有两个以上噪声超标，按照两个单位计算应纳税额 2. 一个单位有不同地点作业场所的，应当分别计算应纳税额，合并计征 3. 昼、夜均超标的环境噪声，昼、夜分别计算应纳税额，累计计征 4. 声源一个月内超标不足15天的，减半计算应纳税额 5. 夜间频繁突发和夜间偶然突发厂界超标噪声，按等效声级和峰值噪声两种指标中超标分贝值高的一项计算应纳税额
		超标4~6分贝	每月700元	
		超标7~9分贝	每月1 400元	
		超标10~12分贝	每月2 800元	
		超标13~15分贝	每月5 600元	
		超标16分贝以上	每月11 200元	

考点四　计税依据（★★）

一、应税污染物的计税依据

1. 应税大气污染物按照污染物排放量折合的污染当量数确定。

2. 应税水污染物按照污染物排放量折合的污染当量数确定。

3. 应税固体废物按照固体废物的排放量确定。

4. 应税噪声按照超过国家规定标准的分贝数确定。

二、计算方法和顺序

1. 有合规的自动监测设备的，按自动监测数据计算。

2. 未安装自动监测设备的，按监测机构出具的合规的监测数据计算。

3. 因污染物种类多等原因不具备监测条件的，按国务院环境保护主管部门规定的方法计算。

4. 不能按照上述3种方法计算的，按省、自治区、直辖市人民政府环境保护主管部门规定的抽样测算方法核定计算。

考点五　应纳税额计算（★★★）

应税大气／水污染物的应纳税额＝污染当量数×税额

应税固体废物的应纳税额＝排放量×税额

应税噪声的应纳税额＝具体税额（不同分贝）

考点六　税收优惠（★★★）

一、暂予免征环境保护税的情形

1．农业生产（不包括规模化养殖）。

2．机动车、铁路机车、非道路移动机械、船舶、航空器等。

3．依法设立的城乡污水集中处理、生活垃圾集中处理场所排放相应应税污染物，不超过排放标准的。

4．纳税人综合利用固体废物，符合国家和地方环境保护标准的。

5．其他。

二、减征环境保护税的情形

排放应税大气、水污染物的浓度值低于规定污染物排放标准30%的，减按75%征收；低于50%的，减按50%征收。

考点七　征收管理（★）

纳税义务发生时间：纳税人排放应税污染物的当日。

按月计算，按季申报缴纳。不能固定的，可以按次申报缴纳。（15日内）

扫一扫"码"上练题

打开微信扫一扫，关注公众号，点击"会计考试GO"小程序，即可线上练题。下载安装"会计学堂"APP，体验更多课程，参与万人模考，助您顺利通关。

基础阶段，建议考生结合视频课程进行学习，消化重难点。

后续可配套《习题精编》进行练习。

第六章

扫码听课

第九节 烟叶税与船舶吨税法律制度

考点一 烟叶税（★）

烟叶税是向收购烟叶的单位征收的税种。

一、纳税人

烟叶税的纳税人为在中华人民共和国境内收购烟叶的单位（包括受委托收购烟叶的单位）。

二、征税范围

包括：晾晒烟叶、烤烟叶。

三、计税依据和应纳税额

价款总额＝收购价款＋价外补贴
＝收购价款×（1＋10%）

应纳税额＝价款总额×20%
＝收购价款×（1＋10%）×税率

四、征收管理

1. 纳税人收购烟叶即发生纳税义务，纳税义务发生时间为纳税人收购烟叶的当日。

2. 烟叶税在烟叶收购环节征收。

3. 烟叶税按月计征，纳税人应当于纳税义务发生月终了之日起15日内申报并缴纳税款。

4. 纳税人收购烟叶，应当向烟叶收购地的主管税务机关申报纳税。

考点二 船舶吨税（★★）

船舶吨税是对自中国境外港口进入境内港口的船舶征收的一种税。

一、纳税人

船舶吨税以应税船舶负责人为纳税人。

二、税目税率

按船舶净吨位的大小分等级设置为四个税目。

税率采用定额税率，分为30日、90日和1年三种不同的税率，具体分为两类：普通税率和优惠税率。

适用优惠税率的有：我国国籍的应税船舶，船籍国（地区）与我国签订含有互相给予船舶税费最惠国待遇条款的条约或者协定的应税船舶。

三、计税依据

吨税以船舶净吨位为计税依据。

拖船和非机动驳船分别按相同净吨位船舶税率的50%计征。

四、应纳税额的计算

吨税按照船舶净吨位和吨税执照期限征收，应税船舶负责人在每次申报纳税时，可以按照"吨税税目税率表"选择申领一种期限的吨税执照。应纳税额的计算公式为：

应纳税额＝应税船舶净吨位×适用税率

五、税收优惠（免税）

1. 应纳税额在人民币50元以下的船舶。

2. 自境外以购买、受赠、继承等方式取得船舶所有权的初次进口到港的空载船舶。

3．吨税执照期满后24小时内不上下客货的船舶。

4．非机动船舶（不包括非机动驳船）。

5．捕捞、养殖渔船。

6．避难、防疫隔离、修理、终止运营或者拆解，并不上下客货的船舶。

7．军队、武装警察部队专用或者征用的船舶。

8．警用船舶。

9．予以免税的外国驻华使领馆、国际组织驻华代表机构及其有关人员的船舶。

10．国务院规定的其他船舶。

六、船舶吨税征收管理

（一）纳税义务发生时间

吨税纳税义务发生时间为应税船舶进入境内港口的当日。

应税船舶在吨税执照期满后尚未离开港口的，应当申领新的吨税执照，自上一执照期满的次日起续缴吨税。

（二）纳税期限

应税船舶负责人应当自海关填发吨税缴款凭证之日起15日内缴清税款。

未按期缴清税款的，自滞纳税款之日起至缴清税款之日止，按日加收滞纳税款万分之五的税款滞纳金。

人民币、可自由兑换货币、汇票、本票、支票、债券、存单，银行、非银行金融机构的保函和海关依法认可的其他财产、权利，可以用于担保。

（三）其他相关规定

船舶吨税由海关负责征收。海关征收吨税应当制发缴款凭证。

海关发现少征或者漏征税款的，应当自应税船舶应当缴纳税款之日起1年内，补征税款。但因应税船舶违反规定造成少征或者漏征税款的，海关可以自应当缴纳税款之日起3年内追征税款，并自应当缴纳税款之日起按日加征少征或者漏征税款万分之五的税款滞纳金。

海关发现多征税款的，应当在24小时内通知应税船舶办理退还手续，并加算银行同期活期存款利息。

基础阶段，建议考生结合视频课程进行学习，消化重难点。

后续可配套《习题精编》进行练习。

扫码听课

第十节 印花税法律制度

印花税是对经济活动和经济交往中书立、领受、使用的应税经济凭证所征收的一种税。

考点一 纳税人（★★）

一、印花税纳税人的一般规定（2022变化）

在中华人民共和国境内书立应税凭证、进行证券交易的单位和个人，为印花税纳税人。

如果一份合同或应税凭证由两方或两方以上当事人共同签订，签订合同或应税凭证的各方都是纳税人，应各就其所持合同或应税凭证的计税金额履行纳税义务。

躲坑要点

证券交易印花税对证券交易的出让方征收，不对受让方征收。

二、印花税纳税人的具体规定

根据书立、使用应税凭证的不同，纳税人可分为立合同人、立账簿人、立据人和使用人。（2022变化）

1. 立合同人——合同的当事人（不包括合同的担保人、证人、鉴定人），当事人的代理人有代理纳税义务。

2. 立账簿人——开立并使用营业账簿的单位和个人。

3. 立据人——书立产权转移书据的单位和个人。

4. 使用人——在国外书立、领受，但在国内使用应税凭证的单位和个人。

同一应税凭证由两方以上当事人书立的，按照各自涉及的金额分别计算应纳税额。

考点二 应纳税额计算（★★★）

一、印花税税目、税率及征税范围

印花税实行比例税率。按照凭证所标明的确定的金额按比例计算应纳税额。（2022变化）

表6-15 印花税税目、税率和征税范围

税目		计税依据	税率	备注
合同	买卖合同	价款	3‰	指动产买卖合同，包括供应、预购、采购、购销结合及协作、调剂、补偿、易货等合同；还包括各出版单位与发行单位（不包括订阅单位和个人）之间订立的图书、报刊、音像征订凭证；不包括个人书立的动产买卖合同

（续上表）

税目		计税依据	税率	备注
合同	借款合同	借款金额	0.5‰	指银行业金融机构、经国务院银行业监督管理机构批准设立的其他金融机构与借款人（不包括同业拆借）的借款合同
	融资租赁合同	租金	0.5‰	
	租赁合同	租金	1‰	租赁房屋、船舶、飞机、机动车辆、机械、器具、设备等合同；出租门店、柜台等合同；不包括企业与主管部门签订的租赁承包合同
	承揽合同	报酬	3‰	加工、定做、修缮、修理、印刷、广告、测绘、测试等合同
	建设工程合同	价款	3‰	勘察、设计、建筑、安装工程合同的总包合同、分包合同和转包合同
	运输合同	运输费用	3‰	民用航空运输、铁路运输、海上运输、内河运输、公路运输和联运合同（不包括管道运输合同）
	技术合同	价款、报酬或使用费	3‰	技术开发、转让、咨询、服务等合同（不包括专利权、专有技术使用权转让书据）
	保管合同	保管费	1‰	保管合同或作为合同使用的仓单、栈单（或称入库单）
	仓储合同	仓储费	1‰	
	财产保险合同	保险费	1‰	财产、责任、保证、信用等保险合同（不包括再保险合同）
产权转移书据	土地使用权出让书据	价款	5‰	转让包括买卖（出售）、继承、赠与、互换、分割
	土地使用权、房屋等建筑物和构筑物所有权转让书据（不包括土地承包经营权和土地经营权转移）	价款	5‰	
	股权转让书据（不包括应缴纳证券交易印花税的）	价款	5‰	
	商标专用权、著作权、专利权、专有技术使用权转让书据	价款	3‰	
营业账簿		实收资本（股本）、资本公积合计金额	2.5‰	

（续上表）

税目	计税依据	税率	备注
证券交易	成交金额	1‰	

二、印花税应纳税额的计算方法

1. 应税合同：应纳税额＝价款／报酬×适用税率

2. 应税产权转移书据：应纳税额＝价款×适用税率

3. 应税营业账簿：应纳税额＝实收资本（股本）、资本公积合计金额×适用税率

4. 证券交易：应纳税额＝成交金额／依法确定的计税依据×适用税率

躲坑要点

1. 同一应税凭证载有两个以上税目事项并分别列明金额的，按照各自适用税率分别计算应纳税额；未分别列明金额的，从高适用税率。

2. 已缴纳印花税的营业账簿，以后年度记载的实收资本（股本）、资本公积合计金额比已缴纳印花税的实收资本（股本）、资本公积合计金额增加的，按照增加部分计算应纳税额。（2022新增）

三、征税范围和计税依据的注意事项

（一）征税范围注意事项

1. 凡属于明确双方供需关系，据以供货和结算，具有合同性质的凭证，应按规定缴纳印花税。

2. 对纳税人以电子形式签订的各类应税凭证按规定征收印花税。

3. 对发电厂与电网之间、电网与电网之间（国家电网公司系统、南方电网公司系统内部各级电网互供电量除外）签订的购售电合同，按购销合同征收印花税。电网与用户之间签订的供用电合同不征印花税。

4. 技术转让合同包括专利申请转让、非专利技术转让所书立的合同，但不包括专利权转让、专利实施许可所书立的合同。后者适用于"产权转移书据"。

5. 技术咨询合同是合同当事人就有关项目的分析、论证、评价、预测和调查订立的技术合同，而一般的法律、会计、审计等方面的咨询不属于技术咨询，其所立合同不贴印花。

【例题·单选题】根据印花税法律制度的规定，下列合同中不征收印花税的是（　　）。（2021年）

A. 物流公司与客户之间签订的仓储合同

B. 作者与出版社之间签订的出版合同

C. 个人出租商铺签订的房屋租赁合同

D. 发电厂与电网之间签订的购售电合同

【答案】B

【解析】选项A：按仓储合同征收；选项C：按租赁合同征收；选项D：电网与用户之间签订的供用电合同不征收印花税；对发电厂与电网之间、电网与电网之间签订的购售电合同，应按购销合同印花税。

（二）计税依据注意事项

1. 应税合同、应税产权转移书据的计税依据为所列的金额，不包括列明的增值税税款；合同、产权转移书据中价款或报酬与增值税税款未分开列明的，按照合计金额确定。

2. 应税合同、产权转移书据未列明价款或者报酬的，按照下列方法确定计税依据：

（1）按照订立合同、产权转移书据时市场价格确定；依法应当执行政府定价的，按照其规定确定。

（2）不能按照上述规定的方法确定的，按照实际结算的价款或者报酬确定。

3. 以非集中交易方式转让证券时无转让价格的，按照办理过户登记手续前一个交易日收盘价计算确定计税依据；办理过户登记手续前一个交易日无收盘价的，按照证券面值计算确定计税依据。

4. 未列明金额时的计税依据（2022新增）：

（1）应税合同、产权转移书据未列明金额的，印花税的计税依据按照实际结算的金额确定。

（2）计税依据按照上述规定仍不能确定的，按照书立合同、产权转移书据时的市场价格确定。

（3）依法应当执行政府定价或者政府指导价的，按照国家有关规定确定。

5. 纳税人有以下情形的，税务机关可以核定纳税人印花税计税依据：

（1）未按规定建立印花税应税凭证登记簿，或未如实登记和完整保存应税凭证的；

（2）拒不提供应税凭证或不如实提供应税凭证致使计税依据明显偏低的；

（3）采用按期汇总缴纳办法的，未按税务机关规定的期限报送汇总缴纳印花税情况报告，经税务机关责令限期报告，逾期仍不报告的或者税务机关在检查中发现纳税人有未按规定汇总缴纳印花税情况的。

【例题·单选题】甲公司向乙公司租赁2台塔吊并签订租赁合同，合同注明塔吊总价值为80万元，租期为2个月，每台每月租金2万元。已知，租赁合同适用印花税税率为1‰。根据印花税法律制度的规定，甲公司和乙公司签订该租赁合同共计应缴印花税（　　）元。（2018年）

A. 40　B. 80　C. 160　D. 800

【答案】C

【解析】租赁合同印花税的计税依据为"租金"（而非租赁物价值），本题租金总额=2×2×2=8（万元）；如果一份合同或应税凭证由两方或两方以上当事人共同签订，签订合同或应税凭证的各方都是纳税人，因此，甲公司和乙公司签订该租赁合同"共计"应缴纳印花税=8×1‰×2=0.016（万元）=160（元）。

考点三　税收优惠（★★）

表6-16　印花税税收优惠

情形	税收优惠
法定凭证免税 （2022变化）	1. 应税凭证的副本或者抄本 2. 农民、家庭农场、农民专业合作社、农村集体经济组织、村民委员会购买农业生产资料或者销售农产品订立的买卖合同和农业保险合同 3. 无息或者贴息借款合同、国际金融组织向中国提供优惠贷款书立的借款合同 4. 财产所有权人将财产赠与政府、学校、社会福利机构、慈善组织书立的产权转移书据 5. 中国人民解放军、中国人民武装警察部队书立的应税凭证 6. 依照法律规定应当予以免税的外国驻华使馆、领事馆和国际组织驻华代表机构为获得馆舍书立的应税凭证 7. 非营利性医疗卫生机构采购药品或者卫生材料书立的买卖合同 8. 个人与电子商务经营者订立的电子订单

（续上表）

情形	税收优惠
免税额	应纳税额不足1角
特定情形免税	1. 对商店、门市部的零星加工修理业务开具的修理单，不贴印花 2. 对铁路、公路、航运、水路承运快件行李、包裹开具的托运单据，暂免贴花 3. 对企业车间、门市部、仓库设置的不属于会计核算范围的账簿，不贴印花
其他情形免税 （包括不限于）	1. 办理一项业务，既书立合同，又开立单据的，只就合同贴花 2. 纳税人已履行并贴花的合同，实际结算金额与合同所载金额不一致的，一般不再补贴印花 3. 书、报、刊合同免税 4. 外国运输企业免税 5. 委托代理合同免税 6. 电话和联网购货免税

考点四 征收管理（★★）

一、纳税义务发生时间

纳税人书立应税凭证或者完成证券交易的当日。

证券交易印花税扣缴义务发生时间为证券交易完成的当日。

二、纳税地点

单位纳税人——向其机构所在地的主管税务机关申报缴纳。

个人纳税人——向应税凭证书立地或者居住地的主管税务机关申报缴纳。

不动产产权转移——向不动产所在地的主管税务机关申报缴纳。

纳税人在境外——在境内有代理人的，以其境内代理人为扣缴义务人；在境内没有代理人的，由纳税人自行申报缴纳。

证券交易印花税的扣缴义务人——向其机构所在地的主管税务机关申报解缴税款以及银行结

算的利息。

三、纳税期限

印花税按季、按年或者按次计征。

实行按季、按年计征的，纳税人应当于季度、年度终了之日起15日内申报并缴纳税款。

实行按次计征的，纳税人应当于纳税义务发生之日起15日内申报并缴纳税款。

证券交易印花税按周解缴。证券交易印花税的扣缴义务人应当于每周终了之日起5日内申报解缴税款以及银行结算的利息。

四、缴纳方式（2022新增）

印花税可以采用粘贴印花税票或者由税务机关依法开具其他完税凭证的方式缴纳。

印花税票粘贴在应税凭证上的，由纳税人在每枚税票的骑缝处盖戳注销或者画销。

印花税票由国务院税务主管部门监制。

【小结】

图6-7 印花税相关内容汇总

扫一扫"码"上练题

　　打开微信扫一扫，关注公众号，点击"会计考试GO"小程序，即可线上练题。下载安装"会计学堂"APP，体验更多课程，参与万人模考，助您顺利通关。

　　基础阶段，建议考生结合视频课程进行学习，消化重难点。后续可配套《习题精编》进行练习。

第六章

第七章 税收征管法律制度

第一节 税收征收管理法概述

扫码听课

考点一 税收征收管理法的适用范围（★）

凡依法由税务机关征收的各种税收的征收管理，均适用《中华人民共和国税收征收管理法》（以下简称《税收征管法》）。

由海关负责征收的关税和船舶吨税以及海关代征的进口环节的增值税、消费税，依照法律、行政法规的有关规定执行。

我国同外国缔结的有关税收的条约、协定同《税收征管法》有不同规定的，依照条约、协定的规定办理。

考点二 税收征收管理法的适用对象（★）（2022新增）

一、税收征收管理主体

国务院税务主管部门主管全国税收征收管理工作。各地税务局应当按照国务院规定的税收征收管理范围分别进行征收管理。

二、税收征收管理相对人

税收征收管理相对人包括纳税人和扣缴义务人。

三、相关单位和部门

地方各级人民政府和有关部门。

考点三 征纳双方的权利和义务（★）

一、征税主体的权利和义务

征税主体的权利与义务直接体现为征税机关和税务人员的职权和职责。

征税主体作为国家税收征收管理的职能部

门，享有税务行政管理权。税务机关和税务人员的职权主要包括：

（1）税收立法权。（2）税务管理权。（3）税款征收权。（4）税务检查权。（5）税务行政处罚权。（6）其他职权：如在法律、行政法规规定的权限内，对纳税人的减、免、退、延期缴纳的申请予以审批的权利；阻止欠税纳税人离境的权利；委托代征权；估税权；代位权与撤销权；定期对纳税人欠缴税款情况予以公告的权利；上诉权等。

二、纳税主体的权利和义务

在税收法律关系中，纳税主体处于行政管理相对人的地位，须承担纳税义务，但也仍然享有相应的法定权利。

1. 纳税主体的权利包括：

（1）知情权。（2）要求保密权。（3）依法享受税收优惠权。（4）申请退还多缴税款权。（5）申请延期申报权。（6）纳税申报方式选择权。（7）申请延期缴纳税款权。（8）索取有关税收凭证的权利。（9）委托税务代理权。（10）陈述权、申辩权。（11）对未出示税务检查证和税务检查通知书的拒绝检查权。（12）依法要求听证的权利。（13）税收法律救济权。（14）税收监督权。

2. 纳税主体的义务包括：

（1）按期办理税务登记，及时核定应纳税种、税目。（2）依法设置账簿、保管账簿和有关资料以及依法开具、使用、取得和保管发票的义务。（3）财务会计制度和会计核算软件备案的义务。（4）按照规定安装、使用税控装置的义务。（5）按期、如实办理纳税申报的义务。（6）按期缴纳或解缴税款的义务。（7）接受税务检查的义务。（8）代扣、代收税款的义务。（9）及时提供信息的义务，如纳税人有歇业、经营情况变化、遭受各种灾害等特殊情况的，应及时向征税机关说明等。（10）报告其他涉税信息的义务，如企业合并、分立的报告义务等。

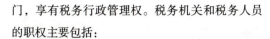

打开微信扫一扫，关注公众号，点击"会计考试GO"小程序，即可线上练题。下载安装"会计学堂"APP，体验更多课程，参与万人模考，助您顺利通关。

基础阶段，建议考生结合视频课程进行学习，消化重难点。后续可配套《习题精编》进行练习。

第二节 税务管理

扫码听课

税务管理是指税收征收管理机关为了贯彻、执行国家税收法律制度，加强税收工作，协调征税关系而对纳税人和扣缴义务人实施基础性的管理制度和管理行为。主要包括税务登记管理、账簿和凭证管理、发票管理、纳税申报管理等。

考点一 税务登记管理（★★）

一、税务登记申请人

（一）从事生产、经营的纳税人

企业，企业在外地设立的分支机构和从事生产、经营的场所，个体工商户和从事生产、经营的事业单位，都应当办理税务登记。

（二）非从事生产经营但依法负有纳税义务的单位和个人

1. 国家机关、个人和无固定生产、经营场所的流动性农村小商贩，不办理税务登记。

2. 其他非从事生产经营但依法负有纳税义务的单位和个人，应当办理税务登记。

（三）扣缴义务人

依法负有扣缴税款义务的扣缴义务人（国家机关除外），应当办理扣缴税款登记。

二、税务登记主管机关

县以上（含本级）税务局（分局）是税务登记的主管机关，负责税务登记的设立登记、变更登记、注销登记和税务登记证验证、换证以及非正常户处理、报验登记等有关事项。

三、税务登记内容（2022新增）

（一）设立（开业）税务登记

1. 办理税务登记的地点。

从事生产、经营的——生产、经营所在地税务机关。

非从事生产经营但负有纳税义务的——纳税义务发生地税务机关。

2. 申报办理税务登记的时限。

从事生产、经营的纳税人领取工商营业执照的，应当自领取工商营业执照之日起30日内申报办理税务登记。

3. 多证合一，一照一码。

（1）五证合一。

工商营业执照、组织机构代码证、税务登记证、社会保险登记证、统计登记证。

（2）多证合一、一照一码。

在五证合一基础上，进一步整合，实现营业执照（"一照"）成为企业唯一的"身份证"，使统一社会信用代码（"一码"）成为企业唯一的身份代码。

4. 税务登记证件。

纳税人办理开立银行账户和领购发票事项时，必须提供税务登记证件。

税务机关对税务登记证件实行定期验证和换证制度。

（二）变更税务登记

纳税人已在市场监管部门办理变更登记的，应当自变更登记之日起30日内，向原税务登记机关申报办理变更税务登记。

（三）停业、复业登记

1. 停业登记。

实行定期定额征收方式的个体工商户需要停

业的,应当在停业前向税务机关申报办理停业登记。纳税人的停业期限不得超过1年。

2. 复业登记。

纳税人应当于恢复生产经营之前,向税务机关申报办理复业登记,如实填写停业复业报告书,领回并启用税务登记证件、发票领购簿及其停业前领购的发票。

（四）外出经营报验登记

税务机关按照"一地一证"的原则,发放《外管证》,其有效期限一般为30日,最长不得超过180日,但建筑安装行业纳税人项目合同期限超过180日的,按照合同期限确定有效期限。纳税人应当在《外管证》有效期届满后10日内,持《外管证》回原税务登记地税务机关办理《外管证》缴销手续。

（五）注销税务登记

表7-1　注销税务登记

办理注销税务登记的原因	申报办理时限
纳税人发生解散、破产、撤销以及其他情形,依法终止纳税义务	1. 需要办理注销登记的——办理注销登记前 2. 不需要办理注销登记的——有关机关批准或者宣告终止之日起15日内
纳税人被市场监管部门吊销营业执照或者被其他机关予以撤销登记	自营业执照被吊销或者被撤销登记之日起15日内
纳税人因住所、经营地点变动,涉及变更税务登记机关	自注销税务登记之日起30日内
境外企业在中国境内承包建筑、安装、装配、勘探工程和提供劳务的,项目完工、离开中国	项目完工、离开中国前15日内

（六）临时税务登记

从事生产、经营的个人应办而未办营业执照,但发生纳税义务的,可以按规定申请办理临时税务登记。

（七）非正常户的认定与解除

纳税人负有纳税申报义务,但连续3个月所有税种均未进行纳税申报的,税收征管系统自动将其认定为非正常户,并停止其发票领购簿和发票的使用。

（八）扣缴税款登记

已办理税务登记的扣缴义务人应当自扣缴义务发生之日起30日内,向税务登记地税务机关申报办理扣缴税款登记。

考点二　账簿和凭证管理（★★）

一、账簿的设置

表7-2　账簿设置

纳税人	具体规定
从事生产、经营的纳税人	应自领取营业执照或者发生纳税义务之日起15日内设置账簿
生产、经营规模小又确无建账能力的纳税人	可聘请经批准从事会计代理记账业务的专业机构或者财会人员代为建账和办理账务
扣缴义务人	自税收法律、行政法规规定的扣缴义务发生之日起10日内,按照所代扣、代收的税种,分别设置代扣代缴、代收代缴税款账簿

二、其他规定

1. 从事生产、经营的纳税人应当自领取税务登记证件之日起15日内，将其财务、会计制度或者财务、会计处理办法报送主管税务机关备案。（2022新增）

2. 纳税人、扣缴义务人的财务、会计制度或者财务、会计处理办法与税法规定抵触的，依照税法规定计算。

3. 账簿、记账凭证、报表、完税凭证及其他有关涉税资料应当保存10年。

考点三 发票管理（★★★）

发票是指在购销产品、提供或者接受服务以及从事其他经营活动中，开具、收取的收付款凭证。

一、发票的种类、联次和内容

（一）发票的种类

1. 增值税普通发票：包括增值税普通发票（折叠票）、增值税电子普通发票、增值税普通发票（卷票）。

2. 增值税专用发票：包括增值税专用发票（折叠票）、增值税电子专用发票和机动车销售统一发票。

3. 其他发票：包括农产品收购发票、农产品销售发票、门票、过路（过桥）费发票、定额发票、客运发票、二手车销售统一发票等。

（二）发票的联次（2022新增）

存根联、发票联、记账联。

 拿分要点

> 单位和个人可以登录全国增值税发票查验平台（https://inv-veri.chinatax.gov.cn），对新系统开具的发票信息进行查验。

二、发票的开具和使用

（一）发票的开具

1. 一般情况下收款方应向付款方开具发票，特殊情况下也可由付款方向收款方开具发票。

2. 开具发票应当按照规定的时限、顺序、栏目，全部联次一次性如实开具，并加盖发票专用章。

3. 任何单位和个人不得有下列虚开发票行为：

（1）为他人、为自己开具与实际经营业务情况不符的发票；

（2）让他人为自己开具与实际经营业务情况不符的发票；

（3）介绍他人开具与实际经营业务情况不符的发票。

（二）发票的使用和保管

1. 任何单位和个人应当按照发票管理规定使用发票，不得有下列行为：

（1）转借、转让、介绍他人转让发票、发票监制章和发票防伪专用品；

（2）知道或者应当知道是私自印制、伪造、变造、非法取得或者废止的发票而受让、开具、存放、携带、邮寄、运输；

（3）拆本使用发票；

（4）扩大发票使用范围；

（5）以其他凭证代替发票使用。

2. 已开具的发票存根联和发票登记簿，应当保存5年。保存期满，报经税务机关查验后销毁。

【例题·多选题】根据税收征收管理法律制度的规定，下列各项中，不符合发票使用规定的有（　　）。（2019年）

A. 拆本使用发票

B. 扩大发票使用范围

C. 转借发票监制章

D. 以其他凭证代替发票使用

【答案】ABCD

【解析】任何单位和个人应当按照发票管理规定使用发票，不得有下列行为：（1）转借、转让、介绍他人转让发票、发票监制章和发票防伪专用品（选项C）；（2）知道或者应当知道是私自印制、伪造、变造、非法取得或者废止的发票而受让、开具、存放、携带、邮寄、运输；（3）拆本使用发票（选项A）；（4）扩大发票使用范围（选项B）；（5）以其他凭证代替发票使用（选项D）。

三、发票的检查

（一）税务机关在发票检查中的权利

1. 检查印制、领购、开具、取得、保管和缴销发票的情况。

2. 调出发票查验。

3. 查阅、复制与发票有关的凭证、资料。

4. 向当事各方询问与发票有关的问题和情况。

5. 在查处发票案件时，对与案件有关的情况和资料，可以记录、录音、录像、照相和复制。

考点四　纳税申报管理（★）

一、纳税申报方式

纳税申报的方式主要有以下几种：

1. 自行申报（传统方式）；

2. 邮寄申报（以寄出的邮戳日期为实际申报日期）；

3. 数据电文申报（以税务机关计算机网络系统收到该数据电文的时间为实际申报日期）；

4. 其他方式，实行定期定额征收方式的纳税人，可以：（1）简易申报；（2）简并征期申报。

二、其他要求

1. 纳税人在纳税期内没有应纳税款的，也应

（二）调出发票查验的具体规定

1. 调出已开具的发票查验。

（1）税务机关需要将已开具的发票调出查验时，应当向被查验的单位和个人开具发票换票证。

（2）发票换票证与所调出查验的发票有同等的效力，被调出查验发票的单位和个人不得拒绝接受。

2. 调出空白发票查验。

税务机关需要将空白发票调出查验时，应当开具收据；经查无问题的，应当及时返还。

四、网络发票（2022新增）

网络发票是指符合国家税务总局统一标准并通过国家税务总局及省、自治区、直辖市税务局公布的网络发票管理系统开具的发票。

取得网络发票时，应及时查验信息的真实性、完整性，对不符合规定的发票，不得作为财务报销凭证，任何单位和个人有权拒收。

开具发票后，不得改动开票信息，并于48小时内上传开票信息。

当按照规定进行纳税申报。

2. 纳税人享受减税、免税待遇的，在减税、免税期间应当按照规定办理纳税申报。

3. 延期申报：

不可抗力——无须申请直接延期，税务机关事后查明、核准。

其他原因——纳税人提出书面申请，税务机关核准。

4. 延期申报须预缴税款。

5. 破产程序中如发生应税情形，应按规定申报纳税。

扫码听课

第三节 税款征收

考点一 税款征收主体（★）（2022新增）

除税务机关、税务人员以及经税务机关依照法律、行政法规委托的单位和人员外，任何单位和个人不得进行税款征收活动。

考点二 税款征收方式（★★）

表7-3 税款征收方式（2022变化）

征收方式	账簿情况	适用范围
查账征收	有账	适用于财务会计制度健全，能够如实核算和提供生产经营情况，并能正确计算应纳税款和如实履行纳税义务的纳税人
查定征收	有账，不全	适用于能控制原材料或进销货的小型厂矿和作坊，小型生产型企业
查验征收	有账，不全	适用于纳税人生产经营不固定，零星分散、流动性较大的税源，小型非生产型企业
定期定额征收	没账	适用于经主管税务机关认定和县以上税务机关（含县级）批准的个体工商户（包括个人独资企业）
扣缴征收	—	扣缴征收包括代扣代缴和代收代缴两种征收方式
委托征收	—	适用于零星分散和异地缴纳的税收

【例题·单选题】根据税收征收管理法律制度的规定，对财务会计制度健全、能够如实核算和提供生产经营情况，并能正确计算应纳税款和如实履行纳税义务的纳税人适用的税款征收方式是（　　）。（2019年）

A. 查账征收　　　B. 查定征收

C. 定期定额征收　D. 查验征收

【答案】A

考点三 应纳税额的核定和调整（★★）

一、应纳税额的核定

（一）核定应纳税额的情形

纳税人有下列情形之一的，税务机关有权核定其应纳税额：

1. 依照法律、行政法规的规定可以不设置账簿的；

2. 依照法律、行政法规的规定应当设置但未设置账簿的；

3. 擅自销毁账簿或者拒不提供纳税资料的；

4. 虽设置账簿，但账目混乱，或者成本

资料、收入凭证、费用凭证残缺不全，难以查账的；

5. 发生纳税义务，未按照规定的期限办理纳税申报，经税务机关责令限期申报，逾期仍不申报的；

6. 纳税人申报的计税依据明显偏低，又无正当理由的。

拿分要点

可以核定的情形要么没账，要么相当于没账。

（二）核定应纳税额的方法

应纳税额的核定方法包括以下几种：

1. 参照当地同类行业或者类似行业中经营规模和收入水平相近的纳税人的税负水平核定；

2. 按照营业收入或者成本加合理的费用和利润的方法核定；

3. 按照耗用的原材料、燃料、动力等推算或者测算核定；

4. 按照其他合理方法核定。

当其中一种方法不足以正确核定应纳税额时，可以同时采用两种以上的方法核定。

二、应纳税额的调整（2022新增）

表7-4 应纳税额的调整

情形	纳税人与其关联企业之间的业务往来有下列情形之一的，税务机关可以调整其应纳税额： 1. 购销业务未按照独立企业之间的业务往来作价 2. 融通资金所支付或者收取的利息超过或者低于没有关联关系的企业之间所能同意的数额，或者利率超过或者低于同类业务的正常利率 3. 提供劳务，未按照独立企业之间业务往来收取或者支付劳务费用 4. 转让财产、提供财产使用权等业务往来，未按照独立企业之间业务往来作价或者收取、支付费用 5. 未按照独立企业之间业务往来作价的其他情形
方法	纳税人发生上述情形的，税务机关可以按照下列方法调整计税收入额或者所得额： 1. 按照独立企业之间进行的相同或者类似业务活动的价格 2. 按照再销售给无关联关系的第三者的价格所应取得的收入和利润水平 3. 按照成本加合理的费用和利润 4. 按照其他合理的方法
期限	一般3年，有特殊可以自该业务往来发生的纳税年度起10年内进行调整

考点四 应纳税款的缴纳（★★）（2022新增）

一、应纳税款的当期缴纳

应纳税款的当期缴纳是指纳税人、扣缴义务人按照法律、行政法规规定或者税务机关依照法律、行政法规的规定确定的期限，缴纳或者解缴税款。

税务机关收到税款后，应当向纳税人开具完税凭证。扣缴义务人代扣、代收税款时，纳税人要求扣缴义务人开具代扣、代收税款凭证的，扣缴义务人应当开具。

二、应纳税款的延期缴纳

纳税人因有特殊困难，不能按期缴纳税款的，经省、自治区、直辖市税务局批准，可以延期缴纳税款，但是最长不得超过3个月。

纳税人需要延期缴纳的，应当在缴纳税款期限届满前提出申请。

税务机关应当自收到申请延期缴纳税款报告之日起20日内作出批准或者不予批准的决定；不予批准的，从缴纳税款期限届满之日起加收滞纳金。

((o)) 躲坑要点

"特殊困难"包括：

1. 因不可抗力，导致纳税人发生较大损失，正常生产经营活动受到较大影响；

2. 当期货币资金在扣除应付职工工资、社会保险费后，不足以缴纳税款。

考点五 税款征收的保障措施（★★★）

具体措施：责令缴纳、责令提供纳税担保、采取税收保全措施、采取强制执行措施、欠税清缴、税收优先权、阻止出境。

((o)) 躲坑要点

1. 区分税款征收方式与税款征收措施：税款征收方式是征税的方法，税款征收措施是保证税款、社会保险费和其他非税收入征收工作顺利进行的手段。

2. 区分税款征收措施与税务行政处罚：税款征收措施属于行政强制措施，是纳税人应履行的义务不履行，国家采取的强制其履行的手段，并非处罚。

一、责令缴纳

（一）前提条件：应税未税

1. 纳税人未按照规定期限缴纳税款。

2. 扣缴义务人未按照规定期限解缴税款。

3. 纳税担保人未按照规定期限缴纳所担保的税款。

4. 未办理税务登记及临时经营的纳税人，税务机关核定其应纳税额。

5. 税务机关有根据认为纳税人有逃避缴纳税款义务的行为。

((o)) 躲坑要点

上述情形1、2自欠缴税款之日起应加收滞纳金。

（二）仍不缴纳的后果

情形1、2、3、4→税收强制执行程序。

情形5→纳税担保程序。

（三）滞纳金

1. 计算公式：

滞纳金＝应纳税款×滞纳天数×0.5‰

2. 滞纳天数：

自纳税期限届满之次日起至实际缴纳税款之日止。（算尾不算头）

【理解】票据贴现期的计算：贴现日至汇票到期前1日。（算头不算尾）

((o)) 躲坑要点

滞纳金与实体法纳税期限的结合考查。

二、责令提供纳税担保

（一）适用纳税担保的情形

1. 税务机关有根据认为从事生产、经营的纳税人有逃避纳税义务行为，在规定的纳税期限之前经责令其限期缴纳应纳税款，在限期内发现纳税人有明显的转移、隐匿其应纳税的商品、货物以及其他财产或者应纳税收入的迹象，责成纳税人提供纳税担保的。

2. 欠缴税款、滞纳金的纳税人或者其法定代表人需要出境的。

3. 纳税人同税务机关在纳税上发生争议而未缴清税款，需要申请行政复议的。

4. 其他。

（二）纳税担保的范围

税款，滞纳金，实现税款、滞纳金的费用。

（三）纳税担保的方式（2022新增）

1. 纳税保证（人保）。

纳税保证人同意提供纳税担保的，应当填写纳税担保书。

纳税担保从税务机关在纳税担保书签字盖章之日起生效。

纳税担保为连带责任保证。

税务机关自纳税人应缴纳税款的期限届满之日起60日内有权要求纳税保证人承担保证责任，缴纳税款、滞纳金。（找人）

纳税保证人应当自收到税务机关的纳税通知书之日起15日内履行保证责任，缴纳税款及滞纳金。（付钱）

2. 纳税抵押。

纳税抵押是指纳税人或纳税担保人不转移对可抵押财产的占有，将该财产作为税款及滞纳金的担保。

纳税人在规定的期限内未缴清税款、滞纳金的，税务机关应当依法拍卖、变卖抵押物，变价抵缴税款、滞纳金。

3. 纳税质押（物保）。

纳税质押是指经税务机关同意，纳税人或纳税担保人将其动产或权利凭证移交税务机关占有，将该动产或权利凭证作为税款及滞纳金的担保。

纳税质押分为动产质押和权利质押。

纳税人在规定的期限内缴清税款及滞纳金的，税务机关应当自纳税人缴清税款及滞纳金之日起3个工作日内返还质物，解除质押关系。

纳税人在规定的期限内未缴清税款、滞纳金的，税务机关应当依法拍卖、变卖质物，变价抵缴税款、滞纳金。

【例题·多选题】根据税收征收管理法律制度的规定，下列各项中，属于纳税担保方式的有（　　）。（2020年）

A. 抵押　　　B. 留置

C. 质押　　　D. 保证

【答案】ACD

三、税收保全与强制执行

表7-5　税收保全与强制执行情况列表

措施		执行情况
批准		经县以上税务局（分局）局长批准
税收保全	前提（2022变化）	1. 税务机关有根据认为从事生产、经营的纳税人有逃避纳税义务行为 2. 纳税人逃避纳税义务的行为发生在规定的纳税期之前，以及在责令限期缴纳应纳税款的限期内 3. 税务机关责成纳税人提供纳税担保后，纳税人不能提供纳税担保 4. 经县以上税务局（分局）局长批准
	具体措施	1. 书面通知银行冻结金额相当于应纳税款的存款（陷阱：冻结全部资金） 2. 扣押、查封价值相当于应纳税款的商品、货物或者其他财产（陷阱：全部财产）
	期限	一般不超过6个月

（续上表）

措施		执行情况
强制执行	前提	从事生产经营的纳税人、扣缴义务人未按照规定的期限缴纳或者解缴税款，纳税担保人未按照规定的期限缴纳所担保的税款，由税务机关责令限期缴纳，逾期仍未缴纳
	具体措施	1. 书面通知银行从存款中扣缴税款 2. 扣押、查封、依法拍卖或者变卖价值相当于应纳税款的商品、货物或者其他财产，以拍卖或者变卖所得抵缴税款 【躲坑要点】滞纳金同时强制执行
	不适用的财产	个人及其所扶养家属维持生活必需的住房和用品，单价5 000元以下的其他生活用品

躲坑要点

个人及其所扶养家属维持生活必需的住房和用品不包括：机动车辆、金银饰品、古玩字画、豪华住宅或者一处以外的住房。

【例题·多选题】税务机关拟对个体工商户业主王某采取税收保全措施，王某的下列财产中，可以采取税收保全措施的有（   ）。（2020年）

A. 价值20万元的小汽车

B. 价值10万元的金银首饰

C. 价值2 000元的电视机

D. 维持自己生活必需的唯一普通住房

【答案】AB

【解析】选项A、B：机动车辆、金银饰品、古玩字画、豪华住宅或者一处以外的住房（不论价值几何），可以采取税收保全措施。选项C：属于单价5 000元以下的其他生活用品，不得采取税收保全措施。选项D：属于个人维持生活必需的住房，不得采取税收保全措施。

四、欠税清缴（2022新增）

（一）离境清缴

欠缴税款的纳税人或者他的法定代表人需要出境的，应当在出境前向税务机关结清应纳税款、滞纳金或者提供担保。

（二）税收代位权和撤销权

欠缴税款的纳税人有以下情形之一的，税务机关可依法行使代位权、撤销权：

1. 怠于行使到期债权。

2. 放弃到期债权。

3. 无偿转让财产。

4. 以明显不合理的低价转让财产而受让人知道该情形，对国家税收造成损害的。

税务机关依法行使代位权、撤销权的，不免除欠缴税款纳税人尚未履行的纳税义务和应承担的法律责任。

（三）欠税报告

1. 纳税人有欠税情形而以其财产设定抵押、质押的，应当向抵押权人、质权人说明其欠税情况。抵押权人、质权人可以请求税务机关提供有关的欠税情况。

2. 有解散、撤销、破产情形的，在清算前应当向其主管税务机关报告；未结清税款的，由其主管税务机关参加清算。

3. 有合并、分立情形的，应当向税务机关报告。

4. 欠缴税款5万元以上的纳税人在处分其不动产或者大额资产之前，应当向税务机关报告。

（四）欠税公告

县级以上各级税务机关应当将纳税人的欠

税情况，在办税场所或者广播、电视、报纸、期刊、网络等新闻媒体上定期公告。

五、税收优先权（2022新增）

税务机关征收税款，税收优先于无担保债权，法律另有规定的除外。

纳税人欠缴税款，同时又被行政机关决定处以罚款、没收违法所得的，税收优先于罚款、没收违法所得。

六、阻止出境

欠缴税款的纳税人或者其法定代表人在出境前未按规定结清应纳税款、滞纳金或者提供纳税担保的，税务机关可以通知出境管理机关阻止其出境。

考点六　税款征收的其他规定（★★）（2022 新增）

一、税收减免

享受减税、免税优惠的纳税人，减税、免税期满，应当自期满次日起恢复纳税；减税、免税条件发生变化的，应当在纳税申报时向税务机关报告；不再符合减税、免税条件的，应当依法履行纳税义务；未依法纳税的，税务机关应当予以追缴。

二、税款的退还

纳税人超过应纳税额缴纳的税款，税务机关发现后，应当自发现之日起10日内办理退还手续。

纳税人自结算缴纳税款之日起3年内发现多缴税款的，可以向税务机关要求退还多缴的税款并加算银行同期存款利息，税务机关应当自接到纳税人退还申请之日起30日内查实并办理退还手续。

三、税款的补缴和追征

因税务机关的责任，税务机关在3年内可以要求纳税人、扣缴义务人补缴税款，但是不得加收滞纳金。

因纳税人、扣缴义务人计算错误等失误（累计达到10万），未缴或者少缴税款的，税务机关在3年内可以追征税款、滞纳金；有特殊情况的，追征期可以延长到5年。

补缴和追征税款、滞纳金的期限，自纳税人、扣缴义务人应缴未缴或者少缴税款之日起计算。

对偷税（逃税）、抗税、骗税的，税务机关追征其未缴或者少缴的税款、滞纳金或者所骗取的税款，不受前述规定期限的限制。

扫一扫"码"上练题

打开微信扫一扫，关注公众号，点击"会计考试GO"小程序，即可线上练题。下载安装"会计学堂"APP，体验更多课程，参与万人模考，助您顺利通关。

第七章

第四节 税务检查

扫码听课

考点一 税务机关在税务检查中的职权（★）

1. 税务机关有权进行下列税务检查：

（1）查账权。

（2）场地检查权。

到纳税人的生产、经营场所和货物存放地检查纳税人应纳税的商品、货物或者其他财产；检查扣缴义务人与代扣代缴、代收代缴税款有关的经营情况。

躲坑要点

不能进入生活场所。

（3）责成提供资料权。

（4）询问权。

（5）交通邮政检查权。

（6）存款账户检查权。

经县以上税务局（分局）局长批准可以查询从事生产经营的纳税人、扣缴义务人在银行或者其他金融机构的存款账户。

经设区的市、自治州以上税务局（分局）局长批准，可以查询案件涉嫌人员的储蓄存款。

2. 税务机关派出的人员进行税务检查时，应当出示税务检查证和税务检查通知书，并有责任为被检查人保守秘密；未出示税务检查证和税务检查通知书的，被检查人有权拒绝检查。

躲坑要点

税务机关调查税务违法案件时，对与案件有关的情况和资料，可以记录、录音、录像、照相和复制。（同发票检查）

考点二 纳税信用管理（★★）（2022新增）

纳税信用管理，是指税务机关对纳税人的纳税信用信息开展的采集、评价、确定、发布和应用等活动。

一、纳税信用管理的主体

国家税务总局主管全国纳税信用管理工作。省级以下税务机关负责所辖地区纳税信用管理工作的组织和实施。

下列企业参与纳税信用评价：

1. 已办理税务登记，从事生产、经营并适用查账征收的独立核算企业纳税人。

2. 首次在税务机关办理涉税事宜的新设立企业。

3. 评价年度内无生产经营业务收入的企业。

4. 适用企业所得税核定征收办法的企业。

躲坑要点

1. 新设立企业，指首次在税务机关办理涉税事宜之日起时间不满一个评价年度的企业。

2. 非独立核算分支机构可自愿参与纳税信用评价。

二、纳税信用信息采集

（一）纳税信用信息

包括纳税人信用历史信息、税务内部信息、外部信息。

（二）纳税信息采集的实施

1. 纳税信息采集的工作由国家税务总局和省税务机关组织实施，按月采集。

2. 税务内部信息的信息记录截止时间为评价年度12月31日。

三、纳税信用评价

（一）评价的方式

评价方式：采取年度评价指标得分和直接判级方式。

评价指标：税务内部信息和外部评价信息。

（二）评价周期

纳税信用评价周期为一个纳税年度。

（三）纳税信用级别

设A、B、M、C、D五级。

（四）纳税信用评价结果

1. 遵循谁评价、谁确定、谁发布的原则。

2. 税务局每年4月确定上一年度结果，并为纳税人提供自我查询服务。

3. 纳税信用评价结果的应用：

按照"守信激励、失信惩戒"的原则，对不同信用级别的纳税人实施分类服务和管理。

四、纳税信用修复

纳入纳税信用管理的企业纳税人，符合下列条件之一的，可在规定期限内向主管税务机关申请纳税信用修复：

1. 纳税人发生未按法定期限办理纳税申报、税款缴纳、资料备案等事项且已补办的；

2. 未按税务机关处理结论缴纳或者足额缴纳税款、滞纳金和罚款，未构成犯罪，纳税信用级别被直接判为D级的纳税人，在税务机关处理结论明确的期限期满后60日内足额缴纳、补缴的；

3. 纳税人履行相应法律义务并由税务机关依法解除非正常户状态的。

考点三　税收违法行为检举管理（★）（2022新增）

一、税收违法行为检举管理原则

（一）管理原则

依法依规、分级分类、属地管理、严格保密。

（二）检举行为

1. 检举税收违法行为是检举人的自愿行为，检举人因检举而产生的支出应当由其自行承担。

2. 检举人在检举过程中应当遵守法律、行政法规等规定；应当对其所提供检举材料的真实性负责，不得捏造、歪曲事实，不得诬告、陷害他人；不得损害国家、社会、集体的利益和其他公民的合法权益。

二、检举事项的提出与受理

表7-6　检举事项的提出与受理

项目		具体情形
检举的提出	实名检举	1. 谁提出 （1）个人名义——应当本人提出 （2）单位名义——应当委托本单位工作人员提出

（续上表）

项目		具体情形
检举的提出	实名检举	2. 检举形式 （1）来访形式——检举人应当提供营业执照、居民身份证等有效身份证件的原件和复印件 （2）来信、网络、传真形式——检举人应当提供营业执照、居民身份证等有效身份证件的复印件 （3）电话形式——税务机关应当告知检举人采取前述的形式进行检举
	匿名检举	未采取前述的形式进行检举的，视同匿名检举
	检举提供信息	1. 应当提供：被检举人的名称（姓名）、地址（住所）和税收违法行为线索 2. 尽可能提供：被检举人统一社会信用代码（身份证件号码），法定代表人、实际控制人信息和其他相关证明资料 3. 鼓励提供书面检举材料
接待场所	税务机关设置	应当与办公区域适当分开，配备使用必要的录音、录像等监控设施，保证监控设施对接待场所全覆盖并正常运行
受理	举报中心应当及时审查	不予受理情形： 1. 无法确定被检举对象/不能提供税收违法行为线索的 2. 检举事项已经或者依法应当通过诉讼、仲裁、行政复议以及其他法定途径解决的 3. 对已经查结的同一检举事项再次检举，没有提供新的有效线索的 除上述规定外，举报中心自接收检举事项之日起即为受理

三、检举事项的处理

检举事项受理后，应当分级分类管理，举报中心应当在检举事项受理之日起15个工作日内完成分级分类处理，特殊情况除外。

四、检举人的答复和奖励

（一）检举人的答复

实名检举人可以要求答复（出示检举时所提供的有效身份证件）。

1. 答复方式：口头/书面方式；

2. 答复机关：

处理情况——作出处理行为的税务机关的举报中心。

查处结果——负责查处的税务机关的举报中心。

3. 答复内容：可以将与检举线索有关的查处结果简要告知检举人，不得告知其检举线索以外的税收违法行为的查处情况；不得提供执法文书及有关案情资料。

（二）检举人的奖励

检举事项经查证属实，为国家挽回或者减少损失的，按照财政部和国家税务总局的有关规定对实名检举人给予相应奖励。

第七章

考点四 重大税收违法失信案件信息公布（★★）

表7-7 重大税收违法失信案件信息公布

项目	违法行为	法律责任
重大税收违法失信案件信息公布	逃税金额达100万元以上，且任一年度不缴或少缴税款占当年应纳税额10%以上；欠缴税款达10万元以上；骗税；抗税；虚开专票或虚开用于骗税、抵扣的其他发票；虚开普票100份或者金额40万元以上；私自印制、伪造、变造发票，非法制造发票防伪专用品，伪造发票监制章；经确认走逃的	向社会公布案件相关信息

扫一扫"码"上练题

打开微信扫一扫，关注公众号，点击"会计考试GO"小程序，即可线上练题。下载安装"会计学堂"APP，体验更多课程，参与万人模考，助您顺利通关。

基础阶段，建议考生结合视频课程进行学习，消化重难点。后续可配套《习题精编》进行练习。

扫码听课

第五节 税务行政复议

考点一 税务行政复议范围（★★★）

表7-8 税务行政复议范围

税务行政复议申请	税务行政复议范围
应当先申请行政复议，再向人民法院提起诉讼	税务机关作出的征税行为，包括：确认纳税主体、征税对象、征税范围、减税、免税、退税、抵扣税款、适用税率、计税依据、纳税环节、纳税期限、纳税地点以及税款征收方式等具体行政行为，征收税款、加收滞纳金，代扣代缴、代收代缴、代征行为等
可以申请行政复议，也可以直接向人民法院提起诉讼	行政许可、行政审批行为
	发票管理行为，包括：发售、收缴、代开发票等
	税收保全措施、强制执行措施
	行政处罚行为：罚款；没收财物和违法所得；停止出口退税权
	税务机关不依法履行下列职责的行为：开具、出具完税凭证、外出经营活动税收管理证明；行政赔偿；行政奖励；其他
	资格认定行为
	不依法确认纳税担保行为
	政府公开信息工作中的具体行政行为
	纳税信用等级评定行为
	税务机关通知出入境管理机关阻止出境行为
	其他具体行政行为

【例题·多选题】根据税收征收管理法律制度的规定，税务机关的下列行为中，属于税务行政复议范围的有（　　）。（2018年）

A. 纳税信用等级评定行为

B. 加收滞纳金

C. 不依法确认纳税担保行为

D. 发票管理行为

【答案】ABCD

【解析】选项A、B、C、D：均为税务机关作出的具体行政行为，均属于行政复议受案范围。

考点二　税务行政复议管辖（★）

表7-9　税务行政复议管辖

规定	行政机关	复议机关
一般规定	各级税务局	上一级税务局
	计划单列市税务局	国家税务总局
	税务所（分局）、各级税务局的稽查局	所属税务局
	国家税务总局	国家税务总局（对复议不服，可以行政诉讼或国务院裁决，国务院裁决为最终裁决）
特殊规定	两个以上税务机关	共同上一级税务机关
	税务机关和行政机关	共同上一级行政机关
	被撤销的税务机关	继续行使其职权的税务机关的上一级税务机关
	作出逾期不缴纳罚款加处罚款的税务机关	作出行政处罚决定的税务机关（但对已处罚款和加处罚款都不服的，一并向作出行政处罚决定的税务机关的上一级税务机关申请行政复议）

考点三　税务行政复议申请与受理、审查与决定（★★★）

一、申请与受理

申请人在知道税务机关作出具体行政行为之日起60日内提出。

复议机关在收到申请后，应当在5日内进行审查，决定是否受理。

【例题·单选题】根据税收征收管理法律制度的规定，申请人可以在知道税务机关作出具体行政行为之日起一定期限内提出行政复议申请。该期限通常为（　　）。（2018年）

A. 90日　　B. 30日

C. 15日　　D. 60日

【答案】D

【解析】申请人可以在知道税务机关作出具

体行政行为之日起60日内提出行政复议申请。

二、审查与决定

（一）税务行政复议审查

1. 审理行政复议案件人员。

复议机构审理行政复议案件，应当由2名以上行政复议工作人员参加。

2. 审查方式：

（1）行政复议原则上采用书面审查的办法。

（2）申请人提出要求或者行政复议机关认为有必要时，应当听取申请人、被申请人和第三人的意见，并可以向有关组织和人员调查了解情况。

第七章

（3）对重大、复杂的案件，申请人提出要求或者复议机关认为必要时，可以采取听证的方式审理。听证应当公开举行，涉及国家秘密、商业秘密、个人隐私的除外。听证人员不得少于2人，听证主持人由行政复议机构指定。

（二）税务行政复议决定

复议机关应当对被申请人的具体行政行为提出审查意见，经复议机关负责人批准，按照下列规定作出行政复议决定：

1．维持。

2．限期履行。

3．撤销、变更或确认违法：

（1）主要事实不清、证据不足的；

（2）适用依据错误的；

（3）违反法定程序的；

（4）超越或者滥用职权的；

（5）行政行为明显不当的。

4．复议机关责令被申请人重新作出行政行为的：

（1）被申请人不得作出对申请人更为不利的决定，除非复议机关以原行为主要事实不清楚、证据不足、适用依据错误决定撤销的。

（2）被申请人应当在60日内重新作出行政行为，情况复杂的，可以延期，但不超过30日。

（3）申请人对被申请人重新作出的行政行为不服的，可以申请行政复议或者提起行政诉讼。

（三）行政复议决定期限

复议机关应当自受理申请之日起60日内作出行政复议决定。情况复杂，不能在规定期限内作出行政复议决定的，经复议机关负责人批准，可以适当延长，并告知申请人和被申请人，但延长期限最多不超过30日。

（四）行政复议决定生效

行政复议书一经送达，即发生法律效力。

【例题·多选题】根据税收征收管理法律制度的规定，税务行政复议机构认为被审查的具体行政行为符合法定情形时，可以决定撤销、变更或确认该具体行政行为违法，该法定情形有（　　　　）。（2019年）

A．主要事实不清，证据不足的

B．适用依据错误的

C．滥用职权的

D．违反法定程序的

【答案】ABCD

【小结】

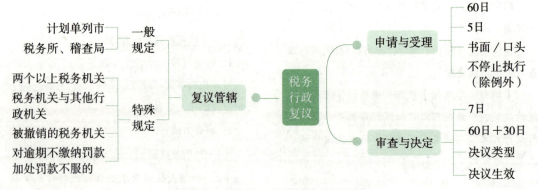

图7-1　税务行政复议相关内容汇总

扫码听课

第六节 税收法律责任

考点一 税务管理相对人违反税收法律制度的法律责任（★）

表7-10 税务管理相对人违反税收法律制度的法律责任表

项目	违法行为	法律责任
税务管理规定	未按照规定设置、保管账簿／记账凭证／其他资料；未按照规定，报送备案资料；未将其全部银行账号向税务机关报告；未按规定安装、使用、保管税控装置	责令限期改正＋罚款（2 000元以下） 情节严重：罚款（2 000元以上1万元以下）
	未按照规定申报、报送纳税资料	
代扣代缴账簿／记账凭证／其他资料	未按规定设置、保管	责令限期改正＋罚款（2 000元以下） 情节严重：罚款（2 000元以上5 000元以下）
完税凭证	非法印制、转借、倒卖、变造、伪造	责令限期改正＋罚款（2 000元以上1万元以下） 情节严重：罚款（1万元以上5万元以下）
银行／其他金融机构	未按照规定登录税务登记证号码／未在税务登记证件中登录纳税人账户账号	责令限期改正＋罚款（2 000元以上2万元以下） 情节严重：罚款（2万元以上5万元以下）
计税依据	虚假编造	责令期限改正＋罚款（5万元以下）
扣缴义务人	应扣未扣、应收未收税款	纳税人：补缴税款 扣缴义务人：罚款（应扣未扣、应收未收税款50%以上3倍以下）
税务代理人	违法违规造成纳税人未缴／少缴的	纳税人：补缴税款＋滞纳金 代理人：罚款（未缴／少缴税款50%以上3倍以下）
偷税（逃税）	以造假或不申报等手段，不缴或少缴税款	纳税人、扣缴义务人：追缴税款＋滞纳金＋罚款（未缴／少缴税款50%以上5倍以下）
	以欺骗、隐瞒手段进行虚假纳税申报或不申报	纳税人：数额较大且占应纳税额10%以上——处3年以下有期徒刑或拘役＋罚金 数额巨大且占应纳税额30%以上——处3年以上7年以下有期徒刑＋罚金 扣缴义务人：追缴税款＋滞纳金＋罚款（未缴／少缴税款50%以上5倍以下）

（续上表）

项目	违法行为	法律责任
欠税	欠缴税款，以转移或者隐匿财产的手段，妨碍追缴欠缴税款的行为	追缴税款＋滞纳金＋罚款（拒缴税款50%以上5倍以下）
抗税	以暴力、威胁方法拒不纳税	追缴税款＋滞纳金＋罚款（拒缴税款1倍以上5倍以下）
骗税	以假报出口或其他欺骗手段骗取出口退税款	追缴税款＋罚款（税款1倍以上5倍以下）＋在规定期间内停止办理退税；配合纳税人骗税的，没收违法所得＋罚款（税款1倍以下）
不配合税务检查	逃避、拒绝或以其他方式阻挠税务机关检查的；提供虚假材料，不如实反映情况，或者拒绝提供有关资料的；拒绝或者阻止税务机关记录、录音、录像、照相和复制与案件有关的情况和资料的；转移、隐匿、销毁有关资料的	责令改正＋罚款（1万元以下）情节严重：罚款（1万元以上5万元以下）

考点二　首违不罚制度（★）（2022 新增）

2021年4月1日起，对于首次发生《税务行政处罚"首违不罚"事项清单》中所列事项且危害后果轻微，在税务机关发现前主动改正或者在税务机关责令限期改正的期限内改正的，不予行政处罚。

具体情形包括：

1. 纳税人未按规定将其全部银行账号向税务机关报送；

2. 纳税人未按规定设置、保管账簿或者记账凭证和有关资料；

3. 纳税人未按规定的期限办理纳税申报和报送纳税资料；

4. 纳税人未按规定取得发票，以其他凭证代替发票使用且没有违法所得；

5. 扣缴义务人未按规定的期限报送代扣代缴、代收代缴税款有关资料等。

考点三　税务行政主体实施税收违法行为的法律责任（★）

行政处分；构成犯罪的，追究刑事责任。

 **第八章** 劳动合同与社会保险法律制度

第一节　劳动合同法律制度

扫码听课

考点一　劳动合同概念、特征和适用范围（★）

一、概念

劳动关系，是指劳动者与用人单位依法签订劳动合同而在劳动者与用人单位之间产生的法律关系。

劳动合同，是指劳动者与用人单位之间依法确立劳动关系，明确双方权利和义务的协议。

二、特征

主体具有特定性：劳动者、用人单位。

内容具有较强的法定性：当事人双方签订劳动合同不得违反强制性规定，否则无效。

双方地位不同：签订时双方平等，签订后双方属从属关系。

三、适用范围

中国境内企业、个人组织、非企业单位、合伙组织、基金会、国家机关、事业单位、社会团体等。

躲坑要点

地方各级人民政府及县级以上人民政府有关部门为安置就业困难人员提供的给予岗位补贴和社会保险补贴的公益性岗位，其劳动合同不适用《中华人民共和国劳动合同法》（以下简称《劳动合同法》）有关无固定期限劳动合同的规定以及支付经济补偿的规定。

考点二　劳动合同的订立（★★★）

一、订立原则

订立劳动合同，应遵循合法、公平、平等自愿、协商一致、诚实信用的原则。

二、订立主体

（一）主体资格

1. 劳动者。

（1）禁止用人单位招用未满16周岁的未成年人；文艺、体育、特种工艺单位招用未满16周岁的未成年人，必须依照国家有关规定，履行审批手续，并保障其接受义务教育的权利。

（2）劳动者就业，不因民族、种族、性别、宗教信仰不同而受歧视。

（3）妇女享有与男子平等的就业权利。在录用职工时，除国家规定的不适合妇女的工种或者岗位外，不得以性别为由拒绝录用妇女或者提高对妇女的录用标准。

2. 用人单位及其设立的分支机构。

用人单位指具有用人权利能力和用人行为能力，运用劳动力组织生产劳动，且向劳动者支付工资等劳动报酬的单位。

用人单位设立的分支机构，依法取得营业执照或者登记证书的，可以作为用人单位与劳动者订立劳动合同；未依法取得营业执照或者登记证书的，受用人单位委托可以与劳动者订立劳动合同。

（二）用人单位的义务和责任

1. 告知义务。

用人单位招用劳动者时，应当如实告知劳动者工作内容、工作条件、工作地点、职业危害、安全生产状况、劳动报酬以及劳动者要求了解的其他情况。

2. 不得扣押证件、收取财物。

（1）用人单位招用劳动者，不得扣押劳动者的居民身份证和其他证件。用人单位扣押劳动者居民身份证等证件的，由劳动行政部门责令限期退还劳动者本人，并依照有关法律规定给予处罚。

（2）用人单位招用劳动者，不得以担保或其他名义向劳动者收取财物。用人单位以担保或者其他名义向劳动者收取财物的，由劳动行政部门责令限期退还劳动者本人，并以每人500元以上2 000元以下的标准对用人单位处以罚款；给劳动者造成损害的，应当承担赔偿责任。

（三）劳动者的义务

用人单位有权了解劳动者与劳动合同直接相关的基本情况，劳动者应当如实说明。

三、劳动关系建立的时间

用人单位自用工之日起即与劳动者建立劳动关系。

躲坑要点

无论用工在先还是签合同在先，即使未签订劳动合同，劳动关系的建立都为用工之日。（实质重于形式）

四、签订劳动合同

（一）形式

建立劳动关系应当订立书面劳动合同。

例外：非全日制用工双方当事人可以订立口头协议。

（二）订立时间

表8-1　签订劳动合同的法律规定

情形		用人单位的处理
自用工之日起1个月内	订立书面劳动合同	合法，双方依法依约继续履行劳动合同即可
	经用人单位书面通知，劳动者不与用人单位订立书面劳动合同	1. 应当书面通知劳动者终止劳动关系 2. 无须向劳动者支付经济补偿金 3. 应当依法向劳动者支付其实际工作时间的劳动报酬

（续上表）

情形		用人单位的处理
用工之日起超过1个月不满1年	用人单位与劳动者补订了书面劳动合同	应当依法向劳动者每月支付2倍的工资（1倍正常工资＋1倍工资补偿） 【拿分要点】起算时间为用工之日起满1个月的次日，截止时间为补订书面劳动合同的前1日
	劳动者不与用人单位订立书面劳动合同	1. 应当书面通知劳动者终止劳动关系 2. 应向劳动者支付经济补偿金
用工之日起满1年	用人单位仍未与劳动者订立书面劳动合同	1. 视为自用工之日起满1年的当日已经与劳动者订立无固定期限劳动合同，应立即与劳动者补订书面劳动合同 2. 应当依法向劳动者每月支付2倍的工资 【拿分要点】支付时限为自用工之日起满1个月的次日至满1年的前1日（共计11个月）

躲坑要点

1. 用人单位自用工之日起超过1个月不满1年未与劳动者订立书面劳动合同的，应当向劳动者每月支付2倍的工资。

2. 计算双倍工资的起止时间。劳动者获得双倍工资的最长期限是11个月。

【例题·多选题】2020年9月1日，甲公司向周某发出录用通知，9月6日，周某到甲公司上班，截至2020年10月31日，甲公司一直未与周某签订劳动合同。关于甲公司未与周某签订书面劳动合同法律后果的下列表述中，正确的有（　　）。（2019年）

A. 甲公司与周某之间视为自2020年10月6日起已订立无固定期限劳动合同

B. 甲公司应当与周某补订书面劳动合同

C. 甲公司与周某之间未建立劳动关系

D. 甲公司与周某之间的劳动关系自2020年9月6日起建立

【答案】BD

【解析】选项A、B：用人单位自用工之日起超过1个月不满1年未与劳动者订立书面劳动合同的，应当向劳动者每月支付2倍的工资并与劳动者补订书面劳动合同（还未满1年，不存在视为订立无固定期限劳动合同的问题）；选项C、D：用人单位自用工之日起（2020年9月6日）即与劳动者建立劳动关系。

（三）非全日制用工

1. 可以订立口头协议。

2. 可以与一家以上的用人单位订立劳动合同，但后订立的不能影响先订立的。

3. 不得约定试用期。

4. 任何一方都可以随时通知对方终止用工。且用人单位无须向劳动者支付经济补偿。

5. 报酬标准不得低于用人单位所在地最低小时工资标准，结算周期最长不得超过15日。

五、合同的效力

（一）生效

劳动合同是诺成合同，双方协商一致，双方在劳动合同文本上签字或者盖章生效。

（二）无效劳动合同

无效劳动合同，是指劳动合同虽然已经成立，但因国家不予承认其法律效力而被确认为无效的劳动合同。

下列劳动合同无效或者部分无效：

1. 以欺诈、胁迫的手段或者乘人之危，使对方在违背真实意思的情况下订立或者变更劳动

合同的;

2. 用人单位免除自己的法定责任、排除劳动者权利的;

3. 违反法律、行政法规强制性规定的。

对劳动合同的无效或者部分无效有争议的,由劳动争议仲裁机构或者人民法院确认。

(三)无效劳动合同的法律后果

1. 无效劳动合同,从订立时起就没有法律约束力。劳动合同部分无效,不影响其他部分效力的,其他部分仍然有效。

2. 劳动合同被确认无效,劳动者已付出劳动的,用人单位应当向劳动者支付劳动报酬。

3. 劳动合同被确认无效,给对方造成损失的,有过错的一方应当承担赔偿责任。

【小结】

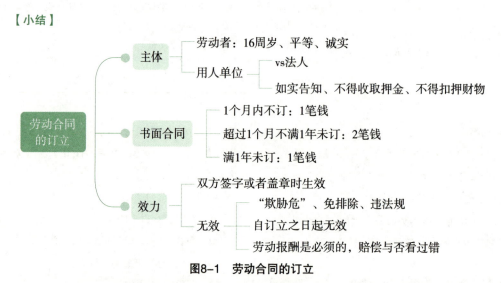

图8-1 劳动合同的订立

考点三 劳动合同的主要内容(★★★)

表8-2 劳动合同的主要内容

类型	具体条款
必备条款	用人单位的名称、住所和法定代表人或者主要负责人
	劳动者的姓名、住址和居民身份证或者其他有效身份证件号码
	劳动合同期限
	工作内容和工作地点
	工作时间和休息、休假
	劳动报酬
	社会保险
	劳动保护、劳动条件和职业危害防护

（续上表）

类型	具体条款
可备条款	试用期
	服务期
	保守商业秘密和竞业限制
	其他约定事项，例如：补充保险

一、必备条款（合同期限、休息休假与劳动报酬）

（一）合同期限

1. 种类

固定期限劳动合同、无固定期限劳动合同、以完成一定工作任务为期限的劳动合同［（1）以完成单项工作任务为期限的劳动合同；（2）以项目承包方式完成承包任务为期限的劳动合同；（3）因季节原因用工的劳动合同；（4）其他双方约定的以完成一定工作任务为期限的劳动合同］。

2. 无固定期限劳动合同

无固定期限劳动合同，是指用人单位与劳动者约定无确定终止时间的劳动合同。该合同只是"无确切终止时间"，而非"无终止时间"，一旦出现了法定情形或者双方协商一致解除的，无固定期限劳动合同同样也能够解除。

视为：用人单位自用工之日起满1年不与劳动者订立书面劳动合同的，视为用人单位自用工之日起满1年的当日已经与劳动者订立无固定期限劳动合同。

意定：用人单位与劳动者协商一致，可以订立无固定期限劳动合同。

法定：有下列情形之一，劳动者提出或者同意续订、订立劳动合同的，除劳动者提出订立固定期限劳动合同外，应当订立无固定期限劳动合同：

（1）劳动者在该用人单位连续工作满10年的。（针对已经实行劳动合同制的用人单位）

（2）用人单位初次实行劳动合同制度或者国有企业改制重新订立劳动合同时，劳动者在该用人单位连续工作满10年且距法定退休年龄不足10年的。（针对初次实行劳动合同制的用人单位以及国有企业改制）

躲坑要点

1. 关于"满10年"：连续工作满10年的起始时间，应自用人单位用工之日起计算，包括《劳动合同法》施行前的工作年限。

2. 关于"连续工作"：劳动者非因本人原因从原用人单位被安排到新用人单位工作，原用人单位的工作年限合并计算为新用人单位的工作年限。原用人单位已经向劳动者支付经济补偿的，新用人单位在依法解除、终止劳动合同计算支付补偿的工作年限时，不再计算原用人单位的工作年限。

3. 劳动者非因本人原因从原用人单位被安排到新用人单位工作情形：（2022新增）

（1）劳动者仍在原工作场所、工作岗位工作，劳动合同主体由原用人单位变更成新用人单位；

（2）用人单位以组织委派或任命形式对劳动者进行工作调动；

（3）因用人单位合并、分立等原因导致劳动者工作调动；

（4）用人单位及其关联企业与劳动者轮流订立劳动合同；

（5）其他合理情形。

【链接】劳动合同的解除和终止：在本单位连续工作满15年，且距法定退休年龄不足5年的，不得解除和终止劳动合同。

（3）连续订立2次固定期限劳动合同，且劳动者没有下述情形，续订劳动合同的（劳动者有能力、无过错）：

①严重违反用人单位的规章制度的；

②严重失职，营私舞弊，给用人单位造成重大损害的；

③劳动者同时与其他用人单位建立劳动关系，对完成本单位的工作任务造成严重影响，或者经用人单位提出，拒不改正的；

④劳动者以欺诈、胁迫的手段或者乘人之危，使用人单位在违背真实意思的情况下订立或者变更劳动合同，致使劳动合同无效的；

⑤被依法追究刑事责任的；

⑥劳动者患病或者非因工负伤，在规定的医疗期满后不能从事原工作，也不能从事由用人单位另行安排的工作的；

⑦劳动者不能胜任工作，经过培训或者调整工作岗位，仍不能胜任工作的。

((·)) 躲坑要点

连续订立固定期限劳动合同的次数，自2008年1月1日后续订起开始计算。

【例题·多选题】2010年以来，甲公司与下列职工均已连续订立2次固定期限劳动合同，再次续订劳动合同时，除职工提出订立固定期限劳动合同外，甲公司应与之订立无固定期限劳动合同的有（　　）。（2020年）

A. 不能胜任工作，经过培训能够胜任的张某

B. 因交通违章承担行政责任的王某

C. 患病休假，痊愈后能继续从事原工作的范某

D. 同时与乙公司建立劳动关系，经甲公司提出立即改正的李某

【答案】ABCD

【解析】本题针对"劳动者法定情形"的细节出题。选项A：劳动者不能胜任工作，经过培训或者调整工作岗位，仍不能胜任工作的（张某经培训能够胜任）；选项B：被依法追究刑事责任（而非行政责任）的；选项C：劳动者患病或者非因工负伤，在规定的医疗期满后不能从事原工作，也不能从事由用人单位另行安排的工作的（范某可以从事原工作）；选项D：劳动者同时与其他用人单位建立劳动关系，对完成本单位的工作任务造成严重影响，或者经用人单位提出，拒不改正的（李某已经立即改正）。

（二）工作时间

表8-3　劳动合同的工作时间规定

工时制度	基本规定	加班
标准工时制	每天8小时或每周40小时	**【躲坑要点】**用人单位与工会和劳动者协商后可延长工作时间 1. 一般：每天不超1小时 2. 特殊：每天不超3小时，每月不超36小时
不定时工作制	每天8小时或每周40小时；每周至少休息1天	
综合计算工时制	以周、月、季、年为周期总和计算，但平均工时同标准工时制	

有下列情形之一的，延长工作时间不受上述规定的限制：

1. 发生自然灾害、事故或者因其他原因，威胁劳动者生命健康和财产安全，需要紧急处理的；

2. 生产设备、交通运输线路、公共设施发生

故障，影响生产和公众利益，必须及时抢修的；

3. 法律、行政法规规定的其他情形。

（三）休息、休假

休息：包括工作日内的间歇时间、工作日间的休息时间和公休假日（周末）。

休假：法定假日、年休假。

1. 职工在年休假期间享受与正常工作期间相同的工资收入。

2. 年休假能否休？

能：机关、团体、企业、事业单位、民办非企业单位、有雇工的个体工商户等单位的职工连续工作（而非在该单位工作）1年以上的，享受带薪年休假。

不能享受当年的带薪年休假的情形：

（1）职工依法享受寒暑假，其休假天数多于年休假天数的；

（2）职工请事假累计20天以上且单位按照规定不扣工资的；

（3）累计工作满1年不满10年的职工，请病假累计2个月以上的；

（4）累计工作满10年不满20年的职工，请病假累计3个月以上的；

（5）累计工作满20年以上的职工，请病假累计4个月以上的。

3. 年休假怎么休？

（1）职工累计工作已满1年不满10年的，年休假5天；已满10年不满20年的，年休假10天；已满20年的，年休假15天。

（2）国家法定休假日、休息日不计入年休假的假期。

（3）年休假在1个年度内可以集中安排，也可以分段安排，一般不跨年度安排；单位因生产、工作特点确有必要跨年度安排职工年休假的，可以跨1个年度安排。

（4）职工新进用人单位且符合享受带薪年休假条件的，当年度年休假天数按照在本单位剩余日历天数折算确定，折算后不足1整天的部分不享受年休假。

躲坑要点

1. 累计工作年限是指劳动者自参加工作以来的工作年限总和。

2. 剩余年休假天数＝（当年度在本单位剩余日历天数÷365天）×职工本人全年应当享受的年休假天数。

【例题·单选题】甲公司职工孙某今年已享受带薪年休假3天，同年10月，孙某又向公司提出补休当年剩余年休假的申请。已知，孙某首次就业即到甲公司工作，工作已满10年，且不存在不能享受当年年休假的情形。孙某可享受剩余当年年休假的天数为（　　）。（2019年）

A. 2天　　B. 5天

C. 7天　　D. 12天

【答案】C

【解析】职工累计工作已满10年不满20年的，年休假10天，孙某可享受剩余当年年休假的天数＝10−3＝7（天）。

（四）劳动报酬

1. 正常支付

（1）应当以法定货币支付，不得以实物、有价证券代替。

（2）必须在约定日期支付，遇休息日、休假日提前支付。

（3）至少每月支付一次。

（4）对完成一次性临时劳动或某项具体工作的劳动者，用人单位应在其完成劳动任务后即支付。

（5）用人单位拖欠或者未足额支付劳动报酬的，劳动者可以依法向当地人民法院申请支付令，人民法院应当依法发出支付令。

2. 特殊情况下的工资支付

（1）加班时间、补休与加班工资

表8-4 加班时间、补休与加班工资

加班时间	是否可以补休做补偿	加班工资支付标准
日标准工作时间以外延长工作时间（晚上加班）	×	不低于150%
休息日工作（周末加班）	√	不低于200%
法定休假日工作（如春节加班）	×	不低于300%

躲坑要点

1. 用人单位安排加班不支付加班费的，由劳动行政部门责令限期支付加班费；逾期不支付的，责令用人单位按应付金额50%以上100%以下的标准向劳动者加付赔偿金。

2. 劳动者在法定休假日和婚丧假期间以及依法参加社会活动期间，用人单位应当依法支付工资。

3. 在部分公民放假的节日期间（如妇女节、青年节），对参加社会活动或单位组织庆祝活动和照常工作的职工，单位应支付工资报酬，但不支付加班工资。如果该节日恰逢星期六、星期日，单位安排职工加班工作，则应当依法支付休息日的加班工资（200%）。

（2）最低工资制度

①最低工资不包括加班工资、补贴、津贴和保险。

②最低工资的具体标准由省、自治区、直辖市人民政府规定，报国务院备案。用人单位支付劳动者的工资不得低于当地最低工资标准。低于发放的，责令限期支付差额；逾期不支付，加付赔偿金（应付金额50%以上100%以下）。

③劳动合同履行地与用人单位注册地不一致的，最低工资标准、劳动保护、劳动条件、职业危害防护和本地区上年度职工月平均工资标准等事项，按照劳动合同履行地的有关规定执行；用人单位注册地的标准高于劳动合同履行地的标准，且用人单位与劳动者约定按照用人单位注册地的有关规定执行的，从其约定。

（3）扣工资

因劳动者本人原因给用人单位造成经济损失的，用人单位可按照劳动合同的约定要求其赔偿经济损失。经济损失的赔偿，可从劳动者本人的工资中扣除。但"每月"扣除的部分不得超过劳动者当月工资的20%。若扣除后的剩余工资部分低于当地月最低工资标准，则按最低工资标准支付。

躲坑要点

每月扣除的部分≤20%；实际发放工资≥当地月最低工资标准。

【例题·多选题】根据劳动合同法律制度的规定，下列各项中，属于劳动合同必备条款的有（　　）。（2020年）

A. 社会保险

B. 劳动报酬

C. 服务期

D. 劳动合同期限

【答案】ABD

【解析】选项C服务期属于可备条款。

【小结】

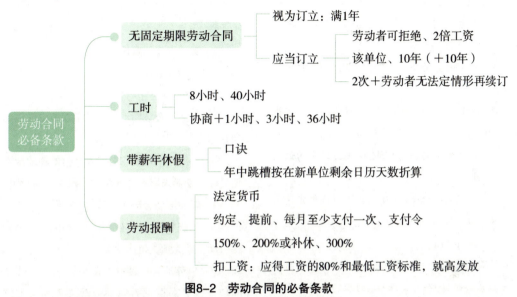

图8-2　劳动合同的必备条款

二、可备条款（试用期、服务期、竞业限制）

（一）试用期

属于劳动合同可备条款，双方可以约定，也可以不约定试用期。

1. 试用期期限。

表8-5　试用期期限

适用情形	试用期期限
1. 劳动合同期限＜3个月 2. 以完成一定工作任务为期限的劳动合同 3. 非全日制用工	不得约定试用期
3个月≤劳动合同期限＜1年	约定的试用期应当≤1个月
1年≤劳动合同期限＜3年	约定的试用期应当≤2个月
1. 3年≤劳动合同期限 2. 无固定期限劳动合同	约定的试用期应当≤6个月

躲坑要点

1. 同一用人单位与同一劳动者只能约定一次试用期。

2. 试用期包含在劳动合同期限内；劳动合同仅约定试用期的，试用期不成立，该期限为劳动合同期限。

3. 用人单位违反试用期规定的责任，由劳动行政部门责令改正；违法约定的试用期已经履行的，由用人单位以劳动者试用期满月工资为标准，按已经履行的超过法定试用期的期间向劳动者支付赔偿金。

【例题·多选题】甲公司与其职工对试用期期限的下列约定中，符合法律规定的有（　　）。（2019年）

A. 刘某的劳动合同期限4年，双方约定的试用期为6个月

B. 林某的劳动合同期限1年，双方约定的试用期为1个月

C. 钱某的劳动合同期限2年，双方约定的试用期为3个月

D. 王某的劳动合同期限5个月，双方约定的试用期为10日

【答案】ABD

【解析】劳动合同期限1年以上不满3年的，试用期不得超过2个月，选项C的约定不符合法律规定。

2. 试用期工资的强制性规定。

劳动者在试用期的工资不得低于本单位相同岗位最低档工资或者劳动合同约定工资的80%，并不得低于用人单位所在地的最低工资标准。

（二）服务期

1. 服务期的适用范围。

用人单位为劳动者提供专项培训费用，对其进行专业技术培训的，可以与该劳动者订立协议，约定服务期。

服务期超过合同期的，合同期续延至服务期满，双方另有约定，从其约定。

躲坑要点

服务期的特征如下：

1. 对劳动者提供的是专业技术培训，包括专业知识和职业技能培训；

2. 培训的形式可以是脱产的，半脱产的，也可以是不脱产的；

3. 培训费用的数额比较大；

4. 服务期的年限可以由劳动合同双方当事人协议确定；

5. 约定服务期，不影响按照正常的工

资调整机制提高劳动者在服务期期间的劳动报酬。

2. 劳动者违约责任。

（1）劳动者违反服务期约定的，应当按照约定向用人单位支付违约金。

（2）违约金数额不得超过用人单位提供的培训费用。

（3）用人单位要求劳动者支付的违约金不得超过服务期尚未履行部分所应分摊的培训费用。

3. 解除劳动合同后的违约金问题。

（1）服务期满，劳动合同期亦满，劳动者解除劳动关系无须支付违约金。

（2）劳动合同期满，服务期未满，劳动合同应顺延，若劳动者解除劳动关系则需支付违约金。

（3）为防止可能出现的规避赔偿责任，若劳动者因违纪等重大过错行为而被用人单位解除劳动关系，用人单位仍有权要求其支付违约金。

（4）用人单位与劳动者约定了服务期，由于用人单位过错导致劳动者解除劳动合同的，不属于违反服务期的约定，用人单位不得要求劳动者支付违约金。

【例题·单选题】张某受甲公司委派出国参加技术培训，公司为此支付培训费用15万元。培训前双方签订协议，约定张某自培训结束后5年内不得辞职，否则应支付违约金15万元。张某培训完毕后在甲公司连续工作满2年时辞职。甲公司依法要求张某支付的违约金数额最高为（　　）。（2019年）

A. 0　　　　B. 15万元

C. 9万元　　D. 6万元

【答案】C

【解析】约定的违约金（15万元）未超过公司支付的培训费用（15万元）；约定的服务期共计5年，已履行2年。因此，甲公司依法要求张某支付的违约金最高额=15×（5-2）÷5=9（万元）。

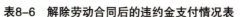

表8-6 解除劳动合同后的违约金支付情况表

	情形	劳动者是否支付违约金
用人单位提出解除劳动合同	劳动者存在下列法定过错情形： 1. 严重违反用人单位的规章制度的 2. 严重失职，营私舞弊，给用人单位造成重大损害的 3. 同时与其他用人单位建立劳动关系，对完成本单位的工作任务造成严重影响，或者经用人单位提出，拒不改正的 4. 以欺诈、胁迫的手段或者乘人之危，使用人单位在违背真实意思的情况下订立或者变更劳动合同的 5. 被依法追究刑事责任的	√
	劳动者并无法定过错情形	×
劳动者提出解除劳动合同	用人单位存在下列法定过错情形： 1. 未按照劳动合同约定提供劳动保护或者劳动条件的 2. 未及时足额支付劳动报酬的 3. 未依法为劳动者缴纳社会保险费的 4. 规章制度违反法律、法规的规定，损害劳动者权益的 5. 以欺诈、胁迫的手段或者乘人之危，使劳动者在违背真实意思的情况下订立或者变更劳动合同的 6. 在劳动合同中免除自己的法定责任、排除劳动者权利的 7. 违反法律、行政法规强制性规定的 8. 法律、行政法规规定劳动者可以解除劳动合同的其他情形	×
	用人单位并无法定过错情形	√

（三）保守商业秘密和竞业限制

1. 适用人群。

竞业限制的人员限于用人单位的高级管理人员、高级技术人员和其他负有保密义务的人员，而非所有的劳动者。

2. 竞业限制补偿金。

竞业限制补偿金是用人单位对劳动者履行竞业限制义务的经济补偿，不能包含在工资中，只能在劳动关系结束（终止或解除）后，在竞业限制期内，由用人单位按月支付，数额由双方约定。

躲坑要点

用人单位要求劳动者签订竞业限制条款，必须给予相应的经济补偿，否则该条款无效。

3. 竞业限制期限。

竞业限制期限不得超过2年，超过2年的，超过部分无效。

4. 违约责任。

劳动者违反竞业限制约定的，应当按照约定向用人单位支付违约金，给用人单位造成损失的应当承担赔偿责任。

第八章

5. 司法解释。

（1）当事人在劳动合同或保密协议中约定了竞业限制，但未约定经济补偿，劳动者履行了义务，要求用人单位按照劳动者在合同解除或终止前12个月平均工资的30%（低于合同履行地最低工资标准的，按最低工资标准）按月支付经济补偿的，人民法院应予支持。

（2）当事人在劳动合同或者保密协议中约定了竞业限制和经济补偿，当事人解除劳动合同时，除另有约定外，用人单位要求劳动者履行竞业限制义务，或者劳动者履行了竞业限制义务后要求用人单位支付经济补偿的，人民法院应予支持。

（3）当事人在劳动合同或者保密协议中约定了竞业限制和经济补偿，劳动合同解除或者终止后，因用人单位的原因导致3个月未支付经济补偿，劳动者请求解除竞业限制约定的，人民法院应予支持。

（4）在竞业限制期限内，用人单位请求解除竞业限制协议时，人民法院应予支持，在解除竞业限制协议时，劳动者请求用人单位额外支付劳动者3个月的竞业限制经济补偿的，人民法院应予支持。

（5）劳动者违反竞业限制约定，向用人单位支付违约金后，用人单位要求劳动者按照约定继续履行竞业限制义务的，人民法院应予支持。

【总结】

表8-7 用人单位与劳动者的竞业限制约定表

项目	用人单位	劳动者	竞业限制约定
订立时	约定补偿金		有效
	未约定补偿金		无效
	约定的竞业限制期限超过2年的		超过部分无效
履行时	向法院主张解除	可额外要求3个月补偿金	解除
	单位原因不支付补偿金时间不满3个月	可要求单位支付已履行的竞业限制期间的补偿金	有效
	单位原因导致3个月不支付补偿金	可请求法院解除	解除
		可要求单位支付已履行的竞业限制期间的补偿金	
	要求劳动者支付违约金、赔偿金后可要求劳动者继续履行竞业限制协议	不履行竞业限制协议（先）	有效

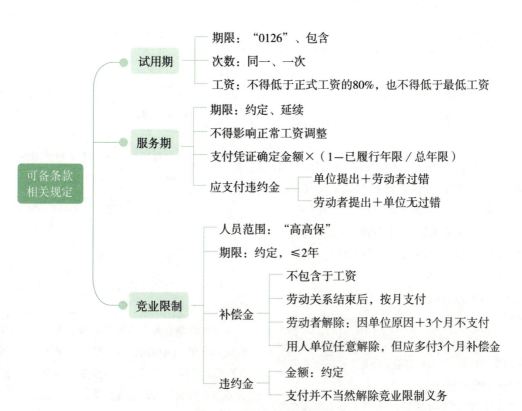

图8-3 可备条款相关规定

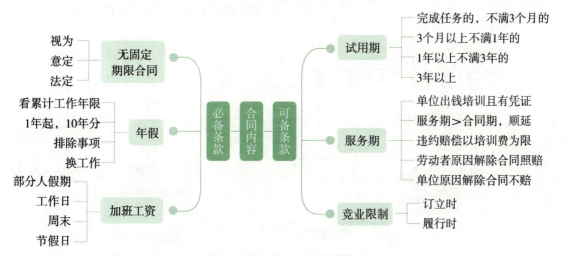

图8-4 劳动合同的主要内容

考点四 劳动合同的履行和变更（★）

一、劳动合同的履行

《劳动合同法》对劳动合同的履行的规定如下：

1. 用人单位拖欠或者未足额支付劳动者报酬的，劳动者可以依法向当地人民法院申请支付令，人民法院应当依法发出支付令。

2. 劳动者拒绝用人单位管理人员违章指挥、强令冒险作业的，不视为违反劳动合同。

3. 用人单位变更名称、法定代表人、主要负责人或者投资人等事项，不影响劳动合同的履行。

4. 用人单位发生合并、分立等情况，原劳动合同继续有效，劳动合同由承继其权利和义务的用人单位继续履行。

5. 单位制定的合法有效的劳动规章制度是劳动合同的组成部分，对用人单位和劳动者均具有法律约束力。

6. 单位在制定、修改或者决定有关"劳动报酬、工作时间、休息休假、劳动安全卫生、保险福利、职工培训、劳动纪律以及劳动定额管理"等直接涉及劳动者切身利益的规章制度和重大事项时，应当经职工代表大会或全体职工讨论。

7. 用人单位的规章制度未经公示或者未对劳动者告知，该规章制度对劳动者不生效。

二、劳动合同的变更

用人单位与劳动者协商一致，可以变更劳动合同约定的内容。

变更劳动合同应当采用书面形式；变更劳动合同未采用书面形式，但已经实际履行了口头变更的劳动合同超过1个月，且变更后的劳动合同内容不违反法律、行政法规、国家政策以及公序良俗，当事人以未采用书面形式为由主张劳动合同变更无效的，人民法院不予支持。

考点五 劳动合同的解除和终止（★★★）

一、劳动合同的解除

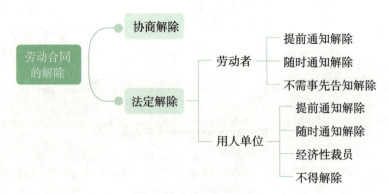

图8-5 劳动合同的解除

（一）协商解除（意定解除）

表8-8 劳动合同的协商解除

类型	适用情形	是否支付经济补偿金
用人单位提出解除劳动合同	双方平等自愿；协商一致	√
劳动者主动辞职		×

（二）法定解除

1. 劳动者可单方面解除劳动合同的情形：

表8-9 劳动者可单方面解除劳动合同的情形

类型	适用情形	是否支付经济补偿金
提前通知解除（不想干）	1. 劳动者提前30日以书面形式通知用人单位 2. 劳动者在试用期内提前3日通知用人单位 【拿分要点】如果劳动者没有履行通知程序，属于违法解除，因此对用人单位造成损失的，劳动者应对用人单位的损失承担赔偿责任	×
随时通知解除（没法干）	1. 用人单位未按照劳动合同约定提供劳动保护或者劳动条件的 2. 用人单位未及时足额支付劳动报酬的 3. 用人单位未依法为劳动者缴纳社会保险费的 4. 用人单位的规章制度违反法律、法规的规定，损害劳动者权益的 5. 用人单位以欺诈、胁迫的手段或者乘人之危，使劳动者在违背真实意思的情况下订立或者变更劳动合同的 6. 用人单位在劳动合同中免除自己的法定责任、排除劳动者权利的 7. 用人单位违反法律、行政法规强制性规定的 【拿分要点】劳动者无须提前通知用人单位解除劳动合同（什么时候想走什么时候说就行）	√
不需事先告知解除	1. 用人单位以暴力、威胁或者非法限制人身自由的手段强迫劳动者劳动的 2. 用人单位违章指挥、强令冒险作业危及劳动者人身安全的	√

【例题·单选题】根据劳动合同法律制度的规定，下列情形中，劳动者可立即解除劳动合同，不需事先告知用人单位的是（　　）。（2020年）

A. 用人单位未按照劳动合同约定提供劳动保护的

B. 用人单位违章指挥、强令冒险作业危及劳动者人身安全的

C. 用人单位未及时足额支付劳动报酬的

D. 用人单位在劳动合同中免除自己的法定责任、排除劳动者权利的

【答案】B

【解析】选项A、C、D：属于劳动者可"随时通知"解除劳动合同的情形。

2. 用人单位可以单方面解除劳动合同的情形：

表8-10　用人单位可以单方面解决劳动合同的情形

类型	适用情形	是否支付经济补偿金
随时通知解除 （不能用）	1. 劳动者在试用期间被证明不符合录用条件的 2. 劳动者严重违反用人单位的规章制度的 3. 劳动者严重失职，营私舞弊，给用人单位造成重大损害的 4. 劳动者同时与其他用人单位建立劳动关系，对完成本单位的工作任务造成严重影响，或者经用人单位提出，拒不改正的 5. 劳动者以欺诈、胁迫的手段或者乘人之危，使用人单位在违背真实意思的情况下，订立或者变更劳动合同的 6. 劳动者被依法追究刑事责任的	×
无过失性辞退 也叫预告解除 （没法用）	有下列情形之一的，用人单位提前30日以书面形式通知劳动者本人或者额外支付劳动者1个月工资后，可以解除劳动合同： 1. 劳动者患病或者非因工负伤，在规定的医疗期满后不能从事原工作，也不能从事由用人单位另行安排的工作的 2. 劳动者不能胜任工作，经过培训或者调整工作岗位，仍不能胜任工作的 3. 劳动合同订立时所依据的客观情况发生重大变化，致使劳动合同无法履行，经用人单位与劳动者协商，未能就变更劳动合同内容达成协议的	√
经济性裁员 也叫裁员解除 （没办法）	1. 经济性裁员的适用情形： （1）依照《中华人民共和国企业破产法》规定进行重整的 （2）生产经营发生严重困难的 （3）企业转产、重大技术革新或者经营方式调整，经变更劳动合同后，仍需裁减人员的 （4）其他因劳动合同订立时所依据的客观经济情况发生重大变化，致使劳动合同无法履行的 2. 特别程序：需要裁减人员20人以上或者裁减不足20人但占企业职工总数10%以上的，用人单位提前30日向工会或者全体职工说明情况，听取工会或者职工的意见后，裁减人员方案经向劳动行政部门报告，可以裁减人员 3. 裁减人员时，应当优先留用下列人员： （1）与本单位订立较长期限的固定期限劳动合同的 （2）与本单位订立无固定期限劳动合同的 （3）家庭无其他就业人员，有需要扶养的老人或者未成年人的 4. 用人单位裁减人员后，在6个月内重新招用人员的，应当通知被裁减的人员，并在同等条件下优先招用被裁减的人员	√

【例题·多选题】根据劳动合同法律制度的规定，劳动者出现的下列情形中，用人单位可随时通知劳动者解除劳动合同的有（　　　）。（2019年）

A. 被依法追究刑事责任的

B. 在试用期间被证明不符合录用条件的

C. 严重失职，营私舞弊，给用人单位造成重大损害的

D. 严重违反用人单位规章制度的

【答案】ABCD

二、劳动合同的终止

劳动合同的终止主要是基于某种法定事实的出现，一般不涉及双方意思表示，法定情形出现，双方劳动关系消灭。

劳动合同终止的情形如下：

表8-11 劳动合同终止的情形

情形		是否支付经济补偿金
劳动合同期满	用人单位维持或提高原条件续订而劳动者拒绝	×
	用人单位决定不续订或降低条件续订（不留用）	√
劳动者开始依法享受基本养老保险待遇的		×
劳动者达到法定退休年龄的		×
劳动者死亡，或者被人民法院宣告死亡或者宣告失踪的		×
用人单位被依法宣告破产的（不营业）		√
用人单位被吊销营业执照、责令关闭、撤销或者用人单位决定提前解散的（不营业）		√

三、劳动合同解除和终止的限制性规定

劳动者有下列情形之一的，用人单位既不得适用无过失性辞退或经济性裁员解除劳动合同，也不得终止劳动合同：

1. 从事接触职业病危害作业的劳动者未进行离岗前职业健康检查，或者疑似职业病病人在诊断或者医学观察期间的；

2. 在本单位患职业病或者因工负伤并被确认丧失或者部分丧失劳动能力的；

3. 患病或者非因工负伤，在规定的医疗期内的；

4. 女职工在孕期、产期、哺乳期的；

5. 在本单位连续工作满15年，且距法定退休年龄不足5年的；

6. 法律、行政法规规定的其他情形。

但若符合因劳动者过错解除劳动合同，则不受上述限制性规定的影响。

((o)) **躲坑要点**

> 解除是一方或者双方，主动、人为地提前结束合同；终止是出现法定事由后，被动地提前或如期结束合同。

四、劳动合同解除和终止的经济补偿

区分竞业限制补偿金、经济补偿金、违约金、赔偿金与代通知金。

表8-12　竞业限制补偿金、经济补偿金、违约金、赔偿金与代通知金

	适用条件	性质	支付主体
竞业限制补偿金	单位与劳动者有竞业限制约定	法定＋约定（竞业限制约定生效的必要条件）	单位
经济补偿金	劳动关系的解除和终止过程中除劳动者主动辞职或试用期外，劳动者无过错	法定（不以过错为条件，无惩罚性，是一项社会义务）	单位
违约金	劳动者违反了服务期和竞业禁止的规定（仅上述两项可约定）	约定（以过错为构成要件，具有惩罚性和赔偿性）	劳动者
赔偿金	用人单位和劳动者由于自己的过错给对方造成损害	法定＋约定（以过错为构成要件，具有惩罚性和赔偿性）	单位或劳动者
代通知金	无过失性辞退替代提前1个月的通知时间	法定（仅起到替代作用）	单位

（一）应当支付经济补偿金的情形

1. 由用人单位提出解除劳动合同并与劳动者协商一致而解除劳动合同的。

2. 劳动者符合随时通知解除和不需事先通知即可解除劳动合同规定情形而解除劳动合同的。

3. 用人单位符合提前30日以书面形式通知劳动者本人或者额外支付劳动者1个月工资后，可以解除劳动合同规定情形而解除劳动合同的。

4. 用人单位符合可裁减人员规定而解除劳动合同的。

拿分要点

　　1、2、3、4为劳动合同的解除须支付补偿金的情形。

5. 除用人单位维持或者提高劳动合同约定条件续订劳动合同，劳动者不同意续订的情形外，劳动合同期满终止固定期限劳动合同的。

6. 用人单位被依法宣告破产、被吊销营业执照、责令关闭、撤销或者用人单位提前解散而终止劳动合同的。

7. 以完成一定工作任务为期限的劳动合同因任务完成而终止的。

8. 其他。

拿分要点

　　5、6、7为劳动合同终止应支付补偿金的情形。

【总结】除以下三种情形外，用人单位均需履行自己的社会义务：1. 试用期；2. 劳动者提出（不得已除外）；3. 劳动者过错。

（二）经济补偿的支付标准

计算公式：经济补偿金＝工作年限×月工资

1. 确定工作年限。

按劳动者在本单位工作的年限，每满1年支付1

个月工资的标准向劳动者支付。6个月以上不满1年的，按1年计算；不满6个月的，向劳动者支付半个月工资标准的经济补偿。

劳动者非因本人原因从原单位被安排到新单位的，劳动者在原单位的工作年限合并计入新单位的工作年限。除非原单位已经支付经济补偿金。

2. 确定月工资。

当地最低工资标准≤月平均工资≤所在地区上年度职工月平均工资3倍。

 躲坑要点

> 对月工资超过所在地区上年度职工月平均工资3倍的职工，支付经济补偿的年限最高不超过12年。

【例题·单选题】2015年3月1日，甲公司招用周某并与其签订了劳动合同。2020年12月31日，劳动合同到期，甲公司不再与周某续订。已知，周某在劳动合同终止前12个月的平均工资为5 000元，甲公司所在地月最低工资标准为2 000元，当地上年度职工月平均工资为5 500元。计算劳动合同终止时甲公司依法应向周某支付经济补偿数额的下列算式中，正确的是（　　　）。（2021年）

A. 5 000×6＝30 000（元）

B. 5 500×3×6＝99 000（元）

C. 2 000×3×5.5＝33 000（元）

D. 5 000×5.5＝27 500（元）

【答案】A

【解析】周某本人月工资"5 000元"，高于当地最低工资标准2 000元，低于当地上年度职工

月平均工资5 500元，应以周某本人月工资"5 000元"为计算依据，排除B、C选项；周某的工作年限为5年零10个月，由于工作年限"零头"不满6个月的按半年计算，6个月以上不满1年的按1年计算，因此，甲公司应支付6个月标准的经济补偿金。

五、劳动合同解除和终止的法律后果

劳动合同解除和终止后，用人单位和劳动者不再履行劳动合同，双方劳动关系消灭。

1. 手续：

（1）劳动合同解除或终止的，用人单位应当在解除或者终止劳动合同时出具解除或者终止劳动合同的证明，并在15日内为劳动者办理档案和社会保险关系转移手续。

（2）用人单位应当在解除或者终止劳动合同时向劳动者支付经济补偿金的，在办结工作交接时支付。

2. 用人单位对已经解除或者终止的劳动合同文本，至少保存2年备查。

3. 违法解除或终止劳动合同的法律责任

（1）用人单位违反规定解除或者终止劳动合同，劳动者要求继续履行劳动合同的，用人单位应当继续履行；劳动者不要求继续履行劳动合同或者劳动合同已经不能继续履行的，用人单位应当依照《劳动合同法》规定的经济补偿金标准的2倍向劳动者支付赔偿金，支付了赔偿金的，不再支付经济补偿金。

（2）劳动者违法解除劳动合同，给用人单位造成损失的，应当承担赔偿责任。

【小结】

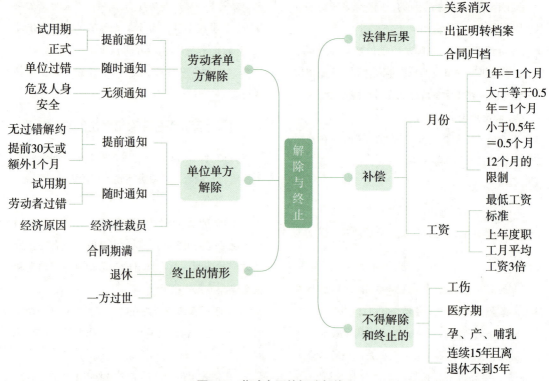

图8-6　劳动合同的解除与终止

考点六　集体合同与劳务派遣（★★）

一、集体合同

集体合同包括集体合同、专项集体合同、行业性集体合同、区域性集体合同。

（一）订立主体

工会与企业、在上级工会指导下的劳动者代表与企业。

（二）订立程序

1. 合同内容由双方派代表协商。

躲坑要点

双方的代表人数应当对等，每方至少3人，并各确定1名首席代表。

2. 协商一致的合同草案应当提交职工代表大会或者全体职工讨论。

3. 讨论会议应当有2／3以上职工代表或者职工出席，且须经全体职工代表半数以上或者全体职工半数以上同意，方获通过。

4. 通过后，由双方首席代表签字。

（三）合同生效

集体合同订立后，应当报送劳动行政部门，劳动行政部门自收到集体合同文本之日起15日内未提出异议的，集体合同即行生效。

（四）各种标准的关系：两个不低于

1. 集体合同中劳动报酬和劳动条件等标准不得低于当地人民政府规定的最低标准。

2. 单位与劳动者订立的劳动合同中劳动报酬和劳动条件等标准不得低于集体合同规定的标准。

（五）争议的解决

因履行集体合同发生争议，经协商解决不成的，工会可以依法申请仲裁、提起诉讼。

二、劳务派遣（人事外包、人才租赁）

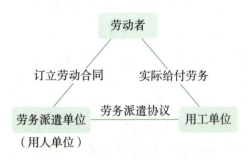

图8-7　劳务派遣

（一）劳务派遣的适用范围

1．劳动合同用工是我国企业的基本用工形式，劳务派遣用工是补充形式，只能在临时性（存续时间不超过6个月）、辅助性或者替代性的工作岗位上实施。

2．用人单位不得设立劳务派遣单位向本单位或者所属单位派遣劳动者，用工单位不得将被派遣劳动者再派遣到其他用人单位。

3．劳务派遣单位不得以非全日制用工形式招用被派遣劳动者。

4．用工单位使用的被派遣劳动者数量不得超过其用工总量（订立劳动合同的人数＋派遣用工的人数）的10%。派遣员工／（正式员工＋派遣员工）≤10%。

（二）对劳务派遣单位（劳务输出单位、用人单位）的要求

1．劳务派遣单位与被派遣劳动者订立的劳动合同，除应当载明劳动合同必备的条款外，还应当载明被派遣劳动者的用工单位以及派遣期限、工作岗位等情况。

2．劳务派遣单位应当与被派遣劳动者订立2年以上的固定期限劳动合同，按月支付劳动

报酬。

3．被派遣劳动者在无工作期间，劳务派遣单位应当按照所在地人民政府规定的最低工资标准，向其按月支付报酬。

4．劳务派遣单位应当将劳务派遣协议的内容告知被派遣劳动者，不得克扣用工单位按协议支付给劳动者的劳动报酬。

（三）对用工单位（劳务输入单位）的要求

1．用工单位应当根据工作岗位的实际需要与劳务派遣单位确定派遣期限，不得将连续用工期限分割订立数个短期劳务派遣协议。

2．用工单位不得将被派遣劳动者再派遣到其他单位。

(((•))) 躲坑要点

> 劳务派遣单位和用工单位均不得向被派遣劳动者收取费用。

【例题·多选题】下列劳务派遣用工形式中，不符合法律规定的有（　　　）。（2020年）

A．甲公司设立劳务派遣公司向其所属分公司派遣劳动者

B．乙公司将使用的被派遣劳动者又派遣到其他公司工作

C．丙劳务派遣公司以非全日制用工形式招用被派遣劳动者

D．丁公司使用的被派遣劳动者数量达到其用工总量的5%

【答案】ABC

【解析】选项D：用工单位使用的被派遣劳动者数量不得超过其用工总量（订立劳动合同的人数＋派遣用工的人数）的10%。

（四）劳动者权利

1．享有与用工单位的劳动者同工同酬的权利。

2．有权在劳务派遣单位或者用工单位依法参加或者组织工会，维护自身的合法权益。

3. 劳务派遣单位与被派遣劳动者之间是劳动合同关系，劳务派遣单位应承担向劳动者依法支付解除或终止劳动合同后的经济补偿金或者赔偿金的义务。

考点七　劳动争议的解决（★★）

一、劳动争议的范围

1. 劳动争议包括：

（1）因确认劳动关系发生的争议；

（2）因订立、履行、变更、解除和终止劳动合同发生的争议；

（3）因除名、辞退和辞职、离职发生的争议；

（4）因工作时间、休息休假、社会保险、福利、培训以及劳动保护发生的争议；

（5）因劳动报酬、工伤医疗费、经济补偿金或者赔偿金等发生的争议；

（6）法律、法规规定的其他劳动争议。

2. 不属于劳动争议的情况：（2022新增）

（1）劳动者请求社会保险经办机构发放社会保险金的纠纷；

（2）劳动者与用人单位因住房制度改革产生的公有住房转让纠纷；

（3）劳动者对劳动能力鉴定委员会的残疾等级鉴定结论或者对职业病诊断鉴定委员会的职业病诊断鉴定结论的异议纠纷；

（4）家庭或个人与家政服务人员之间的纠纷；

（5）个体工匠与帮工、学徒之间的纠纷；

（6）农村承包经营户与受雇人之间的纠纷。

二、劳动争议的解决原则和方法

原则：根据事实，遵循合法、公正、及时、着重调解的原则，依法保护当事人的合法权益。

方法：协商和解、调解、劳动仲裁、劳动诉讼。

1. 劳动者可以与单位协商，也可以请工会或者第三方共同与单位协商，达成和解协议。

2. 当事人不愿协商、协商不成或者达成和解协议后不履行的，可以向调解组织申请调解。

3. 不愿调解、调解不成或者达成调解协议后不履行的，可以向劳动争议仲裁委员会申请仲裁。

4. 对仲裁裁决不服的，除《中华人民共和国劳动争议调解仲裁法》另有规定的以外，自收到仲裁裁决书之日起15日内，可以向人民法院提起诉讼。

(((o))) 躲坑要点

劳动仲裁是向人民法院提起诉讼的必经前置程序。区别于一般经济仲裁的一裁终局原则。

此处的"调解"与劳动仲裁程序中的调解不同，主要区别见下表：

表8–13　劳动调解与劳动仲裁中的调解程序对比

项目	劳动调解	劳动仲裁中的调解程序
与劳动仲裁的关系	与劳动仲裁并列，均为劳动争议解决方法之一	劳动仲裁的必经程序（仲裁庭在作出裁决前，应当先行调解）
调解主体	劳动争议调解组织，如企业劳动争议调解委员会，依法设立的基层人民调解组织，在乡镇、街道设立的具有劳动争议调解职能的组织	劳动仲裁的仲裁庭

三、劳动调解程序

劳动调解应遵循以下程序：

1. 当事人申请劳动争议调解可以书面申请，也可以口头申请。

2. 经调解达成协议的，应当制作调解协议书，调解协议书由双方当事人签名或者盖章，经调解员签名并加盖调解组织印章后生效。

3. 进一步申请劳动仲裁。

（1）达成调解协议后，一方当事人在协议约定期限内不履行调解协议的，另一方当事人可以依法申请劳动仲裁。

（2）自劳动争议调解组织收到调解申请之日起15日内未达成调解协议的，当事人可以依法申请劳动仲裁。

四、劳动仲裁

（一）劳动仲裁的一般规定

表8-14　劳动仲裁的一般规定

项目	劳动仲裁		
是否以仲裁协议有效存在为前提	×		
与诉讼的关系	先裁后审		
仲裁机构不按行政区划层层设立	√		
地域管辖	劳动合同履行地／用人单位所在地		
申请仲裁的时效	1. 当事人知道或者应当知道其权利被侵害之日起1年 2. 拖欠劳动报酬的，劳动关系存续期间不受仲裁时效限制；劳动关系终止的，自终止之日起1年		
是否收费	×		
能否口头申请	√		
公开仲裁	√		
开庭审理	√		
回避制度	√		
裁决和调解的关系	应当先行调解		
一裁终局	终局裁决的劳动争议： 1. 劳动者不服，15日内起诉 2. 用人单位不能提起劳动诉讼；裁决符合撤销情形的，可以申请撤销		
	其他劳动争议：15日内起诉		
强制执行	人民法院		

（二）劳动仲裁的参加人

1. 当事人。

（1）劳务派遣单位或者用工单位与劳动者发生争议的，劳务派遣单位和用工单位为共同当事人。

（2）劳动者与个人承包经营者发生争议，申请仲裁时，应当将发包的组织和个人承包经营者作为当事人。

（3）发生争议的用人单位被吊销营业执照、责令关闭、撤销以及用人单位决定提前解散、歇业，不能承担相关责任的，依法将其出资人、开办单位或主管部门作为共同当事人。

2. 当事人代表。

发生争议的劳动者一方在10人以上，并有共同请求的，劳动者可以推举3至5名代表参加仲裁活动。

3. 代理人。

（1）当事人可以委托代理人参加仲裁活动。

（2）丧失或者部分丧失民事行为能力的劳动者，由其法定代理人代为参加仲裁活动，无法定代理人的，劳动争议仲裁委员会为其指定。

（3）劳动者死亡的，由其近亲属或者代理人参加仲裁活动。

4. 第三人——有利害关系，可以申请参加或由劳动争议仲裁委员会通知其参加。

【举例】老赵在与北京保卫萝卜有限责任公司签订的劳动合同中约定了竞业限制条款。后老赵离职，萝卜公司未按期支付竞业限制补偿金。老赵遂进入萝卜公司的竞争对手北京保卫土豆有限责任公司中担任相同职务，给萝卜公司造成一定损失。萝卜公司认为老赵违反了竞业限制条款，拟申请劳动仲裁。在本案中萝卜公司与老赵为当事人，土豆公司为有利害关系的第三人。

（三）劳动仲裁机构：劳动争议仲裁委员会

1. 不按区划层层设立。

2. 组成人员应当是单数。

（四）劳动仲裁管辖

1. 劳动争议由劳动合同履行地或者用人单位所在地的劳动争议仲裁委员会管辖。

2. 双方当事人分别向两地申请仲裁的，由劳动合同履行地的劳动争议仲裁委员会管辖。

（五）仲裁程序

1. 申请和受理。

（1）仲裁时效。

劳动争议申请仲裁的时效期间为1年，从当事人知道或者应当知道其权利被侵害之日起计算。

劳动关系存续期间因拖欠劳动报酬发生争议的，劳动者申请仲裁不受1年仲裁时效期间的限制；但是，劳动关系终止的，应当自劳动关系终止之日起1年内提出。

（2）仲裁时效的中止和中断。

表8-15 仲裁时效的中止和中断

	事由	效果
仲裁时效的中断（主观原因）	1. 当事人一方向对方主张权利 2. 当事人一方向有关部门请求权利救济 3. 对方当事人同意履行义务	从中断时起，仲裁时效重新计算
仲裁时效的中止（客观原因）	不可抗力或者其他正当理由	从中止时效的原因消除之日起，仲裁时效期间继续计算

（3）仲裁申请。

申请人申请仲裁应当提交书面仲裁申请。

书写仲裁申请确有困难的，可以口头申请。

（4）仲裁受理。

劳动争议仲裁委员会收到仲裁申请之日起5日内决定是否受理，受理的告知申请人；不受理的，须书面通知申请人并告知理由。

对劳动争议仲裁委员会不予受理或者逾期未作出决定的，申请人可就该争议向人民法院提起诉讼。

2. 开庭和裁决。

仲裁委员会应当在受理仲裁申请之日起5日内组成仲裁庭，开庭5前，将开庭日期、地点书面通知双方当事人，当事人可以在开庭3日前请求延期。仲裁庭裁决劳动争议，应当自受理之日起45日内结束，需要延期的，不得超过15日。逾期未作出裁决的，当事人可以提起诉讼。

上述规定中"3日""5日"指工作日；"15日""45日"指自然日。

基本制度：

（1）先行调解原则。仲裁庭在作出裁决前，应当先行调解。调解达成协议的，仲裁庭应当制作调解书。调解书经双方当事人签收后，发生法律效力。

（2）劳动争议仲裁公开进行，但当事人协议不公开进行或者涉及国家秘密、商业秘密、个人隐私的除外。

（3）执行仲裁庭制。劳动争议仲裁的仲裁庭由3名仲裁员组成，设首席仲裁员；简单劳动争议案件可以由1名仲裁员独任仲裁。

（4）执行回避制度。仲裁员有下列情形的，应当回避，当事人也有权以口头或者书面方式提出回避申请：是本案当事人或者当事人、代理人的近亲属的；与本案有利害关系的；与本案当事人、代理人有其他关系，可能影响公正裁决的；私自会见当事人、代理人，或者接受当事人、代理人请客送礼的。

（5）下列劳动争议，除法律另有规定外，仲裁裁决为"终局裁决"，裁决书自作出之日起发生法律效力：追索劳动报酬、工伤医疗费、经济补偿金或者赔偿金，不超过当地月最低工资标准12个月金额的争议；因执行国家的劳动标准在工作时间、休息休假、社会保险等方面发生的争议。

（((•))) **拿分要点**

1. 涉及钱的，看是否超过当地最低工资标准12个月；2. 合同必备条款争议。

（((•))) **躲坑要点**

劳动者对劳动仲裁的终局裁决不服可以直接向法院提起诉讼；用人单位对终局裁决不服只能向法院申请撤销该裁决，而不能直接起诉。

（6）劳动仲裁裁决的一般规定：

裁决应当按照多数仲裁员的意见作出，少数仲裁员的不同意见应当记入笔录；仲裁庭不能形成多数意见时，裁决应当按照首席仲裁员的意见作出。

裁决书的签名：裁决书由仲裁员签名，加盖劳动争议仲裁委员会印章；对裁决持不同意见的仲裁员，可以签名，也可以不签名。

劳动仲裁裁决的生效：当事人对终局裁决情形之外的其他劳动争议案件的仲裁裁决不服的，可以自收到仲裁裁决书之日起15日内提起诉讼；期满不起诉的，仲裁裁决书发生法律效力。

【总结】 劳动诉讼申请范围：

1. 劳动者对劳动争议的终局裁决不服的，可以自收到仲裁裁决书之日起"15日内"提起诉讼。

2. 当事人对非终局裁决争议不服的，可以自收到仲裁裁决书之日起"15日内"提起诉讼。

3. 终局裁决被人民法院裁定撤销的，当事人可以自收到裁定书之日起"15日内"提起诉讼。

3. 执行

（1）仲裁庭对追索劳动报酬、工伤医疗费、经济补偿金或者赔偿金的案件，根据当事人的申请，可以裁决"先予执行"，移送人民法院执行，劳动者申请先予执行的，可以不提供担保。

仲裁庭裁决先予执行的，应当符合以下条件：当事人之间权利义务关系明确；不先予执行将严重影响申请人的生活。

（2）生效不履行可以申请人民法院强制执行。

（3）有下列情形之一，法院可裁定不予执行：（2022新增）

①裁决的事项不属于劳动仲裁范围，或者劳动仲裁机构无权仲裁的；

②适用法律、法规确有错误的；

【小结】

③违反法定程序的；

④裁决所依据的证据是伪造的；

⑤对方当事人隐瞒了足以影响公正裁决的证据的；

⑥仲裁员在仲裁该案时有索贿受贿、徇私舞弊、枉法裁决行为的；

⑦人民法院认定执行该劳动争议仲裁裁决违背社会公共利益的。

人民法院在不予执行的裁定书中，应当告知当事人在收到裁定书之次日起30日内，可以就该劳动争议事项向人民法院提起诉讼。

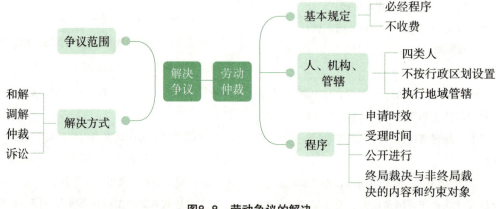

图8-8　劳动争议的解决

考点八　违反《劳动合同法》的法律责任（★）

一、用人单位违法责任

（一）订立合同

不订立合同、不订立无固定期限合同、试用期不符合规定、扣押证件、收取财物。

（二）履行合同

用人单位有下列情形之一的，由劳动行政部门责令限期支付劳动报酬、加班费或者经济补偿金；劳动报酬低于当地最低工资标准的，应当支付其差额部分；逾期不支付的，责令用人单位按应支付金额"50%以上100%以下"的标准向劳动者加付赔偿金：

1. 未按照劳动合同的约定或者国家规定及时足额支付劳动者劳动报酬的；

2. 低于当地最低工资标准支付劳动者工资的；

3. 安排加班不支付加班费的；

4. 解除或者终止劳动合同，未按照法律规定向劳动者支付经济补偿的。

拿分要点

履行合同中未支付劳动者应得的报酬。

躲坑要点

违法解除或终止合同，与合法解除或终止合同但逾期不支付补偿金在处罚上的区别。

二、劳动者违法责任

要点：1. 劳动者有过错；

2. 给用人单位造成损失。

【小结】

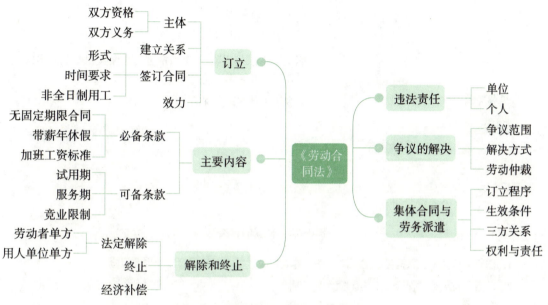

图8-9 《劳动合同法》相关内容汇总

扫一扫"码"上练题

打开微信扫一扫，关注公众号，点击"会计考试GO"小程序，即可线上练题。下载安装"会计学堂"APP，体验更多课程，参与万人模考，助您顺利通关。

基础阶段，建议考生结合视频课程进行学习，消化重难点。

后续可配套《习题精编》进行练习。

第二节 社会保险法律制度

考点一 社保的种类及基本原则（★）

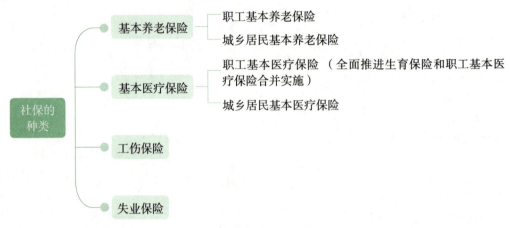

图8-10 社保的种类

1. 需要单位及个人共同缴纳的保险：基本养老保险、基本医疗保险以及失业保险。
2. 只需单位缴纳的保险：工伤保险及生育保险。

考点二 基本养老保险（★★★）

一、覆盖范围

表8-16 基本养老保险的覆盖范围

种类	对象	参保地点
职工基本养老保险	所有类型的企业及其职工（包括实行企业化管理的事业单位及其职工） 【躲坑要点】公务员和参照公务员管理的工作人员，其养老办法由国务院规定	企业所在地
	灵活就业人员可以参加"基本养老保险"和"基本医疗保险"，由个人缴纳保险费	户籍地
城乡居民基本养老保险	年满16周岁的非在校学生、非公务员、非职工	户籍地
【拿分要点】基本医疗保险的覆盖范围大体与基本养老保险一致（除公务员和在校生部分）		

```
((o)) 躲坑要点
```

　　无雇工的个体工商户、未在用人单位参加基本养老保险的非全日制从业人员以及其他灵活就业人员可以参加职工基本养老保险，由个人缴纳职工基本养老保险费。

二、基本养老保险基金的组成：单位缴费＋个人缴费＋政府补贴

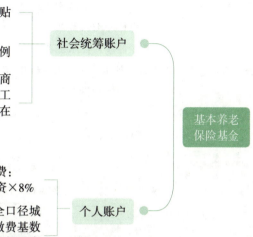

政府补贴

单位缴费：
本单位职工工资总额×题目给定比例

城镇个体工商户、灵活就业人员：城镇个体工商户和灵活就业人员按照城镇单位就业人员平均工资核定社保个人缴费基数上下限，允许缴费人在60%至300%之间选择适当的缴费基数。
［n×（20%－8%）］

社会统筹账户

基本养老保险基金

单位职工缴费：
本人缴费工资×8%

城镇个体工商户、灵活就业人员：本地全口径城镇单位就业人员平均工资核定社保个人缴费基数上下限，允许缴费人在60%至300%之间选择适当的缴费基数。（n×8%）

个人账户

图8-11　基本养老保险基金的组成

　　1. 社会统筹：用人单位缴纳的；灵活就业人员缴纳基数的12%。

　　2. 个人账户：职工个人缴纳的；灵活就业人员缴纳基数的8%。

　　（1）不得提前支取。

　　（2）个人账户记账利率不得低于银行定期存款利率，免征利息税。

　　（3）参加职工基本养老保险的个人死亡后，其个人账户中的余额可以全部依法继承。

　　3. 个人跨统筹地区就业的，其基本养老保险关系随本人转移，缴费年限累计计算；个人达到法定退休年龄时，基本养老金分段计算，统一支付。

```
((o)) 躲坑要点
```

　　政府补贴部分——基本养老保险基金出现支付不足时。

三、缴费计算

（一）单位缴费

　　自2019年5月1日起，原缴费比例超过企业工资总额16%的省（区、市）→降至16%。

（二）个人缴费

　　1. 比例：8%。

　　2. 工资基数：

　　一般情况：职工本人上年度月平均工资（新职工第一年以起薪当月工资作为缴费基数）。

　　特殊情况：

　　（1）过低。

　　低于当地职工月平均工资60%的，按当地职工月平均工资的60%作为缴费基数。

　　（2）过高。

　　高于当地职工月平均工资300%的，按当地职工月平均工资的300%作为缴费基数。

计算公式：**个人养老账户月存储额＝本人月缴费工资×8%**

3. 个人缴费不计征个人所得税，在计算个人所得税的应税收入时，应当扣除个人缴纳的养老保险费。

【例题·单选题】甲公司职工王某已参加职工基本养老保险，月工资15 000元。已知甲公司所在地职工月平均工资为3 500元，月最低工资标准为2 500元。计算甲公司每月应从王某工资中扣缴基本养老保险费的下列算式中，正确的是（　　）。（2019年）

A. 15 000×8%　　B. 3 500×3×8%

C. 2 500×3×8%　　D. 3 500×8%

【答案】B

【解析】王某本人的月工资高于当地职工月平均工资（3 500元）的300%，应以当地职工月平均工资的300%作为缴费基数；职工基本养老保险的个人缴费率为8%。因此，本题王某应当缴纳的基本养老保险费为3 500×3×8%=840（元）。

（三）灵活就业人员缴费

缴费基数：城镇个体工商户和灵活就业人员按照本地全口径城镇单位就业人员平均工资核定社保个人缴费基数上下限，允许缴费人在60%至300%之间选择适当的缴费基数。

比例：20%（其中的8%计入个人账户）。

四、职工基本养老保险享受条件

（一）年龄条件：达到法定退休年龄

表8-17　法定退休年龄

适用范围	性别	退休年龄（岁）
一般情况	男	60
	女工人	50
	女干部	55
从事井下、高温、高空、特别繁重体力劳动或其他有害身体健康工作的	男	55
	女	45
因病或非因工致残，由医院证明并经劳动鉴定委员会确认完全丧失劳动能力的	男	50
	女	45

躲坑要点

上述第三种情况，不足退休年龄可以领取病残津贴，所需资金从基本养老保险中支付。

（二）缴费年限：累计缴费满15年

达到法定退休年龄时累计缴费满15年——按月领取养老金。

五、职工基本养老保险待遇

（一）职工基本养老金

由统筹养老金和个人账户养老金组成，按月支付。

（二）丧葬补助金和遗属抚恤金

1. 参加基本养老保险的个人，因病或非因工死亡的，其遗属可以领取丧葬补助金和抚恤金。

2. 同时符合领取基本养老保险丧葬补助金、

工伤保险丧葬补助金、失业保险丧葬补助金条件，遗属只能选择领取其一。

3．参保个人死亡后，其个人账户中的余额可以全部依法继承。

（三）病残津贴

考点三　基本医疗保险（★★★）

一、职工基本医疗保险费的缴纳

基本医疗保险也采用"统账结合"模式，即分别设立社会统筹基金和个人账户基金。

（一）单位缴费

1．单位缴费率一般为职工工资总额的6%左右。

2．用人单位缴纳的基本医疗保险费分为两部分，一部分用于建立统筹基金，一部分划入个人账户；用人单位缴费部分划入个人账户的具体比例，一般为30%左右。

（二）个人缴费

1．个人缴费率一般为本人工资收入的2%。

2．个人账户存储额依法计付利息。

3．个人跨统筹地区就业的，其基本医疗保险关系随本人转移，缴费年限累计计算。

（三）退休人员基本医疗保险费的缴纳

参加职工基本医疗保险的个人，达到法定退休年龄时累计缴费达到国家规定年限的，退休后不再缴纳基本医疗保险费；未达到国家规定缴费年限的，可以缴费至国家规定年限。

目前对最低缴费年限没有全国统一的规定，由各统筹地区根据本地情况确定。

【例题·单选题】甲公司职工周某的月工资为6 500元，已知当地职工基本医疗保险的单位缴费率为6%，职工个人缴费率为2%，用人单位所缴医疗保险费划入个人医疗账户的比例为30%。根据社会保险法律制度的规定，关于周某个人医疗保险账户每月资金增加额的下列算式中，正确的是（　　）。（2019年）

参保人未达到法定退休年龄时因病或非因工致残完全丧失劳动能力的，可以领取病残津贴，所需资金从基本养老保险基金中支付。

【理解】因工致残的，在评定伤残等级后可以领取伤残津贴，由工伤保险基金支付。

A．6 500×6%×30%

B．6 500×2%+6 500×6%×30%

C．6 500×2%

D．6 500×2%+6 500×6%

【答案】B

【解析】基本医疗保险个人账户的资金来源：个人缴费部分（6 500×2%）；用人单位缴费的划入部分（6 500×6%×30%）。

二、职工基本医疗费用的结算

（一）享受条件——定点、定围

1．参保人员必须到基本医疗保险的定点医疗机构就医购药或定点零售药店购买药品。

2．参保人员在看病就医过程中所发生的医疗费用必须符合基本医疗保险药品目录、诊疗项目、医疗服务设施标准的范围和给付标准。

（二）支付标准

1．支付区间：当地职工年平均工资10%（起付线）～年平均工资6倍（封顶线）。

2．支付比例：90%。

躲坑要点

自付费部分由四部分组成：1．起付线以下的部分；2．区间内自己负担的比例部分；3．封顶线以上的部分；4．非定点、定围部分。

根据国务院办公厅2019年3月6日印发的《关于全面推进生育保险和职工基本医疗保险合并实施的意见》，推进两项保险合并实施，统一参保登记，即参加职工基本医疗保险的在职职工同步参加生育保险。统一基金征缴和管理，生育保险基金并入职工基本医疗保险基金，按照用人单位参加生育保险和职工基本医疗保险的缴费比例之和确定新的用人单位职工基本医疗保险费率，个人不缴纳生育保险费。两项保险合并实施后实行统一定点医疗服务管理，统一经办和信息服务。确保职工生育期间的生育保险待遇不变。

三、基本医疗保险基金不支付的医疗费用

下列医疗费用不属于基本医疗保险基金支付范围：

1. 应当从工伤保险基金中支付的；
2. 应当由第三人负担的；

3. 应当由公共卫生负担的；
4. 在境外就医的。

((·)) 拿分要点

医疗费应当由第三人负担，第三人不支付或者无法确定第三人的，由基本医疗保险基金先行支付，然后向第三人追偿。

四、医疗期

医疗期：职工因患病或非因工负伤停止工作，治病休息，但不得解除劳动合同的期限。

((·)) 躲坑要点

停工留薪期：因工负伤。

（一）医疗期期间——3～24个月

根据累计工作年限和本单位工作年限的不同，享受的期间不同。

表8-18 医疗期期间的计算

实际工作年限（年）	本单位工作年限（年）	享受医疗期（月）	累计病休时间（月）	
Y<10	Y<5	3	6	医疗期×2
	Y≥5	6	12	
Y≥10	Y<5	6	12	医疗期+6
	5≤Y<10	9	15	
	10≤Y<15	12	18	
	15≤Y<20	18	24	
	Y≥20	24	30	

((·)) 躲坑要点

1. 用人单位应当及时为失业人员出具终止或者解除劳动关系的证明，并将失业人员的名单自终止或解除劳动关系之日起7日内报受理其失业保险业务的经办机构备案。

2. 医疗期从病休第一天开始累计计算。

3. 病休期间，公休、假日和法定节日包括在内。

4. 看清题问的是医疗期还是累计病休时间。

5. 医疗期制度并不完善，某些问题勿深究。

【课外阅读】劳动部办公厅对《关于因病或非因工负伤医疗期管理等若干问题的请示》的复函："由于医疗期制度试行时间不长，尚待进一步完善，请你们在实践中根据当地实际情况予以总结完善。"

【例题·单选题】下列关于医疗期间的表述中，符合法律规定的是（　　）。（2021年）

A. 实际工作年限10年以下的，在本单位工作年限5年以下的，医疗期间为3个月

B. 实际工作年限10年以上的，在本单位工作年限5年以上10年以下的，医疗期间为6个月

C. 实际工作年限10年以上的，在本单位工作年限10年以上15年以下的，医疗期间为9个月

D. 实际工作年限10年以上的，在本单位工作年限为20年以上的，医疗期为20个月

【答案】A

【解析】实际工作年限10年以下的，在本单位工作年限5年以下的为3个月；5年以上的为6个月。实际工作年限10年以上的，在本单位工作年

限5年以下的为6个月；5年以上10年以下的为9个月；10年以上15年以下的为12个月；15年以上20年以下的为18个月；20年以上的为24个月。

（二）医疗期待遇

1. 医疗期内工资标准最低为当地最低工资的80%。

2. 医疗期内不得解除劳动合同。

3. 医疗期内合同期满，合同必须延续至医疗期满，职工在此期间仍然享受医疗期内待遇。

4. 对医疗期满尚未痊愈者，或者医疗期满后不能从事原工作，也不能从事用人单位另行安排的工作，被解除劳动合同的，用人单位需按经济补偿规定给予其经济补偿。

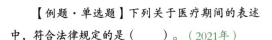

考点四　工伤保险（★★）

一、工伤保险费的缴纳

工伤保险费由用人单位缴纳，职工不缴纳。

二、工伤认定与劳动能力鉴定

（一）工伤认定

表8-19　工伤认定

工伤认定	具体情形
应认定为工伤（与工作有直接关系）	1. 在工作时间和工作场所内，因工作原因受到事故伤害的 2. 工作时间前后在工作场所内，从事与工作有关的预备性或收尾性工作受到事故伤害的 3. 在工作时间和工作场所内，因履行工作职责受到暴力等意外伤害的 4. 患职业病的 5. 因工外出期间，由于工作原因受到伤害或者发生事故下落不明的 6. 在上下班途中，受到非本人主要责任的交通事故或者城市轨道交通、客运轮渡、火车事故伤害的
视同工伤（与工作有间接关系）	1. 在工作时间和工作岗位，突发疾病死亡或者在48小时内经抢救无效死亡的 2. 在抢险救灾等维护国家利益、公共利益活动中受到伤害的 3. 原在军队服役，因战、因公负伤致残，已取得革命伤残军人证，到用人单位后旧伤复发的

（续上表）

工伤认定	具体情形
不认定为工伤（自身原因）	1. 故意犯罪 2. 醉酒或者吸毒 3. 自残或者自杀

【例题·多选题】根据社会保险法律制度的规定，职工出现的下列伤亡中，视同工伤的有（　　）。（2021年）

A. 在上班途中，受到非本人主要责任的交通事故伤害

B. 在抢险救灾等维护国家利益，公共利益活动中受到伤害

C. 在因工外出期间，由于工作原因受到伤害

D. 在工作时间和工作岗位，突发疾病死亡

【答案】BD

【解析】选项A、C属于应当认定为工伤的情形，注意区分"认定工伤"与"视同工伤"。

（二）劳动能力鉴定

1. 劳动功能障碍分十个伤残等级，最重为一级。

2. 生活自理障碍分为三个等级。

3. 自劳动能力鉴定结论作出之日起1年后，工伤职工或者其近亲属、所在单位或者经办机构认为伤残情况发生变化的，可以申请劳动能力复查鉴定。

三、工伤保险待遇

（一）工伤医疗待遇

1. 停工留薪期工资福利待遇。

（1）工资福利待遇不变，由所在单位按月支付；

（2）生活不能自理需要护理，费用由所在单位负责；

（3）时间一般不超过12个月；特殊情况需延长，延长期不超过12个月；

（4）评定伤残等级后，停止享受停工留薪期待遇，转为享受伤残待遇；

（5）停工留薪期满后仍需治疗，继续享受工伤医疗待遇。（负责到底）

2. 其他工伤医疗待遇：医疗费用；住院伙食补助、交通食宿费；康复性治疗费。

（二）伤残待遇

1. 一次性伤残补助金。

2. 生活护理费。

3. 伤残津贴。

4. 一次性工伤医疗补助金和一次性伤残就业补助金。

躲坑要点

一级至四级伤残津贴由工伤保险支付，五级、六级伤残津贴由用人单位支付，七至十级伤残只有一次性伤残补助金而无伤残津贴。

表8-20　伤残津贴、一次性工伤医疗补助金、伤残就业补助金

伤残等级	能否解除劳动合同	领取内容
一至四级	×	伤残津贴（工伤保险基金负担）

（续上表）

伤残等级	能否解除劳动合同		领取内容
五至六级	本人提出：√		1. 一次性工伤医疗补助金（工伤保险基金负担） 2. 一次性伤残就业补助金（用人单位负担）
	本人未提出：×		1. 能适当工作：工资 2. 难以安排工作：伤残津贴（用人单位负担）
七至十级	劳动合同期满：√ 本人提出：√		1. 一次性工伤医疗补助金（工伤保险基金负担） 2. 一次性伤残就业补助金（用人单位负担）
	其他情形：×		正常工作、正常领取工资

（三）工亡待遇

前提条件：职工因工死亡和伤残职工在停工留薪期内因工伤原因导致死亡。

1. 丧葬补助金：6个月工资。

2. 供养亲属抚恤金。

3. 一次性工亡补助金：上一年度全国城镇居民人均可支配收入的20倍。

躲坑要点

一至四级伤残，停工留薪期满死亡，可以享受1、2。

四、工伤期间应由用人单位支付的费用

职工工伤期间，用人单位应支付以下费用：

1. 治疗工伤期间的工资福利；

2. 五级、六级伤残职工按月领取的伤残津贴；

3. 终止或者解除劳动合同时，应当享受的一次性伤残就业补助金。

五、特别规定

1. 工伤保险中所称工资，指工伤职工因工作遭受事故伤害或者患职业病前12个月平均月缴费工资。高于统筹地区职工平均工资300%的，按地区平均工资的300%计算；低于统筹地区职工平均工资60%的，按地区平均工资的60%计算。

2. 工伤职工有下列情形之一，停止享受工伤保险待遇：

（1）丧失享受待遇条件的；

（2）拒不接受劳动能力鉴定的；

（3）拒绝治疗的。

3. 因工致残享受伤残津贴的职工达到退休年龄并办理退休手续后，停发伤残津贴，改为享受基本养老保险待遇。被鉴定为一级至四级伤残的职工，基本养老保险待遇低于伤残津贴的，由工伤保险基金补足差额。

4. 职工所在用人单位未依法缴纳工伤保险费，发生工伤事故的，由用人单位支付工伤保险待遇。用人单位不支付的，从工伤保险基金中先行支付，由用人单位偿还。用人单位不偿还的，社会保险经办机构可以追偿。

5. 由于第三人的原因造成工伤，第三人不支付工伤医疗费用或者无法确定第三人的，由工伤保险基金先行支付。工伤保险基金先行支付后，有权向第三人追偿。

【总结】医疗期、停工留薪期待遇

表8-21　医疗期、停工留薪期待遇

项目	医疗期	停工留薪期
适用范围	因病或非因工负伤	因工负伤
期间	根据累计工作年限及本单位工作年限确定	12个月＋12个月
工资待遇	当地最低工资的80%	不变
期满后未康复	支付经济补偿后可解除合同	继续享受工伤医疗待遇
合同解除	支付经济补偿后可解除合同	一级至四级不得解除；五级、六级经本人提出可以解除；七级至十级合同期满或经本人提出可以解除

考点五　失业保险（★★）

一、失业保险费的缴纳

为减轻企业负担，将用人单位和职工失业保险缴费比例总和从3%阶段性降至1%，个人费率不得超过单位费率。

二、失业保险待遇

（一）享受条件（必须同时满足）

1. 失业前用人单位和本人已经缴纳失业保险费满1年。

2. 非因本人意愿中断就业。

3. 已经进行失业登记，并有求职要求。

（二）领取期限

表8-22　失业保险金领取期限

缴费期限（年）	领取期限（月）
1≤Y<5	12
5≤Y<10	18
Y≥10	24

躲坑要点

1. 用人单位应当及时为失业人员出具终止或者解除劳动关系的证明，将失业人员的名单自终止或解除劳动关系之日起7日内报受理其失业保险业务的经办机构备案，并按要求提供终止或者解除劳动合同证明等有关材料。

2. 失业人员到公共就业服务机构或社会保险经办机构申领失业保险金，受理其申请的机构都应一并办理失业登记和失业保险金发放。失业人员可凭社会保障卡或身份证件申领失业保险金，可不提供解除或者终止劳动关系、失业登记证明等材料。

3. 失业保险金领取期限自办理失业登记之日起计算。

4. 重新就业后再失业的，缴费年限重新计算；领取期限与前次失业应当领取而尚未领取的期限合并计算，最长不超过24个月。

5. 失业人员因当期不符合失业保险金领取条件的，原有缴费时间予以保留，重新就业并参保的，缴费时间累计计算。

6. 自2019年12月起，延长大龄失业人员领取失业保险金期限，对领取失业保险金期满仍未就业且距法定退休年龄不足1年的失业人员，可继续发放失业保险金至法定退休年龄。

7. 职工跨统筹地区就业的，其失业保险关系随本人转移，缴费年限累计计算。

【例题·单选题】2017年3月，张某首次就业到甲公司工作，并与甲公司共同缴纳失业保险费。2020年9月，张某因甲公司解除其劳动合同失业，随即办理了失业登记和失业保险金领取手续。张某领取失业保险金的期限自办理失业登记之日起不得超过一定期限。该期限为（　　）。（2019年）

A. 6个月

B. 12个月

C. 18个月

D. 24个月

【答案】B

【解析】用人单位和本人的累计缴费年限满1年不足5年的，领取失业保险金的期限为自办理失业登记之日起12个月。

（三）发放标准

不低于当地最低生活保障标准，不高于当地最低工资标准。

（四）其他失业保险待遇

1. 领取失业保险金期间享受基本医疗保险待遇。

躲坑要点

失业人员应当缴纳的基本医疗保险费从失业保险基金中支付，个人不缴纳基本医疗保险费。

2. 死亡补助：失业人员领取失业保险金期间死亡，向遗属发放一次性丧葬补助金和抚恤金，由失业保险基金支付。

3. 职业介绍与职业培训补贴。

三、停止领取的情形（有其一）

有以下情形之一，停止领取失业保险待遇：

1. 重新就业的；（就业）

2. 应征服兵役的；（当兵）

3. 移居境外的；（移民）

4. 享受基本养老保险待遇的；（退休）

5. 无正当理由，拒不接受当地人民政府指定部门或者机构介绍的适当工作或者提供的培训的；（无求职需求）

6. 被判刑收监执行的。

【例题·多选题】领取失业保险金的下列人员中，应当停止领取失业保险金，并同时停止享受其他失业保险待遇的有（　　）。（2021年）

A. 重新就业的李某

B. 应征服兵役的张某

C. 被行政拘留10日的王某

D. 移居境外的孙某

【答案】ABD

【解析】失业人员在领取失业保险金期间有下列情形之一的，停止领取失业保险金，并同时停止享受其他失业保险待遇：（1）重新就业的；（2）应征服兵役的；（3）移居境外的；（4）享受基本养老保险待遇的；（5）被判刑收监执行的；（6）无正当理由，拒不接受当地人民政府指定部门或者机构介绍的适当工作或者提供的培训的；（7）有法律、行政法规规定的其他情形的。

【总结】

表8-23　四险内容总结

类型	单位缴费	个人缴费	计入个人账户	领取条件（支付条件）
职工基本养老保险	本单位职工工资总额×16%	个人养老账户月存储额＝本人月缴费工资×8%	个人部分	达退休年龄；缴费满15年
职工基本医疗保险	本单位职工工资总额×6%	个人医疗保险账户月储存额＝单位缴费数额×30%＋本人工资×2%	个人部分	定点医院、目录内；区间内、按比例
工伤保险	本单位职工工资总额×题目给定的缴费率	×	×	因工受伤、致残、死亡
失业保险	本单位工资总额×题目给定的单位缴费率	本人工资×（题目给定的总费率－题目给定的单位缴费率）＝本人工资×题目给定的个人缴费率	×	缴费满1年；非本人意愿中断就业；已登记想求职

考点六　社保的征缴（★）

一、社会保险登记

（一）登记

根据《社会保险费征缴暂行条例》的规定，企业在办理登记注册时，同步办理社会保险登记。企业以外的缴费单位应当自成立之日起30日内，向当地社会保险经办机构申请办理社会保险登记。

（二）个人社会保险登记

职工：用人单位自用工之日起30日内为其职工向社保经办机构申办社保登记。

灵活就业人员：自行向社保经办机构申办。

躲坑要点

国家建立全国统一的个人社会保障号码。个人社会保障号码为公民身份号码。

二、社会保险费用的缴纳

单位：自行申报、足额缴纳，非因不可抗力等法定事由不得缓缴、减免。

职工：由单位代扣代缴，并按月告知本人。

灵活就业人员：自行缴纳。

拿分要点

根据中共中央《深化党和国家机构改革方案》，为提高社会保险资金征管效率，将基本养老保险费、基本医疗保险费、失业保险费等各项社会保险费交由税务部门统一征收。按照改革相关部署，自2019年1月1日起由税务部门统一征收各项社会保险费和先行划转的非税收入。

考点七　社会保险基金管理（★）

1. 除基本医疗保险基金与生育保险基金合并建账及核算外，其他各项社会保险基金按照社会保险险种分别建账，分账核算，执行国家统一的会计制度。

2. 专款专用，不得侵占挪用。

3. 社保基金存入财政专户，通过预算实现收支平衡。

4. 用途：

允许：保证安全的前提下，按国务院规定投资运营实现保值增值。

禁止：违规投资运营；平衡其他政府预算；兴建、改建办公场所；支付人员经费、运行费用、管理费用；挪作其他用途。

考点八　违反《中华人民共和国社会保险法》的法律责任（★）

表8-24　违反《中华人民共和国社会保险法》的法律责任

违法行为		法律责任
用人单位	不登记	责令限期改正；逾期不改正的，处应缴社会保险费1倍以上3倍以下罚款；对主管及责任人处500元以上3 000元以下罚款
	不缴费	责令限期缴纳，并按日加收0.05%的滞纳金；逾期仍不缴纳的，处欠缴数额1倍以上3倍以下罚款
	不出解除劳动关系证明	责令改正；给劳动者造成损害的，承担赔偿责任
	骗保	责令退回；处骗取金额2倍以上5倍以下罚款

【小结】

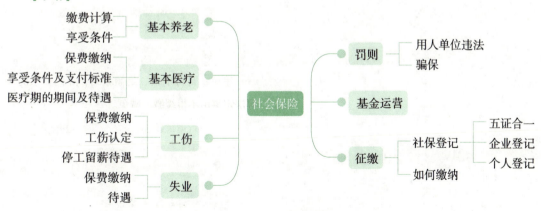

图8-12　社会保险的内容